HISTOIRE
DES NAUFRAGES.
III.

A. EGRON, IMPRIMEUR
DE S. A. R. MONSEIGNEUR DUC D'ANGOULÊME,
rue des Noyers, n° 37.

Le malheureux Capitaine voulut essayer de porter son fils, il succomba sous le fardeau.

HISTOIRE
DES
NAUFRAGES,
OU
RECUEIL

Des Relations les plus intéressantes des Naufrages, Hivernemens, Délaissemens, Incendies, et autres Événemens funestes arrivés sur mer.

PAR DEPERTHES.

NOUVELLE EDITION,

Refondue, corrigée et augmentée de plusieurs morceaux tels que les *Aventures de Drury à Madagascar*; celles de *Quirini*, navigateur vénitien; les naufrages du GROS-VENOR, du brig américain le COMMERCE, du vaisseau l'ALCESTE, de la frégate la MÉDUSE, etc., etc.

PAR J. B. B. EYRIÉS.

TOME TROISIÈME.

PARIS,
LEDOUX ET TENRÉ, LIBRAIRES,
rue Pierre-Sarrazin, n° 8.

M.DCCC.XVIII.

HISTOIRE
DES NAUFRAGES.

NAUFRAGE

DU *GROSVENOR*, VAISSEAU DE LA COMPAGNIE DES INDES, SUR LA CÔTE DE CAFRERIE, EN 1782.

LE 15 juin 1782, le vaisseau le *Grosvenor* quitta Trinquemale, dans l'île de Ceylan, pour revenir en Angleterre. Le 3 août, le capitaine Coxon qui le commandait, se regardait comme étant à la distance de cent lieues de la terre la plus proche. Ce jour-là et le lendemain, le vent fut très-fort, et le 4 qui était un dimanche, le bâtiment avait mis en travers sous sa misaine et sa voile d'étai d'artimon. Avant le jour, Jean Hynes, matelot, étant en haut occupé avec Lewis, et quelques autres de ses camarades à caler le mât de perroquet de misaine, demanda à Lewis s'il ne croyait pas voir une terre bordée de brisans ; ce dernier fut de son avis, et tous s'empressèrent de descendre pour instruire de cette particularité alarmante M. Beale, le troisième maître, qui était alors de quart.

Celui-ci, au lieu de faire attention à cet avis, se mit à rire et refusa de le croire ; aussitôt Lewis courut à la chambre, et informa le capitaine de ce qui se passait : M. Coxon sortit à l'instant, et ordonna d'arriver vent arrière. On mit en conséquence la barre au vent ; on amena la voile d'étai d'artimon, on mit dehors le grand foc et le petit hunier, et on brassa carré derrière. Le navire avait presque entièrement viré, mais avant qu'il eût achevé, sa quille toucha. Comme il frappait avec violence, tout le monde fut dans un instant sur le pont.

La terreur et la crainte se peignaient sur tous les visages. Le capitaine s'efforça de dissiper les alarmes et de tranquilliser les passagers, leur assurant qu'il avait l'espoir de pouvoir les sauver tous ; il les conjura de se calmer.

On sonda les pompes, et l'on ne trouva pas d'eau dans la cale, parce que l'arrière du navire étant élevé sur les rochers, et l'avant se trouvant beaucoup plus bas, elle s'y était toute ramassée. Environ dix minutes après, le vent souffla de terre, ce qui fit craindre d'être repoussé au large, et d'être privé par-là de la seule chance de salut.

Le canonnier ayant reçu ordre de tirer en signe de détresse, voulut entrer dans la soute aux poudres; il la trouva pleine d'eau. Alors le capitaine ordonna d'abord de couper le grand mât : il n'en résulta aucun soulagement pour le vaisseau; comme il était à moins de neuf cents pieds du rivage, on reconnut qu'il n'y avait pas moyen de le sauver.

Le trouble qui régnait à bord ne peut se décrire; le désespoir se peignait sur le visage de chacun : ce n'était que désordre et confusion. Les plus calmes s'occupaient des moyens de gagner le rivage. Ils se mirent à construire un radeau avec les mâts, les vergues et tous les esparts que l'on put réunir. Cet expédient fit espérer de pouvoir conduire sûrement à terre les femmes, les enfans et les malades.

Cependant un Lascar et deux Italiens essayèrent de gagner la côte à la nage avec une ligne de sonde; un de ces derniers se noya, les deux autres arrivèrent heureusement. Par le moyen de la ligne, on en amena à terre une plus grosse, et par le moyen de celle-ci, une hausière; en la halant à terre, les deux matelots furent aidés par plusieurs naturels du pays, dont un grand nombre s'était rassemblé sur le bord de la mer. La lame et le courant apportèrent bientôt à terre les mâts que les naturels, dès qu'ils purent les atteindre, dépouillèrent de leurs cercles en fer.

Quand la hausière fut à terre, on fixa une de ses extrémités autour d'un rocher, et l'autre au cabestan dont on se servit pour la roidir. Presque tout l'équipage avait été employé à construire le radeau que l'on venait de finir. Après l'avoir entouré d'une hausière de neuf pouces, on le lança à la mer, et on le conduisit vers l'arrière du bâtiment, afin que les femmes et les enfans pussent s'embarquer plus aisément, en descendant par les écoutilles. Quatre matelots se mirent sur le radeau pour les aider; mais quoique la hausière fut neuve, la violence du ressac la cassa en deux : le radeau poussé vers le rivage chavira, et trois des matelots furent noyés.

Avant de couper le mât, on avait mis à l'eau la yolle et le canot ; mais à peine descendus le long du bord, ils furent brisés en pièces.

Chacun songea alors aux moyens de se sauver. Quelques-uns eurent recours au câble attaché à terre, et essayèrent, en s'y suspendant par les mains qu'ils passaient alternativement l'une par-dessus l'autre, de gagner ainsi le rivage. Le désespoir donna de la force et de la résolution à plusieurs qui abordèrent heureusement, au moyen de cet expédient pénible et hasardeux ; tandis que d'autres, épuisés par la fatigue, succombèrent à la peine et se noyèrent : quinze personnes périrent de cette manière.

Le bâtiment se sépara en avant du grand mât ; l'avant vint se placer en travers de l'arrière. Au même instant le vent se remit, par un bonheur inespéré, à souffler du large, directement vers la terre : circonstance qui contribua beaucoup à sauver les personnes qui étaient encore à bord ; elles se placèrent toutes sur la dunette, comme étant la partie la plus proche de terre. Le vent, aidé de la lame, les soulevant, la dunette se détacha de l'avant et de l'arrière, et le pont se fendit en deux. Dans ce moment affreux, tout le monde se porta sur la hanche de babord, qui bientôt flotta dans une eau peu profonde, tandis que les autres portions continuèrent à briser la violence de la mer, qui sans cela eût emporté tous les naufragés. De cette manière, tout ce qui restait à bord, même les femmes et les enfans, abordèrent heureusement à terre, à l'exception de l'aide du cuisinier, qui était ivre, et que l'on ne put engager à quitter le bâtiment.

Sur ces entrefaites, la nuit approchait. Heureusement que les naturels, qui s'étaient retirés au soleil couchant, avaient laissé le reste de leur feu, ce qui donna les moyens d'en allumer trois autres avec du bois que fournirent les débris du bâtiment. On prit des cochons et des poules qui avaient été entraînés à terre, et l'on fit un repas.

On trouva sur le rivage un baril de bœuf, un baril de farine et une ancre de rack. Ces objets furent remis au capitaine qui en fit la distribution à chaque personne. Deux voiles avaient aussi été poussées à terre : il ordonna d'en faire deux tentes où les femmes pussent passer la nuit.

Dans la matinée du 5, les naturels qui avaient les cheveux laineux, et étaient entièrement noirs, vinrent enlever tout ce dont ils eurent envie. Les naufragés, et surtout les femmes, conçurent de vives inquiétudes pour leur sûreté personnelle; mais on se calma en voyant que les naturels se contentaient de piller.

Le lendemain on s'occupa de réunir tout ce qui pouvait être utile durant le voyage que l'on avait l'intention d'entreprendre par terre jusqu'au cap de Bonne-Espérance. Le capitaine fit un grand acte de prudence en ordonnant de défoncer deux barils d'eau-de-vie, de crainte que les naturels ne devinssent dangereux en s'enivrant.

Il rassembla ensuite toutes les personnes qui avaient survécu au naufrage, et ayant partagé les provisions entre elles, il leur représenta qu'ayant été à bord chargé du commandement, il espérait qu'elles consentiraient à ce qu'il continuât de donner des ordres. On lui répondit d'une voix unanime : « Oui, as-

« surément. » Alors il dit que d'après les meilleurs calculs qu'il eût pu faire ; il pensait que l'on pourrait en quinze ou seize jours arriver à un établissement hollandais.

Encouragée par ces paroles, toute la troupe partit le 7. Logie, premier maître, étant malade depuis quelque temps, fut porté par deux matelots dans un hamac suspendu à une perche : chacun se prêta volontiers à cette corvée pénible. Un matelot nommé Obrien, qui avait une enflure au genou, ne voulut point partir avec ses camarades ; il objecta que ne pouvant marcher aussi vite qu'eux, il préférait rester. Il comptait chercher dans les débris du navire des morceaux de plomb et d'étain, et en faire des colifichets pour amuser les naturels. Il espérait par ce moyen les intéressser en sa faveur, et apprendre leur langage jusqu'au moment où il se trouverait en état de s'en aller.

Toute la troupe s'étant mise en marche, fut suivie par quelques Caffres, d'autres restèrent auprès du navire naufragé. L'on trouva un sentier frayé qui menait d'un village à un autre. Les Caffres suivirent les Anglais pendant trois milles, leur prirent tout ce qui leur convint, et quelquefois leur jetèrent des pierres

Les Anglais rencontrèrent ensuite un parti de trente naturels, qui avaient les cheveux relevés en pain de sucre, et le visage peint en rouge. Il y avait parmi eux un Hollandais appelé Trout, qui ayant commis des meurtres chez ses compatriotes, s'était enfui chez ces sauvages. Il demanda aux Anglais qui ils étaient, et où ils allaient. Sur la réponse qu'ils lui firent, il leur représenta que le voyage qu'ils se proposaient d'effectuer, serait accompagné de difficultés incroyables; qu'ils avaient à passer chez plusieurs nations différentes, et à traverser de nombreux déserts, sans parler des dangers que leur ferait fréquemment courir la rencontre des bêtes féroces. Ce discours consterna les Anglais; ils offrirent à Trout tout l'argent qu'il pourrait désirer pour les conduire au Cap; mais il refusa cette proposition, alléguant la crainte qu'il avait de tomber au pouvoir des Hollandais : il ajouta qu'il s'était marié à une femme caffre, dont les compatriotes ne voudraient jamais le laisser aller, quelque envie qu'il en pût avoir.

Voyant l'inutilité de leurs sollicitations, les Anglais poursuivirent leur voyage encore quatre à cinq jours. Les naturels se rassemblaient constamment autour d'eux pendant le jour, leur prenaient ce qui leur faisait plaisir, et se retiraient toujours au coucher du soleil. Ils tenaient la troupe dans des alarmes continuelles par les grossièretés qu'ils se permettaient envers les femmes ; ce qui portait les maris de ces infortunées et tous les hommes à des actes de violence.

Les naufragés avaient vu plusieurs villages, mais ils s'en tenaient aussi éloignés qu'ils pouvaient, afin de ne pas s'exposer aux insultes des habitans. Logie se trouvait si bien rétabli, qu'il marchait sans l'aide de personne. En arrivant dans une ravine profonde, les Anglais rencontrèrent trois naturels qui mirent plusieurs fois leurs zagaies à la gorge du capitaine ; poussé à bout, il saisit une de ces lances et l'arracha de la main du sauvage, la brisa et garda le fer. Les naturels s'en allèrent, ayant l'air de ne plus s'embarrasser des Anglais ; mais le lendemain, ceux-ci en arrivant à un grand village, les trouvèrent avec près de quatre cents de leurs compatriotes, tous armés de zagaies et de grands boucliers faits de peaux d'éléphans. Ces sauvages arrêtèrent la troupe, et après l'avoir pillée et insultée,

se mirent à la frapper. Les Anglais jugeant
que l'on en voulait à leur vie, résolurent de
se défendre jusqu'à la dernière extrémité. En
conséquence, ayant placé les femmes, les enfans et les malades à une certaine distance,
sous la protection d'une douzaine d'hommes,
le reste, composé d'à peu près quatre-vingt-
dix hommes, se battit contre l'ennemi pendant deux heures et demie, et fit durant tout
ce temps une espèce de feu roulant. Ayant fini
par gagner un terrain élevé, où l'on ne pouvait pas les entourer, une sorte de compromis
fut conclu entre les deux partis.

Il y eut des deux côtés plusieurs personnes
blessées, mais aucune ne fut tuée. Le bois
d'une lance entra dans l'oreille de M. Newman,
un des passagers, et la violence du coup le
priva de tout sentiment pendant deux heures.
Quand la pacification eut été conclue, plusieurs Anglais ôtèrent les boutons de leurs habits et les donnèrent avec quelques bagatelles
aux Caffres, qui s'en allèrent et ne revinrent
plus.

M. Newman s'étant passablement remis, la
troupe marcha en avant, et le soir fit du feu :
on dormit auprès, en plein air. Pendant la

nuit, l'on fut si effrayé par les hurlemens des bêtes féroces, que les hommes firent une stricte garde pour empêcher ces animaux de trop approcher.

Le lendemain, les Anglais virent arriver le Hollandais Trout; il leur dit qu'il était allé à bord du navire, d'où il avait retiré du fer, de l'étain, du plomb et du cuivre qu'il portait à son kraal ou village. Il avait appris leur dispute avec les naturels; il leur conseilla de ne pas faire de résistance, parce que le défaut d'armes rendrait toute opposition inutile, ajoutant que par ce moyen ils rencontreraient moins d'obstacles. Il était tout seul, et après une conversation très-courte, il prit son butin et s'en alla.

La troupe entra dans une ravine profonde où elle passa la nuit. Son repos fut troublé par le hurlement des bêtes carnassières, que les hommes mis en sentinelle eurent beaucoup de peine à tenir écartées au moyen de tisons brûlans.

Au point du jour, les Anglais se mirent en marche. Vers midi, les naturels vinrent, selon leur usage, les piller, et leur prirent leur boîte à amadou, leur pierre à fusil et leur briquet, ce qui fut pour eux une perte irréparable. Chacun fut obligé de voyager un tison à la main. Arrivé à une petite rivière que la marée montante avait fait gonfler, il fut impossible à la troupe de la traverser, on passa là nuit sur ses bords. Les naturels, qui avaient continué à suivre les naufragés, devinrent plus incommodes. Ils s'emparèrent des montres des hommes; des cheveux des femmes, en tombant laissèrent apercevoir les diamans qu'elles y avaient cachés; les Caffres les enlevèrent sans cérémonie, et cherchèrent même avec beaucoup d'attention s'ils n'en trouveraient pas d'autres. Les hommes ne purent, à la vue de tant d'outrages, contenir leur indignation ; mais ils furent frappés avec les bâtons des lances.

Le lendemain, à marée basse, on passa la rivière à gué. On était sans eau, le colonel James proposa de creuser dans le sable pour s'en procurer : cette tentative réussit. Les provisions se trouvaient presque épuisées ; il était très-fatigant de voyager avec les femmes et les enfans. Les matelots commencèrent à murmurer ; chacun semblait déterminé à ne prendre soin que de lui-même.

En conséquence le capitaine Coxon, le premier maître et sa femme, le troisième maître, le colonel James, madame James, M. et madame Hosea, M. Hay le trésorier, M. Newman, et M. Nixon, avec cinq des enfans, convinrent de rester ensemble et de voyager aussi lentement qu'auparavant. Plusieurs matelots, séduits par les grandes promesses que leur firent le colonel James, M. Hosea et d'autres, consentirent à rester avec eux pour porter le peu de provisions qui restaient, et les couvertures de laine qui servaient à s'envelopper pendant la nuit.

Shaw et Trotter, second et quatrième maîtres; Harris, le cinquième; le capitaine Talbot et son patron de canot; MM. William, Taylor, d'Espinette, Oliver et leurs domestiques, le munitionnaire du bâtiment, le charpentier, le tonnelier, l'aide charpentier et l'aide calfat; le reste des matelots, parmi lesquels était Jean Hynes, composant tous ensemble une troupe d'environ quarante-trois personnes, prirent les devants de l'autre. Un enfant de sept à huit ans, nommé Law, passager à bord du *Grosvenor*, se mit à pleurer en voyant qu'un des passagers qui faisaient partie de cette seconde troupe allait le quitter. On convint de l'emmener et de le porter à tour de rôle quand il ne pourrait pas marcher.

Cette séparation ne put s'effectuer sans faire naître de vifs regrets ; car l'on avait mutuellement bien peu d'espérance de se revoir.

On se partagea donc en deux bandes. Shaw, le second maître, conduisait celle qui avait quitté le capitaine; mais le lendemain celle-ci ayant attendu toute la nuit le temps du reflux pour passer une rivière, elle fut rejointe par l'autre. Quoique la séparation eût été de bien courte durée, on éprouva une grande satisfaction en se rejoignant, les inconvéniens qui avaient occasioné le partage en deux troupes furent oubliés pour le moment.

Les Anglais passèrent la rivière, et arrivèrent le lendemain à un grand village. Ils y trouvèrent Trout le Hollandais, qui leur montra sa femme et son enfant, et leur demanda un morceau de petit salé. Il leur dit que ce lieu était celui de sa résidence, et leur répéta que les naturels ne voudraient en aucune façon lui permettre de s'en aller, quand même son inclination le porterait à retourner parmi ses compatriotes. Il leur donna des avis pour la continuation de leur voyage, leur indiqua le nom des lieux qu'ils devaient traverser, et les rivières qu'ils avaient à passer. Ils lui exprimèrent leur reconnaissance, et partirent.

Le lendemain matin, les provisions étant épuisées, une partie de la troupe alla sur le rivage à l'heure de la mer basse, et y ramassa des huîtres et d'autres coquillages. On les distribua entre les femmes, les enfans et les malades, parce que la marée qui remontait empêcha d'en recueillir une quantité plus considérable. On arriva ensuite vers midi dans un village où l'on fut maltraité par les habitans, puis l'on marcha jusque vers quatre heures.

Les Anglais résolurent de nouveau de se séparer, parce qu'en restant réunis en une troupe, ils n'étaient jamais assez forts pour résister efficacement aux attaques des naturels, tandis qu'ils étaient assez nombreux pour exciter les inquiétudes des hordes chez lesquelles on était obligé de passer. On espérait éviter cet inconvénient, en marchant en corps moins nombreux, et se procurer plus facilement les moyens de subsister. L'on se sépara donc : ce fut pour ne se réunir jamais.

La troupe du second maître, à laquelle appartenait Jean Hynes, de qui l'on tient le fond de ce récit, marcha jusqu'à la brune. Elle fit du feu dans un lieu où elle trouva du bois et de l'eau, et y passa la nuit.

Le lendemain, ces infortunés firent à peu près trente milles. Ils rencontrèrent beaucoup de Caffres qui montrèrent une grande curiosité, mais ne leur firent pas de mal. Arrivés à la lisière d'un bois, ils s'y reposèrent suivant leur usage; mais le hurlement des bêtes sauvages troubla fréquemment leur sommeil. Le jour suivant, ils se nourrirent d'oseille sauvage, et de baies qu'ils virent béqueter par les oiseaux. Ils trouvèrent aussi des coquillages sur les rochers; puis atteignirent les bords d'une rivière large et profonde. Ils y terminèrent leur course de la journée.

Le lendemain, la largeur de la rivière les empêcha de la traverser, parce que plusieurs d'entre eux ne savaient pas nager; ils remontèrent donc le long de ses sinuosités. Ils traversèrent plusieurs villages, mais ne purent obtenir aucun secours des habitans. Après une journée fatigante, les Anglais arrivèrent à un endroit où la rivière était plus étroite. Ils lièrent avec des lianes et leurs mouchoirs tout le bois sec qu'ils purent ramasser, et en formèrent une espèce de radeau sur lequel on mit le jeune Law et ceux qui ne savaient pas nager ; ceux qui étaient bons nageurs poussèrent le radeau en avant, et l'on traversa ainsi sans accident la rivière qui n'avait pas moins de deux milles de largeur.

Depuis trois jours, les voyageurs s'étaient écartés de la mer, ils se dirigèrent de nouveau vers la côte, en suivant la rive droite de la rivière. Ils furent assez heureux pour trouver beaucoup de coquillages, car dans l'intérieur des terres, ils n'avaient eu pour nourriture que de l'oseille sauvage, et de l'eau.

Quatre jours après, ils arrivèrent à une haute montagne couverte de bois du côté de terre, côté qu'ils furent obligés de prendre, parce que l'autre était impraticable, à cause des rochers qui bordaient le rivage. Ils entrèrent dans la forêt au point du jour. Leur marche fut très-fatigante ; ils étaient contraints de se frayer leur route à travers les branchages, et de grimper fréquemment au haut des arbres, pour examiner la direction qu'ils avaient à suivre, de sorte que la nuit approcha, avant qu'ils fussent parvenus au sommet de la montagne. La forêt se terminait en cet endroit. Ils trouvèrent une plaine spacieuse, arrosée par un ruisseau, et passèrent la nuit sur ses bords. Ils avaient eu la précaution d'allumer un feu plus considérable que de coutume, parce que les bêtes sauvages fréquentaient ce lieu à cause de l'eau ; ils eurent beaucoup de peine à les écarter, et coururent de grands dangers.

Au retour du jour Hynes grimpa sur un des arbres les plus élevés, pour examiner la direction de la côte. Il aperçut une autre forêt entre ce point et le pied de la montagne. Accablés de fatigue, les Anglais n'atteignirent cette forêt qu'au soir, et ne découvrirent d'autres sentiers que ceux qui avaient été frayés par les lions et les tigres.

Arrivés ensuite au bord de la mer, leur extrême lassitude les empêcha de ramasser assez de bois pour faire trois feux qui leur étaient absolument nécessaires, à raison de leur nombre. Ils mirent, dans le seul qu'ils allumèrent, les huîtres et les autres coquillages, pour qu'ils s'ouvrissent ; ils étaient obligés de recourir à ce moyen, depuis que les Sauvages les avaient dépouillés de tout, excepté de leurs vêtemens.

Vers le milieu du jour suivant, ils trouvèrent sur la plage une baleine morte. La vue d'une aussi abondante provision de vivres leur fit grand plaisir; mais ils ne savaient comment faire pour dépecer l'animal et en tirer parti. Il y en eut qui firent du feu sur la baleine, et coupèrent avec une écaille d'huître la partie qui avait été ainsi grillée. Ils subsistèrent de cette manière pendant plusieurs jours.

L'aspect de belles plaines bien unies leur fit croire qu'ils étaient arrivés aux établissemens hollandais les plus septentrionaux, et par conséquent au-delà des limites du pays des Caffres. Quelques personnes de la troupe pensèrent qu'il conviendrait de prendre l'intérieur du pays; d'autres, au contraire, furent d'avis qu'il était plus sûr de suivre la côte. Après une longue discussion, on convint de se séparer. Les quatrième et cinquième maîtres, MM. William et Taylor, le capitaine Talbot, son patron de canot, et vingt-six matelots, y compris Hynes, se décidèrent à pousser dans l'intérieur. Le charpentier, le munitionnaire et le tonnelier, MM. d'Espinette et Oliver, leurs domestiques, et environ vingt-quatre matelots, suivirent le rivage.

Ceux qui avaient pris l'intérieur du pays, traversèrent, durant trois jours et trois nuits, une campagne riante, où ils virent plusieurs villages abandonnés. Ils n'eurent pendant tout ce temps, pour subsister, que des huîtres qu'ils avaient apportées du bord de la mer, avec des baies et de l'oseille sauvage qu'ils ramassèrent le long du chemin. Ils jugèrent donc prudent de regagner la côte, où ils trouvèrent assez de coquillages pour apaiser leur faim. Peu de temps après s'être séparés de l'autre bande, tandis qu'ils gravissaient une montagne rapide, le capitaine Talbot se trouva si fatigué, qu'il s'assit plusieurs fois pour se reposer : toute la bande en fit de même. Le capitaine, excédé de lassitude, finit par se reposer si souvent, que les autres le laissèrent en arrière; mais son fidèle patron, voyant son maître dans cet état, retourna auprès de lui : on l'aperçut qui s'asseyait à ses côtés. L'on n'a plus entendu parler d'eux.

La troupe de Hynes arriva le lendemain

à midi sur le bord d'une petite rivière, où elle trouva deux hommes de la bande du charpentier, qui, ne sachant pas nager, avaient été laissés en arrière; ils eurent une grande joie d'être ainsi rattrapés par leurs compatriotes, surtout quand on leur promit de les aider à passer l'eau. Depuis qu'ils se trouvaient seuls, leur feu s'était éteint, ce qui fit regarder comme un miracle qu'ils eussent échappé aux bêtes féroces.

Quatre jours après avoir traversé cette rivière, ils en rencontrèrent une autre si grande, que personne ne jugea prudent d'essayer de la traverser. En suivant ses bords, ils arrivèrent à un village, où ils virent la boîte d'une montre qu'une personne de la bande du charpentier avait échangée pour un peu de lait. Shaw offrit aux naturels une partie de la boîte de sa montre en échange d'un veau; les naturels eurent l'air d'y consentir, et amenèrent un veau dans un enclos; mais ils n'eurent pas plutôt dans les mains le prix convenu, qu'ils retinrent l'animal et l'emmenèrent. Les Anglais remontèrent la rivière pendant quelques jours, et traversèrent plusieurs villages dont les habitans les laissèrent passer sans empêchechement ; enfin ils gagnèrent, sur un radeau, le bord opposé de la rivière, large, dans cet endroit, d'un mille et demi : deux hommes de la troupe, effrayés de cette largeur, n'osèrent suivre leurs camarades. Au bout de quatre jours, les Anglais atteignirent le bord de la mer, en suivant une direction diagonale : le lendemain ils trouvèrent quelques coquillages, mais ils ne purent se procurer de l'eau fraîche.

Ces infortunés rencontrèrent alors un grand nombre de sauvages qui les maltraitèrent : étant hors d'état de faire la moindre résistance, ils furent accablés de coups. Pour échapper à ces outrages, tous se sauvèrent dans un bois, et reprirent leur chemin quand les naturels se retirèrent. Trois jours après, ils rattrapèrent la bande qui s'était séparée d'eux, avec le charpentier à sa tête : ce dernier avait été empoisonné par des fruits que la faim lui avait fait manger. MM. d'Espinette et Oliver, ainsi que leurs domestiques, étaient restés en arrière, n'en pouvant plus ; mais Law, le petit garçon, avait supporté d'une manière miraculeuse les fatigues de la marche.

Les deux troupes, ainsi réunies de nouveau,

trouvèrent, sur un banc de sable, deux planches, à l'une desquelles tenaient des clous. Transportés de joie d'une trouvaille aussi précieuse, les Anglais mirent le feu aux planches; et, après en avoir retiré les clous, ils les aplatirent entre deux pierres, pour en faire des espèces de couteaux. Un peu plus loin ils découvrirent de l'eau fraîche, en retournant par hasard le sable du bord d'une rivière, et passèrent la nuit dans cet endroit.

Le lendemain matin, ils furent agréablement surpris, après avoir passé la rivière, d'apercevoir encore une baleine morte sur la plage; mais un grand nombre de Caffres, armés de lances, fondit sur eux. Cependant ces sauvages, voyant leur situation déplorable, et l'impossibilité où ils étaient de faire aucune résistance, se conduisirent paisiblement, et l'un d'eux prêta même sa lance aux Anglais occupés à dépecer la baleine. A l'aide de cette arme et des deux couteaux, on coupa des tranches que l'on emporta dans des sacs pour les faire cuire quand on trouverait du feu et de l'eau.

Un homme se trouva mal, le lendemain, sur le bord d'une rivière; l'urgente nécessité contraignit ses camarades à le laisser en arrière. Pendant quatre jours, les Anglais voyagèrent avec beaucoup de célérité, parce qu'ils n'éprouvèrent pas de retard à chercher des provisions; cependant les rivières mirent fréquemment obstacle à leur marche, et enfin ils en rencontrèrent une près de laquelle ils se décidèrent à passer la nuit. Ils trouvèrent une grande quantité de gros fruits qu'ils mangèrent pour étancher leur soif. Le lendemain matin, la force du vent et le froid en empêchèrent plusieurs de traverser la rivière; mais Hynes et environ dix autres, impatiens de continuer leur route, passèrent à la nage, et marchèrent jusqu'à ce qu'ils eussent trouvé un lieu où il y eût de l'eau, du bois et des coquillages. Ils y restèrent deux jours, espérant que leurs compagnons, parmi lesquels était le petit garçon, les rejoindraient : croyant ensuite que le mauvais temps les avait retenus, ils partirent.

Heureusement ils découvrirent, sur la grève, un phoque mort; ils en coupèrent des tranches à l'aide de coquilles d'huîtres et d'un des couteaux qui étaient en leur possession; ils en firent cuire une partie sur le lieu, et emportèrent le reste. Leurs camarades, restés en arrière, les rejoignirent après deux jours de séparation, et eurent leur part du phoque; ils avaient éprouvé de bien rudes traitemens de la part des naturels, et perdu cinq des leurs. Après la mort du charpentier, le commandement de la troupe était échu au munitionnaire : le soin de l'enfant, que son jeune âge rendait incapable de résister aux périls d'un si pénible voyage, devint l'objet de l'attention de ce brave homme. Il cherchait à alléger ses fatigues, écoutait ses plaintes avec un intérêt compatissant : il lui donnait à manger ce qu'il pouvait se procurer, et lui prodiguait les consolations propres à le tranquilliser. Quels éloges ne doit-on pas à une conduite aussi humaine et aussi généreuse!

En essayant, pour abréger la route, de tourner un rocher escarpé qui s'avançait beaucoup dans la mer, les Anglais furent sur le point d'être enlevés par la violence des lames qui venaient se briser contre ce promontoire. Ces pauvres gens n'échappèrent que par une sorte de miracle; quelques-uns perdirent leurs portions de phoque, et tous leurs brandons furent éteints. Quoique cet accident les eût extrêmement découragés, ils continuèrent leur route. Ils aperçurent des femmes qui s'enfuirent à leur approche ; arrivés au lieu qu'elles venaient de quitter, ils reconnurent qu'elles avaient été occupées à ramasser des moules, et trouvèrent encore le feu qui leur servait à les apprêter. Ils rallumèrent leurs tisons, et se reposèrent quelques heures.

Le lendemain ils obtinrent, dans un village, un bœuf en échange d'une boîte de montre et de quelques boutons. Ils tuèrent l'animal avec la zagaie d'un Caffre ; pour que la distribution se fît avec plus d'égalité, il fut coupé en morceaux, et un Anglais debout, le dos tourné à ses compatriotes, nommait la personne à qui était destiné le morceau touché ; la peau fut aussi coupée en morceaux et distribuée par lots ; ceux à qui ils échurent en firent des espèces de souliers. Les naturels furent bien joyeux qu'on leur donnât les entrailles de la bête. Ce fut la seule fois que les Anglais purent obtenir d'eux quelques provisions, excepté un peu de lait que les femmes donnaient de temps en temps au petit garçon. Il était inconcevable qu'il pût ainsi supporter le voyage : quand le chemin était uni et bon, il marchait du même pas que les hommes faits ; quand on traversait des sables profonds ou des herbes très-hautes, chacun le portait à son tour. Son poste était auprès du feu pour le tenir allumé, quand on allait à la pêche, et, au retour, on le récompensait en lui donnant une part de la capture.

Les Anglais mirent ensuite dix jours à traverser un désert sablonneux, dans lequel ils n'aperçurent aucun naturel. Ils se nourrirent principalement des provisions qu'ils avaient apportées, et ils trouvèrent de l'eau en creusant dans le sable. Puis ils passèrent, pendant cinq à six jours, au milieu d'une tribu nommée les Tambouquis, de qui ils furent tantôt bien, tantôt mal traités. Sur le bord de la mer, un parti de naturels leur conseilla, par signes, de gagner l'intérieur. Ils se conformèrent à cet avis, et, après avoir fait trois milles, arrivèrent à un village où il n'y avait que des femmes et des enfans ; ils y obtinrent un peu de lait pour l'enfant, et s'y reposèrent. Sur ces entrefaites, les hommes revinrent de la chasse, portant, chacun au bout de sa lance, une portion de bête fauve ; une quarantaine au moins entourèrent les voyageurs, les regardant avec une sorte d'admiration, puis leur montrèrent deux jattes de lait qu'ils avaient l'air de vouloir échanger : il ne restait malheureusement rien aux Anglais qui pût convenir à ces hommes. Le marché n'ayant pu se conclure, ils prirent, dans leurs huttes, des roseaux, et, les trempant par une extrémité dans le lait, ils en aspirèrent la totalité en peu de temps. A peine leur repas fut-il achevé, qu'ils se levèrent à la hâte, et coururent vers les bois où ils disparurent. Ils revinrent bientôt, rapportant un chevreuil qu'ils avaient tué. Les Anglais les supplièrent de leur en donner une partie; ce fut en vain : et, à l'approche de la nuit, les Caffres insistèrent pour qu'ils quittassent le village.

Ils partirent au coucher du soleil, après s'être reposés à quatre ou cinq milles de ce village. Ils virent, pendant plusieurs jours, beaucoup de bétail, mais ils manquaient de moyens de s'en emparer. Sur les bords d'une rivière, où il y avait quelques huttes habitées uniquement par des femmes et des enfans, ils obtinrent plutôt par l'effet de la crainte, que par un sentiment d'humanité, des morceaux de chair de phoque suspendus dans ces cabanes pour sécher. La rivière avait un mille de largeur ; Hynes, et huit de ses camarades la passèrent à la nage, les autres, craignant de ne pouvoir en faire autant, restèrent en arrière. A peu près trois milles plus loin, les premiers aperçurent un phoque endormi sur la grève. Il s'éveilla et se dirigea vers la mer ; mais ils l'entourèrent et le tuèrent à coups de bâtons, puis le dépecèrent pour l'emporter.

En traversant une autre rivière, deux hommes laissèrent tomber leurs brandons. Pour passer les rivières sans radeau, les Anglais faisaient un paquet de leurs habits et l'attachaient à leur tête. Le brandon était placé en avant du paquet, et, par ce moyen, préservé du contact de l'eau. En continuant leur marche, ils trouvèrent une autre baleine, et restèrent deux jours dans cet endroit, espérant que leurs camarades les rejoindraient ; mais, dix jours après, ils découvrirent, au moyen de petits morceaux de chiffons épars sur la route, que ceux-ci les avaient devancés. En entrant dans un vaste désert sablonneux, ils virent, près d'une ravine profonde, ces mots écrits sur le sable : *Portez vos pas de ce côté, et vous trouverez du bois et de l'eau en abondance.* Ils s'empressèrent de suivre cette indication, et virent, à des restes de feu et à d'autres marques, que leurs compagnons s'étaient reposé dans les creux des rochers.

Quatre à cinq jours après, un rocher escarpé qui s'avançait au loin dans la mer, les obligea de nouveau à pénétrer dans l'intérieur. Ce qui restait de la baleine était consommé ; mais, sur les bords d'une flaque d'eau douce, ils trouvèrent une grande quantité de crabes de terre, de coquillages et d'oseille, dont ils firent un bon repas. Au point du jour, ils continuèrent leur marche, et, en arrivant à la lisière d'un grand bois, ils aperçurent beaucoup d'arbres déracinés. Cette particularité excita leur surprise; mais à peine ils étaient entrés dans les bois, qu'ils virent trente à quarante gros éléphans sortir du milieu de longues herbes dont le sol était couvert. Ne sachant s'il y avait plus de danger à avancer qu'à reculer, ils restèrent quelques minutes en suspens; à la fin, ils firent un long circuit, et s'éloignèrent des éléphans sans avoir éprouvé le moindre accident.

Le soir, ils ne trouvèrent pas de coquillages sur le bord de la mer, et l'excès de la faim porta ceux qui avaient encore des chaussures faites de la peau du bœuf mangé dans ces déserts, de la flamber pour en ôter les poils, et de la griller; on ajouta à ce triste repas un peu de céleri sauvage qui croissait en cet endroit.

Pendant cinq ou six jours encore, les voyageurs continuèrent à rencontrer des indices qui dénotaient que leurs camarades les devançaient. Ils tombèrent dans un parti de Caffres qui chassaient, et qui se distinguaient par un espèce de soulier porté au pied droit; ils en faisaient usage à la chasse, en sautant de ce pied-là. Ils arrivèrent ensuite dans un pays plus aride, où il paraissait que les naturels ne subsistaient que de la pêche et de la chasse. Les Anglais n'y furent pas inquiétés, mais ils eurent à surmonter des difficultés sans nombre; heureusement qu'en quatre jours ils gagnèrent un canton riant et peuplé. Ils n'y purent néanmoins obtenir des vivres. Les naturels craignant qu'ils n'emmenassent leurs bestiaux, les repoussèrent à coups de bâtons et de pierres, de sorte que, sans la ressource des coquillages des bords de la mer, ces pauvres gens seraient morts de faim.

Quelques jours après, ils rencontrèrent une troupe de naturels, dont on avait fiché dans sa chevelure un morceau d'une boucle d'argent qui avait appartenu au cuisinier du navire. Celui-ci avait été obligé de briser ses boucles et d'en donner les morceaux en échange de provisions. Mais les naturels retenaient fréquemment les objets qu'ils étaient convenus de donner.

Une tempête violente, accompagnée de tonnerre, d'éclairs et de pluie, contraignit les voyageurs de passer une nuit sur le bord de la mer. La pluie était si abondante, que quatre d'entre eux furent obligés de tenir leur vêtement de toile au-dessus du feu pour qu'il ne s'éteignît pas. Ils restèrent le lendemain jusqu'à la mer basse pour ramasser des coquillages, et pour faire sécher leurs habits. Vers quatre heures, étant arrivés à un grand village, les habitans s'assemblèrent, et en blessèrent plusieurs. L'un eut le crâne fracassé, tomba dans le délire, et mourut bientôt après. Hynes fut renversé à terre, et laissé pour mort sur la place. Quand il revint à lui, les naturels étaient à une grande distance, et ses compatriotes hors de la vue. Se rappelant la route qu'ils avaient eu dessein de suivre, il marcha aussi vite qu'il put, et les rejoignit en deux à trois heures. Les autres avaient cru qu'il était tué. Il porta long-temps après la cicatrice d'une blessure qu'une zagaie lui avait faite à la jambe.

L'on ne voyait plus de huttes. Après avoir, pendant plusieurs jours, voyagé dans un vaste désert sablonneux, les Anglais rencontrèrent trois sauvages qui prirent la fuite à l'instant. Ils ne se procuraient des alimens qu'avec des difficultés infinies, parce que le rivage de la mer était rarement bordé de rochers. Quand ils rencontraient un petit rescif, ils étaient quelquefois obligés d'attendre, pendant la moitié d'un jour, que la marée baissât. Si les coquillages étaient abondans, ils en ramassaient autant qu'ils pouvaient, puis enlevaient la coquille, et mettaient la chair dans un morceau d'étoffe que l'on portait tour à tour.

En arrivant à une grande rivière, appelée *Boschiman's-River*, la troupe rencontra Thomas Lewis, que l'autre détachement avait laissé en arrière, parce qu'il était malade. Il raconta qu'il avait pénétré dans l'intérieur et y avait vu beaucoup de huttes; dans une on lui avait donné du lait, dans l'autre on l'avait battu. Il était si faible et la rivière si large, et il se sentait si peu en état de supporter encore d'autres fatigues, qu'il se décida à retourner au plus prochain village, disant que ce qui pouvait lui arriver de pis était d'être tué par les naturels, et qu'il était bien sûr de mourir d'épuisement s'il essayait d'aller en avant. Ses compagnons s'efforcèrent en vain de l'encourager en lui faisant entrevoir qu'il survivrait à toutes ses peines et atteindrait le cap de Bonne-Espérance. Mais, sourd à leurs prières, il retourna vers les Caffres, chez lesquels il ne tarda probablement pas à trouver le terme de ses souffrances.

Les Anglais ne quittèrent pas le rivage, espérant y découvrir quelques alimens. Leur joie fut extrême en découvrant une baleine morte, près de laquelle ils restèrent deux jours. Ils en prirent autant de tranches qu'ils en purent porter, et traversèrent la rivière sur des radeaux. Les hurlemens des bêtes féroces, plus nombreuses que partout ailleurs, les tinrent en alarme toute la nuit.

Quatre jours après, vers midi, ils rejoignirent le munitionnaire et le petit garçon. Ceux-ci leur dirent que, la veille au soir, ils avaient enterré le tonnelier à peu de distance dans le sable. Hynes pria le munitionnaire de le conduire dans cet endroit : de quelle horreur ils furent saisis en voyant qu'une bête féroce avait déterré et emporté le corps. On reconnaissait sur le sable le chemin qu'elle avait suivi; ces traces leur firent connaître que, dans la nuit, ces animaux tournent autour des pierres et des arbres pour découvrir leur proie.

La troupe donna au munitionnaire et à l'enfant un peu de chair de baleine que ceux-ci mangèrent, et qui leur fit grand bien. Huit à dix jours après, arrivés à une pointe composée uniquement de rochers, ils la suivirent jusqu'à son extrémité pour chercher quelque chose à manger, car la baleine était consommée. Ils trouvèrent des coquillages, mais ils ne purent se procurer que de l'eau saumâtre, et furent obligés de passer la nuit sur les rochers.

Le munitionnaire et l'enfant s'étant trouvés mal à leur aise le lendemain matin, prièrent leurs compagnons de rester tout le jour en cet endroit : on se rendit à leur demande. Le jour d'après, tous se trouvèrent indisposés, ce qui était dû à la fraîcheur du rocher sur lequel ils avaient dormi, et à l'état chétif de leurs vêtemens. Le munitionnaire et l'enfant continuant à être malades, leurs compagnons consentirent à rester encore un jour; mais il fut convenu que s'ils ne se trouvaient pas mieux, on serait obligé de se séparer d'eux.

Ayant préparé de bonne heure ce qu'ils avaient pu ramasser pour le déjeuner, et disposés à avoir toute l'indulgence possible pour un être aussi délicat que le pauvre enfant, les Anglais avaient l'intention de ne l'appeler que lorsque tout serait prêt. Il reposait encore auprès du feu, autour duquel tout le monde avait dormi. Ses compagnons allèrent pour l'éveiller; à leur grand chagrin, ils reconnurent que son âme avait pris son vol vers un monde meilleur. Pauvre petit innocent ! il avait été enlevé avant que son heure fût venue.

La douleur de ses compagnons, notamment celle du munitionnaire qui lui prodiguait les soins les plus affectueux, fut bien vive. La perte d'un être qu'il aimait si tendrement et qui avait si long-temps été l'objet de sa sollicitude, l'accabla. Ce fut avec une peine extrême que ses camarades l'emmenèrent. Ils donnèrent tous un dernier soupir de regret à cette tendre victime, et partirent.

Ils avaient marché pendant deux heures, lorsque Robert Fitzgerald pria qu'on lui donnât de l'eau plein une coquille. Hynes lui en donna, qu'il but avec avidité. Robert en demanda une seconde; puis l'ayant avalée avec le même empressement, il se coucha à terre et expira à l'instant. Il fut laissé à l'endroit où il avait rendu le dernier soupir, et ses compagnons s'en allèrent sans paraître trop affectés de l'événement. Une mort semblable était plus à désirer qu'à redouter.

Vers quatre heures, Guillaume Fruel se plaignit d'une grande faiblesse, et s'assit sur le sable au bord de la mer. Ses camarades le quittèrent pour aller chercher du bois ou de l'eau, et lui dirent qu'ils reviendraient. Etant à une certaine distance, ils regardèrent en arrière, et virent Fruel qui s'avançait vers eux, en rampant à terre. Après avoir inutilement cherché de l'eau, ou un bon endroit pour y reposer, ils s'étendirent à terre pour dormir.

L'un d'eux se souvenant de l'état de Fruel, retourna vers lui pour essayer de l'amener; mais quoiqu'il fût allé jusqu'à un endroit d'où l'on pouvait apercevoir le lieu où était auparavant cet infortuné, il ne le découvrit pas, ce qui fit penser aux autres que n'ayant rien qui pût le préserver ou le protéger, les bêtes féroces l'avaient enlevé.

Le manque d'eau les fit beaucoup souffrir le lendemain. Les glandes de leur gosier et de leur bouche étaient extrêmement gonflées. Ils furent enfin réduits à boire leur urine. Les misères qu'ils avaient précédemment endurées, n'étaient rien en comparaison de celles qui les accablaient actuellement. Le second jour où ils manquèrent de nourriture et d'eau, le munitionnaire et un autre homme expirèrent.

Le chemin était borné d'un côté par des collines sablonneuses et de l'autre par la mer; les Anglais furent contraints de dormir sur le sable. Ils trouvèrent la moitié d'un poisson qui fournit à chacun une demi-bouchée; quelques-uns n'en voulurent pas absolument, dans la crainte d'ajouter aux maux qu'ils souffraient déjà.

Le lendemain, deux hommes de la troupe

étaient réduits à une grande débilité; mais craignant d'être laissés en arrière, ils marchèrent. L'un d'eux après avoir fait quelques centaines de pas, se coucha à terre, ne pouvant aller plus loin. Les autres lui serrèrent la main, et le recommandant au Ciel pour qu'il lui donnât le secours que ce malheureux ne pouvait attendre d'eux, ils le laissèrent expirer seul.

Dans une ravine profonde où ils entrèrent l'après-midi, espérant y trouver de l'eau, ils rencontrèrent un homme de l'équipage, étendu mort, le visage tourné vers la terre, et la main droite coupée au poignet. Jean Wormington, second contre-maître, qui avait perdu ses habits en passant une rivière, s'empara d'une partie de ceux du défunt. Les Anglais marchèrent ensuite jusqu'à la nuit, n'ayant pour se sustenter d'autre ressource que celle de boire leur urine.

Le lendemain n'apporta aucun soulagement à leurs souffrances, et la nécessité les contraignit à poursuivre leur marche. Leur faiblesse était si grande, qu'un autre homme tomba et fut laissé sur la place. Les Anglais étaient alors réduits à Hynes, Evans et Wormington, tous trois dans l'état le plus déplorable. Leurs facultés étaient en quelque sorte anéanties; ils voyaient et entendaient à peine, et l'ardeur du soleil qui dardait à plomb sur leur tête, aggravait encore leurs maux.

Le lendemain matin, le tourment de la soif devint si affreux, que Wormington importuna sérieusement ses camarades pour tirer au sort celui d'entre eux qui serait mis à mort, afin que les deux autres pussent être sauvés en buvant son sang. Hynes était d'une faiblesse qui l'avait réduit à une espèce d'imbécillité; il pleura beaucoup à la proposition de Wormington, mais refusa d'y consentir: il dit que si dans la marche son état de débilité le faisait rester sur place, ils pourraient faire de lui ce qu'ils voudraient, s'ils pensaient que cela pût servir à leur sauver la vie; mais que tant qu'il serait en état de marcher, il ne voulait pas entendre parler de tirer au sort. Wormington ne se sentant plus la force d'aller plus loin, ses camarades lui serrèrent la main et partirent; mais un instant après, tandis qu'il les apercevait encore, il essaya de se faire entendre d'eux, pensant qu'ils pourraient contribuer à lui sauver la vie : il se leva même, et essaya de faire quelques pas en avant ; mais sentant que ses tentatives pour rejoindre ses camarades, étaient inutiles, il s'étendit le long du rivage, enfonçant sa main droite dans le sable.

Evans et Hynes ne purent pas, malgré leurs efforts, avancer beaucoup : vers dix heures ils aperçurent en avant d'eux, quelque chose qu'ils prirent pour de grands oiseaux ; ranimés par cette vue, ils conçurent l'espérance de pouvoir en attraper quelques-uns et d'alléger leurs souffrances. Mais quelle fut leur surprise, en approchant, de voir que les objets qu'ils avaient aperçus étaient des hommes. Presque aveugles et réduits à l'imbécillité, ils eurent de la peine à reconnaître quatre hommes de la troupe du munitionnaire, duquel ils s'étaient séparés. Un jeune homme de cette bande, nommé Price, vint à leur rencontre, et quand ils lui demandèrent de l'eau, leur ayant répondu qu'il pouvait leur en procurer, il leur donna une nouvelle vie.

Hynes et Evans racontèrent à leurs compatriotes que tous les hommes de leur troupe étaient morts, à l'exception de Wormington laissé ce matin même à l'agonie le long du chemin; Leary et Delasso, deux de ceux que l'on venait de rencontrer, partirent pour le chercher, en recommandant aux deux autres d'empêcher Hynes et Evans de boire trop, parce que plusieurs de leurs compagnons en étaient morts; mais leur impatience d'étancher leur soif les fit se coucher à côté d'une source : ils eussent excédé les bornes prescrites par la prudence, si Price n'eût renversé du sable sur l'eau. Alors ils se retirèrent dans un creux de rocher, où on leur donna quelques coquillages, et ils s'endormirent.

Leary et Delasso, ayant trouvé Wormington revinrent avec lui, et quand Hynes et Evans se réveillèrent, ils se racontèrent mutuellement tout ce qu'ils avaient souffert en traversant le dernier désert. Leary dit qu'après avoir enterré dans le sable le maître-d'hôtel du capitaine, ils s'étaient vus réduits à un tel état de détresse, que deux hommes avaient été envoyés pour couper quelques morceaux de son corps afin de s'en nourrir. Les deux hommes, après avoir dépassé la fosse du maître-d'hôtel, étaient occupés à la chercher, lorsqu'ils trouvèrent tout auprès d'eux un jeune phoque qui venait d'être poussé sur la plage, et qui saignait encore, ce qui les préserva de manger de la chair humaine. Ils décrivirent ensuite à leurs camarades une singulière manière de se procurer des coquillages. Ayant observé un grand nombre d'oiseaux occupés à gratter le sable sur les bords d'une rivière, ils les virent ensuite s'élever en l'air, et laisser tomber de leur bec quelque chose sur les rochers, puis descendre pour le prendre. Les voyageurs affamés suivirent la marche des oiseaux, et découvrirent qu'ils retiraient des coquillages qui s'enfonçaient dans le sable, parce qu'il n'y avait pas de rochers le long de la côte.

Hynes et Evans ayant à leur tour dit à leurs compagnons que le munitionnaire avait à l'instant de sa mort, de très-bons habits, un nommé Dodge, prit le parti d'aller au lieu où était resté le corps, pour prendre les habits dont il avait le plus grand besoin. Evans promit de lui indiquer la route, et ils partirent le lendemain; mais dans la soirée Evans revint seul, disant que Dodge était devenu si indolent et marchait si lentement que, si lui-même n'eût hâté le pas, il ne fût pas parvenu à les rejoindre. Ils n'avaient pu trouver le corps du munitionnaire; il était probable que les bêtes féroces l'avaient emporté, et comme on ne vit plus Dodge, il est vraisemblable qu'il devint aussi leur proie.

Les deux jours suivans furent employés à ramasser des coquillages que l'on fit griller pour servir de provision de voyage. Ensuite les Anglais construisirent un radeau, et traversèrent la rivière, mais ce fut avec beaucoup de difficulté, à cause de sa grande largeur, et de la force du courant qui faillit à les entraîner à la mer. En gagnant la rive opposée, ils regardèrent en arrière avec une surprise mêlée de terreur, en voyant la distance que la rapidité du courant leur avait fait parcourir.

Ils trouvèrent sur cette rive le coquillage doué de la propriété de s'enfoncer dans le sable. Il est de forme triangulaire, long d'environ deux pouces, et a une de ses extrémités terminée en pointe, ce qui lui sert à creuser son trou : il y parvient avec une facilité singulière partout où le sable est humide; tellement que les Anglais avaient beaucoup de peine à le suivre en essayant de le prendre.

Toute la troupe, qui ne consistait plus qu'en six hommes, continua à traverser un pays désert, où elle n'aperçut ni naturels ni huttes. En six jours, elle arriva à la rivière appelée Swarte-River, où le pays commença à prendre un aspect plus riant; les voyageurs découvrirent même des huttes à une grande distance. Ayant par hasard mis le feu à l'herbe, ils craignirent que l'incendie ne s'étendît au loin avec rapidité, et n'amenât les naturels. Ils eurent des peines extrêmes à l'éteindre.

Après avoir le lendemain traversé la rivière à la nage, ils ne tardèrent pas à rencontrer une baleine morte sur la plage; joyeux d'avoir trouvé une si ample provision, ils résolurent d'élever une hutte en cet endroit, et de s'y reposer quatre à cinq jours; mais ils ne purent découvrir de l'eau : alors ils prirent autant de chair de baleine qu'ils en purent emporter sans se trop gêner, et poursuivirent leur route ; puis ils passèrent la nuit dans un petit bois où il y avait de l'eau.

Le lendemain, quatre hommes de la troupe retournèrent à la baleine pour faire la provision, et laissèrent Delasso et le jeune Price auprès du feu pour en prendre soin, et chercher du bois pour passer la nuit.

Pendant leur absence, Price, qui était allé dans les bois, observa à peu de distance deux hommes armés de fusils : intimidé, il se hâta de retourner vers le feu ; les deux hommes l'y poursuivirent.

Ces deux hommes appartenaient à un établissement hollandais peu éloigné, et cherchaient des bestiaux égarés : ils aperçurent Price ; découvrant en même temps la fumée du feu, ils conclurent qu'il irait de ce côté, et le suivirent. L'un d'eux, appelé Battorès, probablement Portugais, vint à bout de comprendre Delasso qui était Italien. Quand il eut entendu son lamentable récit, il le pria de le conduire auprès de ses camarades, et les trouva occupés à dépecer la baleine.

Battorès leur fit jeter toute la chair de l'animal, et leur promit de meilleurs alimens. Quand ils furent arrivés à sa maison, il satisfit à tous leurs besoins. La joie des malheureux Anglais ne peut ni se concevoir ni se décrire ; leurs sens se trouvaient dans l'agitation la plus violente : l'un pleurait, un autre riait, un troisième dansait. Leurs souffrances avaient si fort dérangé tout leur être, que leurs sensations ne s'exprimaient que par des mouvemens convulsifs. Après s'être un peu remis, ils apprirent qu'ils se trouvaient dans les établissemens hollandais, et à une distance de trois à quatre cents milles du cap de Bonne-Espérance.

La maison de Battorès, éloignée seulement de trois milles, ne lui appartenait pas. Le propriétaire, nommé Christophe Roostoff, informé des malheurs des matelots étrangers, les traita avec la plus grande bonté. On leur donna du pain et du lait, mais ils mangèrent avec une telle voracité, qu'ils furent sur le point de s'étouffer. Après qu'ils eurent pris leur repas, on étendit des sacs à terre, et ils s'endormirent.

Il y avait long-temps qu'ils n'étaient plus habitués à calculer le temps. Après avoir trouvé les clous dont ils firent des couteaux, ils coupèrent sur un bâton des entailles parallèles entre elles, pour les jours de la semaine, et une entaille transversale pour le dimanche; mais ils perdirent ce bâton en traversant une rivière. Les jours, les semaines, les mois s'étaient donc écoulés sans qu'ils en tinssent compte. Ils apprirent que le jour de leur délivrance était le 29 de novembre. Le naufrage du *Grosvenor* étant arrivé le 4 d'août, ils avaient mis cent dix-sept jours à leur pénible voyage. Les maux qu'ils avaient eu à souffrir, étaient réellement incroyables, et leur salut tenait du miracle.

Roostoff ordonna le lendemain de tuer un mouton qu'ils mangèrent à déjeûner et à dîner. Ensuite un autre Hollandais, nommé Quin, qui demeurait à neuf milles de là, amena un chariot, attelé de six chevaux, pour conduire ces infortunés au Cap; cependant Price qui avait mal à la jambe, resta chez Roostoff; celui-ci promit d'avoir soin de lui jusqu'à sa guérison, puis de l'envoyer rejoindre ses compagnons.

Les cinq naufragés voyagèrent par des routes raboteuses, et passèrent par deux fermes, en allant chez Quin, où ils se reposèrent deux jours. Ils furent ensuite menés en chariot d'un établissement à un autre, jusqu'à Zwellendam, situé environ à cent milles du Cap. Partout où ils passèrent la nuit, les fermiers se rassemblaient pour écouter leur mélancolique histoire, et leur donnaient plusieurs des choses dont ils avaient besoin.

Comme la Hollande et l'Angleterre étaient alors en guerre, le vice-gouverneur qui résidait à Zwellendam, retint les matelots anglais dans ce lieu jusqu'au retour du messager qu'il avait expédié au gouverneur, pour connaître ses intentions à leur égard. Il reçut ordre d'en envoyer deux au Cap et de garder les autres à Zwellendam. En conséquence, Wormington et Leary partirent après avoir été interrogés au Cap; on les mit sur un vaisseau de guerre hollandais pour y travailler. Wormington ayant découvert, une nuit, que le contre-maître avait apporté du poivre en fraude, à bord du vaisseau, eut l'imprudence de faire entendre qu'il dévoilerait le fait. Là-dessus le contre-maître le fit embarquer avec son camarade, à bord d'un vaisseau de la Compagnie danoise des Indes, prêt à faire voile, et qui partit à l'instant. Grâce à ce hasard, ils revinrent les premiers en Angleterre.

Cependant le gouverneur du Cap, malgré l'inimitié qui régnait encore entre les deux nations, eut l'humanité d'envoyer dans l'intérieur du pays, une expédition à la recherche des autres malheureux naufragés du *Grosvenor*.

L'expédition était composée de cent Européens et trois cents Hottentots, suivis d'un grand nombre de chariots, traînés chacun par huit bœufs. Le commandement de cette troupe fut donné au capitaine Miller, qui reçut l'ordre de sauver tous les objets du bâtiment qu'il pourrait se procurer, et de délivrer ceux des infortunés naufragés que l'on rencontrerait, ou qui seraient entre les mains des naturels. Delasso et Evans qui étaient assez bien remis, servirent de guides. Hynes n'était pas encore rétabli, et Price n'était pas encore arrivé à Zwellendam.

On portait des verroteries et d'autres bagatelles pour racheter les naufragés. La troupe avança jusqu'au moment où elle fut arrêtée par les naturels. Elle rencontra sur sa route trois matelots du *Grosvenor*. L'un d'eux, nommé Hubberley, était domestique de Shaw, le second maître. Toute la troupe dont il faisait partie, était morte graduellement. Il voyageait seul et le cœur navré, quand les Hollandais le rencontrèrent.

Sur d'autres points de la route, les Hollandais trouvèrent sept Lascars et deux négresses, dont une servait madame Logie, femme du premier maître, et l'autre madame Hosea, épouse d'un passager. On apprit d'elles, qu'environ cinq jours après que la troupe à laquelle

Hynes s'était attaché, eût quitté celle du capitaine et des femmes, cette dernière se sépara. Les femmes avaient eu l'intention de rejoindre les Lascars. Mais les Lascars ignoraient ce que ces deux troupes étaient devenues. Ils virent néanmoins l'habit du capitaine sur le dos d'un Caffre, ce qui leur fit penser qu'il était mort.

Comme les naturels avaient empêché les chariots d'avancer, quelques Hollandais firent encore quinze lieues à cheval, mais les Caffres continuant à les inquiéter dans leur marche, ils furent contraints de renoncer à leur entreprise, et revinrent après une absence de trois mois.

Les Lascars furent retenus à Zwellendam, et les Anglais furent envoyés au Cap, où après avoir subi un long interrogatoire devant le gouverneur, ils obtinrent la permission de passer en Europe sur un vaisseau danois qui avait besoin de matelots. Le capitaine promit de les déposer en Angleterre, en traversant la Manche; mais son équipage était si faible qu'il les mena jusqu'à Copenhague, à l'exception de Price, qui fut mis à terre à Weymouth; peu de temps après leur arrivée en

Danemark, ils trouvèrent l'occasion de revenir à Londres.

Une partie des malheurs dont les naufragés furent accablés paraît avoir été due à un marque d'union qui se manifesta aussitôt après la catastrophe. On ne songea peut-être pas assez aux moyens de tirer parti des débris du vaisseau dont on eût pu construire une embarcation pour aller au Cap réclamer des secours. On prit trop à la hâte le parti de faire le voyage par terre ; il semble aussi que l'on ignorait entièrement sur quelle partie de la côte on se trouvait, puisque le capitaine croyait pouvoir arriver au Cap en une quinzaine de jours. La séparation qui eut lieu en chemin prouve que le chef manquait d'énergie ; car les Anglais étant au nombre de cent trente-cinq, eussent, en agissant de concert, intimidé des troupes de Caffres plus fortes que la leur.

Le sort de ces infortunés et l'idée qu'ils vivaient encore, excitaient un intérêt universel, et animèrent à faire les plus grands efforts pour les secourir. Quoique l'expédition dont nous venons de parler eût échoué, le dessein ne fut pas abandonné, et plusieurs années après on en entreprit une autre plus sagement combinée. Elle partit à la fin d'août 1790, pourvue de tout ce qui était nécessaire pour remplir son objet, et se dirigea vers la côte de Natal, sur laquelle on supposait que le *Grosvenor* avait péri. Après un long et pénible voyage, on rencontra le Hollandais Trout, dont il a été question. Il offrit de conduire la caravane au lieu du naufrage ; il raconta que tous les naufragés qui étaient abordés à terre avaient péri, les uns de la main des naturels, les autres de faim ; il ajouta qu'il ne restait de ce qui appartenait au navire que des canons, du lest en fer et du plomb. Mais comme il craignait d'être ramené au Cap, il ne tint pas sa promesse, et évita même ses compatriotes. Ceux-ci allèrent néanmoins au lieu du naufrage, qui était à quatre cent quarante-sept lieues de distance du Cap, et quatre journées de route du Rio de Lagoa. Ils ne purent obtenir aucun renseignement sur les individus qui avaient survécu à la catastrophe, si ce n'est qu'on leur dit que le cuisinier du navire était mort de la petite vérole deux ans avant leur arrivée. Les Caffres qui habitaient dans le voisinage témoignèrent beaucoup de surprise de ce que les Hollandais avaient pris la peine de venir si loin, et promirent que dans la cas où il arriverait un accident du même genre, ils secourraient et protégeraient les naufragés, pourvu qu'ils fussent assurés d'obtenir pour leurs soins, du cuivre, des verroteries et du fer. On leur en fit la promesse solennelle, après quoi la caravane partit, et fut de retour au Cap en janvier 1791.

Lorsque le capitaine Bligh était au Cap, en 1788 et 1789, le colonel Gordon lui rapporta que, dans un de ses voyages en Caffrerie, il rencontra un naturel du pays, qui lui dit qu'il y avait, parmi ses compatriotes, une femme blanche; qu'elle avait un enfant qu'elle embrassait fréquemment, et arrosait de larmes bien amères. Le mauvais état de la santé du colonel le força de retourner au Cap; mais il promit une récompense au Caffre, s'il voulait se charger d'une lettre pour la femme blanche; en conséquence, il en écrivit une en français, en hollandais et en anglais, dans laquelle il lui demandait qu'elle lui envoyât en réponse quelque marque, telle qu'un bâton brûlé, ou toute autre chose, et qu'il n'épargnerait rien pour lui donner du secours. Quoiqu'il eût fait des présens à ce Caffre qui parut charmé de sa commission, il n'entendit jamais parler de lui.

Des officiers, qui ont résidé au Cap, ont dit que l'on y croyait généralement que quelques-unes des infortunées qui avaient échappé au naufrage, avaient pu quitter les Caffres, et venir au Cap; mais que la crainte d'être dégradées dans l'opinion des femmes, leurs égales, après avoir passé une si longue partie de leur vie avec des sauvages qui les avaient forcées à contracter avec eux des unions passagères, leur fit prendre la résolution de ne pas abandonner le fruit de ces unions, et de rester auprès des chefs qui les protégeaient.

NAUFRAGE

DU NAVIRE LA *JUNON*, SUR LES CÔTES D'A-
RACAN, AU MOIS DE JUIN 1795, PAR JEAN
MACKAY.

Certains motifs, qu'il est inutile de rappeler, m'engagèrent à quitter, à Rangoun, un bâtiment sur lequel j'étais embarqué, et à passer comme second maître sur la *Junon*, commandée par le capitaine Alexandre Bremner, et mouillée dans ce port, où elle prenait une cargaison de bois de tek pour Madras. Ce bâtiment de quatre cent cinquante tonneaux était en très-mauvais état, et à tous égards mal pourvu pour naviguer. Son équipage consistait en cinquante-trois hommes, la plupart Lascars, et un petit nombre d'Européens; nous avions aussi à bord la femme du capitaine avec sa servante, toutes deux natives de l'Inde, et quelques Malais pour aider à la manœuvre : nous étions en tout soixante-douze personnes.

Nous partîmes le 29 mai 1795, avec le commencement du flot, ayant vingt-cinq à trente pieds d'eau, sur un fond de vase tendre ; vers six heures du soir cette profondeur diminua tout à coup à moins de vingt pieds : on ordonna aussitôt de virer de bord ; mais avant d'avoir pu mettre la barre du gouvernail sous le vent, le vaisseau toucha sur un banc de sable très-dur. On brassa tout à cul pour le dégager, mais ce fut en vain ; alors on mouilla deux ancres d'affourche pour l'empêcher de dériver davantage. Elles tinrent bon pendant quelque temps ; mais l'une ayant perdu fond et fait chasser l'autre, on laissa tomber la maîtresse ancre qui nous retint. La marée allait cesser de monter, et l'on était sûr de dégager le vaisseau avec le reflux, pourvu que l'on pût l'empêcher de chavirer à marée basse : on amena donc les mâts et les vergues de perroquets pour débarrasser le navire de leur poids. Quand la mer fut basse, il donna à la bande d'une manière effrayante ; mais il flotta au reflux ; aussitôt nous levâmes nos ancres, et forçant de voile, nous nous trouvâmes dans des eaux plus profondes. Comme le bâtiment ne faisait pas du tout d'eau, nous espérions que le dommage qu'il avait reçu était peu considérable.

Le 1er juin, il commença à venter du sud-ouest; la mer fut très-grosse; le vaisseau fatigua beaucoup; une voie d'eau se déclara. Le coup de vent dura huit jours; il fallut que tout le monde, sans distinction, travaillât pour tenir le bâtiment à flot; car les pompes, à force de jouer, se dérangeaient souvent. Nous n'avions malheureusement pas de charpentier à bord, et presque pas d'outils: nous en fîmes usage pour réparer les pompes; mais notre ouvrage était souvent rendu inutile par le sable du lest qui les engorgeait, ce qui nous obligeait de les enlever pour les nettoyer, après avoir essayé inutilement plusieurs moyens de les empêcher d'aspirer.

On délibéra si l'on ne retournerait pas à Rangoun; mais les dangers auxquels on est exposé en approchant de cette côte, puisqu'elle est si basse qu'on ne la voit pas à plus de trois à quatre lieues de distance, et qu'à ce point il n'y a que trente-cinq pieds d'eau, firent décider unanimement que, tant qu'il y aurait quelque espoir de sauver le bâtiment, nous ferions nos efforts pour l'éloigner des côtes du Pégou.

Le 6, le vent diminua, le vaisseau fit moins d'eau; il n'y eut besoin que de tenir une seule pompe en mouvement: nous découvrîmes alors que la voie d'eau venait de l'étambord à la ligne de flottaison. Le premier jour de calme, nous mîmes le canot dehors; nous clouâmes une toile goudronnée par-dessus le trou que nous bouchâmes avec de l'étoupe, et nous recouvrîmes le tout d'une feuille de plomb. Cet expédient eut un résultat si heureux, que, tant qu'il fit beau, nous n'eûmes besoin de pomper qu'une fois par quart, ce qui nous fit présumer que nous avions réussi à boucher la voie d'eau: on se félicita donc d'avoir ainsi échappé à un péril éminent, et l'on continua gaîment le voyage.

Mais ces félicitations étaient prématurées; il eût été heureux pour nous d'avoir saisi l'occasion de retourner à Rangoun pour réparer convenablement la voie d'eau, et mettre le vaisseau en état de résister à tous les dangers auxquels on devait raisonnablement s'attendre dans le golfe du Bengale, au milieu de la mousson du sud-ouest; il fallait que nous fussions tous aveuglés, pour supposer qu'un morceau de toile, qui pouvait empêcher l'eau d'entrer quand le temps était beau, fût en état de produire le même effet, lorsque, par l'effet du mauvais temps, le vaisseau fatiguerait beaucoup.

Les pompes étaient à peine réparées, lorsque, le 12 de juin, il venta grand frais du sud-ouest. Dès le premier moment que le vent s'éleva, la voie d'eau fut bien plus considérable qu'elle n'avait été précédemment, et les mêmes accidens rendirent l'usage des pompes à peu près inutile : nous en avions trois en mouvement ; nous vidions aussi l'eau avec un seau de bois. Ceux qui savaient manier les outils de charpentier, pour travailler, s'en servaient et pompaient alternativement.

Presque épuisés par la fatigue et la privation du repos, nous commençâmes, le 16, à concevoir des craintes pour notre salut. Nous nous décidâmes, en conséquence, à mettre dehors toutes les voiles que le vaisseau pouvait porter, et d'arriver vent arrière, de manière à gagner la partie de la côte de Coromandel, la plus proche, nous proposant de la prolonger ensuite jusqu'à Madras, ou de faire route pour le Bengale, suivant les circonstances. On mit donc dehors les huniers et les basses voiles, en prenant tous les ris ; mais les pompes exigeaient un travail si assidu, qu'il ne fut pas possible de donner l'attention nécessaire aux voiles, de sorte qu'avant le 18, le vent les eut toutes enlevées, à l'exception de la misaine. Nous mîmes donc en travers jusqu'au 19 à midi. Nous étions alors par les 17° 10′ de latitude nord ; et, d'après notre calcul, à 9° à l'ouest du cap Negrais.

Le bâtiment s'enfonçait tellement, et devenait si pesant, que souvent nous désespérions qu'il pût jamais s'élever de nouveau. Le monde était si alarmé, qu'il fut très-difficile de maintenir chacun à son poste. Vers midi, nous orientâmes la misaine, et nous marchâmes vent arrière à sec, en même temps que nous unissions tous nos efforts pour vider, avec les pompes et les seaux, l'eau qui remplissait le bâtiment, mais ce fut en vain.

Les matelots qui étaient en bas remontèrent à huit heures, disant que l'eau gagnait le premier pont. Les Lascars se livrèrent au désespoir ; les Européens n'ouvraient pas non plus leur cœur à l'espérance. Comme on était généralement persuadé que le bâtiment allait couler bas, à cause de la grande quantité de sable en lest qui était dans la cale, l'équipage demanda à cris redoublés que l'on mît les canots dehors; mais nous savions qu'ils ne pourraient pas nous servir, car nous n'avions qu'un grand canot qui était très-vieux, et une péniche à six avirons. Ces deux embarcations se trouvaient en mauvais état, et faisaient eau.

Vers neuf heures, on coupa le grand mât pour alléger le bâtiment, et l'empêcher de couler bas, au moins jusqu'au lendemain; mais par malheur ce mât tomba sur le pont, et, dans la confusion que cet accident occasiona, les hommes placés au gouvernail laissèrent le bâtiment présenter le travers à la lame, et l'eau entra de tous côtés. Dans ce moment critique, madame Bremner, qui était couchée en bas, trouva moyen de sortir par l'écoutille: le maître Wade, et moi, l'aidâmes à monter sur les lisses de l'arrière. Nous la placions sur les haubans du mât d'artimon, lorsque le bâtiment arriva de toute la ligne du vent, et s'arrêta aussitôt: la secousse soudaine qu'il donna, nous fit penser qu'il coulait à fond ; mais il ne s'enfonça plus dès que le pont fut sous l'eau. Tout le monde grimpa dans les haubans pour échapper à la mort, et l'on montait plus haut, à mesure que les lames, qui se succédaient, enfonçaient plus profondément le navire dans l'eau. Le capitaine Bremner, sa femme, Wade, quelques autres et moi, nous gagnâmes la hune d'artimon : tout le reste de l'équipage s'accrocha aux manœuvres de ce mât, à l'exception d'un homme qui, étant à l'avant du navire, gagna la hune de misaine. Madame Bremner, qui n'avait sur elle que sa chemise et un jupon d'étoffe d'écorce, se plaignait beaucoup du froid : comme j'étais mieux vêtu que son mari, j'ôtai ma jaquette, et je la lui donnai.

Voyant que le bâtiment ne coulait pas à fond, comme nous l'avions craint, nous nous servîmes de nos couteaux pour défaire la vergue du mât d'artimon, de peur que le poids de tant de personnes qui s'étaient placées sur ce mât, ajouté à celui de la vergue, ne le fît tomber. Quoique le bâtiment roulât avec tant de force que nous avions beaucoup de peine à nous tenir, l'excès de la fatigue endormit quelques-uns de nous; quant à moi, je n'étais pas assez tranquille pour pouvoir fermer l'œil. Dans le premier moment, je n'entrevis pas la moindre lueur d'espoir; mais, après deux à trois heures de réflexion, je me dis que quelque bâtiment pourrait passer en vue du nôtre: tant que mon sort me parut inévitable, je m'y sentis parfaitement résigné; mais du moment que je m'abandonnai à l'espoir d'être sauvé, je ne pus supporter l'idée d'une fin prématurée, et, tout le reste de la nuit, je prêtai une oreille attentive, dans l'attente d'entendre un coup de canon, m'imaginant plusieurs fois que le bruit en venait jusqu'à moi; et chaque fois que je le disais à mes compagnons, ils s'imaginaient la même chose.

Au point du jour, un homme cria : « Une « voile ! » Les Musulmans répondirent à ce cri par une exclamation pieuse adressée à leur prophète, qui nous rappela ce que nous devions à Dieu. Nous fîmes nos efforts pour le remercier dignement de notre délivrance que nous regardions comme certaine. Mais les yeux de cet homme l'avaient déçu aussi cruellement que mes oreilles m'avaient trompé pendant la nuit. Dans tous les maux qui nous ont accablé par la suite, rien peut-être ne nous a fait ressentir une peine aussi vive que celle que nous éprouvâmes en ce moment. Le cœur me manqua. Je regrettai d'avoir nourri des espérances qui se trouvaient absolument vaines ; mon âme était si troublée que je ne pus conserver la tranquillité d'esprit qui d'abord m'avait soutenu.

La perspective que nous eûmes sous les yeux, quand le jour reparut, était vraiment affreuse ; le vent soufflait avec impétuosité ; la mer s'élevant à une hauteur prodigieuse, le pont et les parties supérieures du navire se disloquant, les manœuvres qui supportaient les mâts, et auxquels s'étaient cramponnés soixante-douze infortunés, cédant à ce poids, et menaçant à chaque instant de clore la scène. Les cris des femmes et des Lascars ajoutaient à l'horreur du spectacle. Quelques individus cédèrent volontairement à leur sort, tandis que d'autres, hors d'état de se tenir fermes aux manœuvres, étaient violemment enlevés par les vagues : mais la plupart étaient réservés à des épreuves encore plus terribles.

Le vent souffla trois jours avec la même force. Chaque jour aggravait notre misère.

Nous voyions bien que nous pouvions rester sur le vaisseau jusqu'au moment où la famine viendrait terminer nos jours, forme la plus horrible sous laquelle la mort pût s'offrir à nous. J'avoue que mon intention et celle de mes compagnons, était de prolonger notre existence à l'aide d'un seul moyen qui semblait se présenter : c'était de manger le corps de celui qui mourrait avant nous. Mais on ne se communiqua pas mutuellement cette idée, et l'on ne dit rien non plus qui pût y avoir rapport. Long-temps après cependant le canonnier, qui était catholique romain, me demanda si je croyais qu'il y aurait du mal à avoir recours à un expédient semblable.

Le défaut d'espace dans la hune d'artimon, la fit quitter à plusieurs hommes, dans l'intention de gagner à la nage la hune de misaine. Trois à quatre périrent dans cette tentative. A mon agitation succéda, pendant quelques instans, une espèce d'indifférence que je puis appeler calleuse ou plutôt chagrine. J'essayais de sommeiller pour passer le temps; je souhaitais par-dessus tout, de tomber dans un état d'insensibilité absolue. Les lamentations inutiles de mes compagnons d'infortune m'aigrissaient, et, au lieu de sympathiser à leurs maux, j'étais de mauvaise humeur de ce qu'elles me dérangeaient. Durant les trois premiers jours, je ne souffris pas beaucoup du manque de nourriture, le temps étant frais et couvert; mais le quatrième jour, le vent s'apaisa, les nuages se dissipèrent et nous laissèrent exposés à l'ardeur dévorante d'un soleil vertical qui me rappela au sentiment de ma cruelle situation. Jusqu'alors, l'appréhension de ce qui pouvait arriver avait été plus insupportable que tout ce que j'éprouvais en ce moment. Quoique les besoins que je ressentais, et entre autres celui de la soif, fussent extrêmement pénibles, ils ne furent pas aussi violens que je l'eusse imaginé, d'après ce que j'avais lu dans les diverses relations. Mais je commençai alors à sentir en réalité ce qui avait tourmenté mon imagination; je craignis d'approcher du point que je m'étais figuré comme étant le comble des maux, les cris de mes compagnons les plus sujets à se plaindre, me faisant supposer que je l'avais atteint. Néanmoins, je me souvins d'avoir lu dans la relation du capitaine Inglefield, que les hommes embarqués avec lui dans sa chaloupe, avaient éprouvé un grand soulagement de s'être enveloppés tour à tour d'une couverture trempée préalablement dans l'eau de mer, parce que les pores de la peau absorbaient l'eau et laissaient le sel à sa surface. Je mis cet expédient en pratique, autant qu'il me fut possible, en trempant de temps en temps dans la mer un gilet de flanelle que je portais sur la peau. Plusieurs de mes compagnons qui imitèrent mon exemple, convinrent qu'ils se trouvèrent rafraîchis, et je suis persuadé que ce moyen, avec l'aide de Dieu, me sauva la vie. Il me servit en même temps à tenir mon esprit occupé et à me sauver du désespoir. Je trouvais toujours une satisfaction secrète à faire tout ce qui pouvait me conserver la vie.

Dans la nuit du quatrième jour, j'eus un songe qui me fit le plus grand bien; mon esprit se porta sur des objets qui m'étaient connus dès l'enfance, notamment sur mon père et sur toutes les personnes les plus chères à mon cœur. Je rêvais que j'étais attaqué d'une fièvre ardente, et que mon père priait à côté de mon lit; que tant qu'il continuait ce pieux exercice, la fièvre me quittait, mais que dès qu'il le cessait, elle revenait. Je crus voir qu'il m'administrait le sacrement de la cène, et à l'instant où il approchait la coupe de mes lèvres, je m'éveillai. La conséquence que je tirai de mon rêve fut que mon père avait cessé de vivre, et était dans le Ciel témoin de mes souffrances; quelques-unes des circonstances qui s'étaient présentées à moi durant mon sommeil, me rappelèrent les angoisses de la famille d'un de mes oncles pendant qu'il ignorait le sort d'un de ses fils; et l'idée de ce que mes parens souffriraient à cause de moi, me causa une affliction extrême. Mais j'appelai à mon secours les sages leçons que mon père m'avait jadis données; elles eurent un effet merveilleux pour calmer mes esprits et fortifier mon âme; je m'efforçai de faire ma paix avec Dieu, et je me résignai à mourir.

Le 25 de juin, qui était le cinquième jour depuis que le vaisseau avait coulé, nous perdîmes les deux premiers de nos compagnons d'infortune; ils moururent de faim. Cette perte affecta vivement tous ceux qui leur survivaient. L'un expira tout à coup, l'autre eut une agonie de plusieurs heures; elle commença par de violens soulèvemens d'estomac, suivis de fortes convulsions. J'observai par la suite que ces symptômes étaient le présage d'une mort prochaine et douloureuse.

La journée fut très-chaude et la mer fort tranquille. Comme le capitaine et le premier maître avaient toujours montré une grande confiance dans les radeaux, on s'occupa à en faire un avec la vergue de misaine, celle de beaupré et de petites espares qui étaient traînées à la remorque; le lendemain, vers midi, le radeau fut achevé, et l'on commença à s'y embarquer. Quand le capitaine vit que le mouvement était général, il se hâta de descendre de la hune avec sa femme et M. Wade; quoique je n'approuvasse pas ce plan, cependant je cédai à l'impulsion du moment, et je suivis leur exemple; mais le radeau n'était pas assez grand pour nous contenir tous; il en résulta une dispute, les plus forts en chassèrent les plus faibles, et les contraignirent à retourner sur le bâtiment. A l'instant où ils allaient couper la corde qui les retenait, je demandai au capitaine Bremner dans quelle direction il supposait que se trouvait la terre, et s'il pensait qu'il y eût quelque probabilité d'en avoir connaissance; comme il ne me fit pas de réponse, je m'efforçai de lui persuader de regagner le vaisseau ; voyant que mes discours ne produisaient aucune impression sur lui, ni sur aucun de ceux qui étaient avec lui, je ne les quittai pas. Nous nous mîmes à ramer avec vent arrière ; nous nous servions de morceaux de bordage que les matelots avaient, avec leurs couteaux, taillés en pagaie.

Avant d'avoir fait beaucoup de route, nous reconnûmes que nous étions trop nombreux pour le radeau ; je saisis cette occasion de renouveler mes remontrances ; elles produisirent leur effet sur M. Wade, qui consentit à retourner avec moi à la hune d'artimon ; le reste de la troupe, bien content de voir que cela allégeait le radeau, nous aida à regagner notre ancien poste. Au coucher du soleil, le radeau était hors de vue.

Je dois avouer que souvent il me vint dans la pensée que rien n'était plus aisé que de mettre un terme à mes souffrances ; tandis que l'on construisait le radeau, je sentis le plus grand désir de m'y embarquer, parce que je m'imaginais que dans cette situation il serait impossible de vivre vingt-quatre heures ; mais

Dieu eut la bonté de fortifier mon esprit contre ces pensées désespérantes, et de m'accorder un degré de patience et de résignation dont je croyais autrefois l'existence impossible chez tout homme en proie à des souffrances aussi prolongées. Je résolus donc de rester sur le navire, et d'y attendre la volonté de la Providence.

Le 27, nous fûmes surpris d'apercevoir le radeau le long du bord, et du côté opposé à celui d'où il était parti. Les hommes qui y étaient embarqués avaient ramé toute la nuit, jusqu'à l'épuisement total de leurs forces, sans savoir de quel côté ils se dirigeaient, de sorte qu'ils avaient erré à l'aventure. Au point du jour, quand ils se virent si près de nous, ils quittèrent le radeau, et nous rejoignirent sur les têtes de mâts.

Bientôt le capitaine Bremner tomba dans le délire, les alarmes que son état causa à sa femme lui occasionèrent des convulsions. Le capitaine était un homme robuste et bien portant, qui avait déjà passé l'âge moyen; elle, au contraire, était jeune et délicate. Ils n'étaient mariés que depuis onze mois. Dans les premiers momens de notre malheur, il semblait que la vue de madame Bremner fût pénible à son mari, comme si elle eût eu l'air de lui reprocher de l'avoir entraînée dans l'abîme des maux où elle était plongée ; mais ensuite il lui permit à peine de quitter ses bras, de sorte que nous étions obligés de la dérober à ses embrassemens. Dans son délire, il s'imaginait voir une table couverte de mets les plus exquis, et nous demandait, d'un air égaré, pourquoi nous ne lui servions pas de tel ou tel plat; il parlait en général de manger et de boire, souvent de sa femme et quelquefois d'autre chose.

Comme je craignais les fâcheuses conséquences qui pourraient résulter pour moi de boire de l'eau salée, je m'en abstins le plus long-temps qu'il me fut possible; mais ne pouvant plus supporter la chaleur qui dévorait mon estomac et mes entrailles, je descendis et je bus environ deux grands verres de cette eau. Quelle surprise! au lieu de me faire du mal, elle ranima ma force et mes esprits ; cependant je ne cessais pas de la regarder comme un poison certain, et je m'attendais à chaque instant à voir commencer l'agonie qui devait terminer mon existence. Cette crainte aussi fut heureusement déçue ; je m'endormis profondément, et l'ardeur qui me consumait intérieurement diminua. Je me sentis plus fort, quoique l'usage de cette eau m'occasionât ensuite un grand relâchement et de violentes tranchées ; mais ces inconvéniens étaient bien légers en comparaison du grand bien qui en résultait toujours.

Dans la matinée du 28, M. Wade déclara qu'il ne pouvait supporter plus long-temps son état, et qu'il était disposé à aller encore sur le radeau, si je consentais à l'accompagner. Je rejetai cette proposition, et j'essayai infructueusement de le dissuader de son projet : il me répliqua que toute espèce de mort était préférable à son existence actuelle, et que rien ne le ferait changer de résolution. Il persuada à deux Secoices, à deux Malais et quatre Lascars de se joindre à lui. En quelques heures nous les eûmes perdus de vue. Il s'éleva une bourrasque dans la soirée ; elle leur fut probablement fatale, tandis qu'elle nous apporta le soulagement dont nous avions le plus pressant besoin, puisqu'elle fut accompagnée d'une pluie très-forte. Nous n'en pûmes recueillir les gouttes qu'en étendant nos habits ; ils étaient, en général, si imprégnés d'eau salée, qu'ils en communiquèrent d'abord le goût à l'eau fraîche ; mais la pluie tomba si abondamment, qu'elle eut bientôt emporté tout le sel. Nous réservâmes ensuite une partie de nos vêtemens pour recueillir l'eau fraîche, et l'autre pour tremper dans la mer, quand les circonstances l'exigeraient.

Nous passâmes ensuite rarement quarante-huit heures sans pluie ; et dans les intervalles, quand nous n'avions pas la force de descendre, nous faisions, au moyen d'un fil de caret, filer une jaquette ou un morceau de drap jusqu'à la mer, et nous les en retirions pour les appliquer tout mouillés sur notre corps. Toutes les fois que nous avions l'occasion d'avaler quelques gorgées d'eau fraîche, elles nous rendaient la vie et la vigueur, et pendant quelque temps nous ne pensions presque plus à nos misères. Nous avions fréquemment recours à un autre expédient, parce que nous avions trouvé qu'il contribuait temporairement à nous tenir la bouche fraîche : c'était de mâcher tout ce qui nous tombait sous la main, généralement un morceau de toile à voile et même du plomb. Cela paraîtra surprenant, car le plomb passe pour un poison, quand il est pris intérieurement; mais je puis attester le fait, ayant mâché des morceaux de ce métal, pendant des heures entières, jusqu'à le réduire presque entièrement en poudre, et en ayant même quelquefois avalé. On sera peut-être surpris de ce que je ne fais pas mention de cuir ; mais, quand le navire coula bas, personne du bord n'avait ses souliers à ses pieds. Les Lascars n'en portent jamais, et nous ôtions toujours les nôtres quand il pleuvait, parce que le cuir préparé dans l'Inde ne peut plus servir une fois qu'il a été mouillé. Quelques personnes ayant essayé de mâcher des morceaux de cuir qui garnissaient les manœuvres, en trouvèrent le goût et l'odeur trop désagréables pour pouvoir être supportés.

Mais tout ce que je souffrais n'égalait pas l'idée que je m'étais formée de ce qui résulterait du fâcheux état auquel nous étions réduits. J'avais lu ou entendu dire, que personne ne pouvait vivre que très-peu de temps sans prendre de nourriture : au bout de quelques jours je fus étonné d'avoir existé si long-temps, et j'en conclus que chaque jour qui suivrait devait être le dernier ; je m'attendais qu'à mesure que les horreurs de la mort s'approcheraient, nous nous dévorerions les uns les autres. Cette perspective affreuse me faisait frissonner d'horreur : et peut-être que la crainte de l'avenir contribuait à me réconcilier avec le présent. Plusieurs de mes compagnons expirèrent dans le délire; la terreur d'éprouver un sort semblable m'en faisait anticiper le tourment. Je suppliais avec instance le Tout-Puissant de vouloir bien épargner ma raison dans mes derniers momens ; je souhaitais souvent que sa volonté fût de me délivrer de mes souffrances ; mais quand je supposais que le moment approchait, la nature répugnait à l'idée de la dissolution de mon être. Je craignais de survivre à mes compagnons, et d'être ainsi la dernière victime de la mort; mais je ne désirais pas être le premier à mourir.

Un des Lascars, dont le corps était couvert d'ulcères dégoûtans, mourut dans les trelinguages de hauban, précisément au-dessous de la hune ; celui qui était auprès de lui essaya de le jeter à la mer; mais le corps se trouvait tellement engagé dans les manœuvres qu'il ne put l'en retirer, de sorte que ce cadavre y resta encore deux jours, et finit par répandre une puanteur insupportable. Combien d'autres événemens du même genre je pourrais raconter ! mais le souvenir m'en est trop pénible.

Dans la matinée du 1er juillet, l'onzième jour après notre désastre, madame Bremner trouva son époux mort dans ses bras. Nos forces étaient si épuisées que nous eûmes bien de la peine à jeter son corps à la mer, après l'avoir dépouillé d'une partie de ses habits pour en revêtir sa femme. Dans la même journée, il mourut deux hommes dans la hune d'artimon et deux autres dans celle de misaine. Nous n'avions que bien peu de communication avec les hommes qui étaient dans cette hune, car nous n'avions pas la force de descendre, ni même de parler assez haut pour être entendus à cette distance. Plusieurs Lascars gagnèrent l'avant du navire quand le coup de vent cessa, et notre nombre se trouvait si réduit que les deux hunes nous contenaient tous.

Je ne puis guère rendre compte du reste du temps. La faiblesse avait fait disparaître le sentiment de la faim : quand je pouvais me procurer un peu d'eau douce, je trouvais par comparaison mon état heureux. Les nuits nous avaient quelquefois paru fraîches ; mais la diminution de nos forces nous rendit bien plus sensibles au froid, qui fut encore augmenté par les pluies abondantes. Nos membres étaient engourdis, nos dents claquaient, enfin nous craignions quelquefois de mourir de l'excès du froid dans des parages où le soleil était à plomb sur nos têtes. Lorsque la chaleur revenait par degrés, son influence se répandait dans tout notre individu; nous exposions successivement nos membres au soleil jusqu'à ce qu'ils eussent repris leur souplesse. A mesure que nous nous sentions ranimés, nous reprenions nos conversations qui n'étaient pas quelquefois dépourvues d'une certaine gaîté. Mais quand le soleil s'approchait de son zénith, ses rayons brûlans renouvelaient nos souffrances. Nous ne concevions pas comment nous avions pu souhaiter la cessation de la pluie.

J'ignorais à peu près ce qui arrivait à ceux de nos gens qui n'étaient pas dans mon voisinage immédiat : leurs cris seuls m'en donnaient connaissance. Quelques-uns luttaient long-temps contre la mort, et avaient une agonie terrible. Ceux dont les forces étaient les plus abattues, n'avaient pas toujours une mort douce.

Le fils de M. Wade, jeune homme robuste et bien portant, mourut très-promptement et presque sans pousser un gémissement ; un autre jeune homme du même âge, mais qui avait l'air délicat, résista bien plus long temps. Le père de ce dernier était sur la hune de misaine ; quand on lui dit que son fils était à l'agonie, il se hâta de descendre, et se traînant sur les pieds et les mains le long du plat-bord au vent, il alla trouver son fils, placé sur les haubans d'artimon. Il ne restait plus à cette époque que trois à quatre bordages du gaillard d'arrière, au-dessus des bouteilles. Ce père infortuné y conduisit son fils, qu'il appuya fortement contre la lisse, de crainte que les vagues ne l'enlevassent. Quand le fils éprouvait un soulèvement d'estomac, il l'enlevait dans ses bras, et essuyait l'écume de ses lèvres ; s'il tombait une ondée, il lui faisait ouvrir la bouche pour recevoir les gouttes de pluie, ou bien lui faisait avaler celles qu'il exprimait d'un chiffon mouillé. Ils restèrent dans cette triste position pendant cinq jours. Enfin le fils expira. Le malheureux père souleva son fils, et le regarda d'un air égaré, comme s'il n'eût pu croire à sa mort. Quand enfin il ne lui fut plus permis d'en douter, il resta auprès du corps sans dire un mot. Quand la mer l'eut emporté, il s'enveloppa dans un morceau de toile, se laissa tomber et ne se releva plus. Il eût pu vivre deux jours de plus, d'après ce que nous fit juger le tremblement de ses membres, toutes les fois qu'une lame venait à briser sur son corps.

Cette scène déchirante produisit de l'impression, même sur ceux dont les sensations étaient en quelque sorte mortes au monde, et pour lesquels la vue de nos misères était devenue une chose habituelle.

Dans la soirée du 10 de juillet, et autant que nous pûmes calculer, le vingtième jour depuis que le navire avait coulé bas, quelqu'un dit qu'il voyait à l'horizon, à l'est, quelque chose qui ressemblait à la terre. Son annonce fut entendue sans émotion, et personne ne fit le moindre effort pour en constater la vérité. Cependant, si elle ne produisit pas un effet visible, il parut qu'elle occasiona une certaine sensation intérieure; car ayant quelques minutes après levé la tête pour observer ce que notre compagnon avait remarqué, je vis tous les yeux tournés du côté qu'il avait indiqué.

Nous continuâmes tous à regarder cet objet, mais avec assez peu d'attention, jusqu'au moment où les ombres de la nuit l'eurent graduellement dérobé à nos yeux. Alors chacun fit ses observations, et l'on convint unanimement que c'était la terre. Madame Bremner et d'autres me demandèrent si je croyais qu'il y eût encore possibilité de se sauver. Je répondis que je ne pensais pas que ce fût la terre; que pourtant dans le cas contraire, nous avions la consolation qu'elle mettrait probablement un terme à nos souffrances, parce que le vaisseau toucherait certainement bien loin du rivage, et serait en quelques heures brisé en pièces. Cette opinion m'avait fait redouter la vue de la terre. Mais dans ce moment, j'étais indifférent à tout, et incapable d'aucune sensation vive. Je me rappelle qu'en m'éveillant le lendemain au point du jour, je ne songeai à regarder si la terre était ou n'était pas en vue, que lorsqu'un des hommes placés dans la hune de misaine, agita un mouchoir pour nous indiquer que c'était réellement la terre. Je sentis alors un certain désir de me lever et de regarder; cependant me trouvant dans une position commode, les bras pliés sur mon estomac, je ne me souciai pas de me retourner. Mes voisins ne furent pas aussi indifférens. L'un se leva et déclara que c'était la terre : ces paroles en firent lever un autre et enfin tout le monde fut debout. Ce que l'on voyait me parut ressembler beaucoup à la terre ; néanmoins je n'en étais pas sûr, et je ne mettais pas un grand intérêt à ce que cela fût vrai. Madame Bremner m'ayant demandé si je croyais que ce fût la côte de Coromandel, cette question me sembla si ridicule, que je lui répondis que dans ce cas nous irions tous deux nous placer dans le grand salon de Madras, sous les portraits de Cornwallis et de Meadows, pour nous y faire voir à tant par tête, comme des objets curieux.

Dans le courant de la journée, la chose devint si évidente, qu'il n'y eut plus moyen d'en douter, et l'inquiétude fut générale. J'avais quelque espoir de me sauver, quoiqu'il fût considérablement diminué par la crainte de voir le bâtiment toucher à une grande distance du rivage. Je ne pouvais m'empêcher de réfléchir qu'après avoir survécu à des souffrances si extraordinaires au milieu de l'Océan, l'horreur de notre sort serait au comble de périr ainsi à la vue de terre. Dans la soirée nous fûmes assez près pour apercevoir, à notre inexprimable douleur, que c'était une plage déserte sans aucune apparence d'habitans. Je m'attendais à chaque instant que le vaisseau allait toucher, et je me couchai persuadé que c'était mon dernier jour. Je dormis néanmoins, et je fus réveillé avant le lever du soleil par le choc violent qu'éprouva le navire en touchant contre un rocher. Les secousses étaient si fortes chaque fois, que le mât en était ébranlé. J'avais prévu cet événement, et j'étais résigné à tout ce qui pourrait arriver. Au point du jour, la violence des secousses nous empêcha de nous tenir ferme : la mer baissa de plusieurs pieds; ce qui restait du pont se trouva entièrement à sec. Nous y descendîmes, mais ce fut avec bien de la peine. Le canonnier et moi nous prêtâmes notre secours à madame Bremner pour y arriver ; mais nous fûmes obligés de la laisser sur les trelinguages, parce qu'elle était trop faible pour s'aider, et que nous n'avions pas assez de force pour la porter. Enfin la mer baissa tellement que le vaisseau ne remua plus, et que l'entre-pont fut presque entièrement à sec. Les Lascars descendirent de la hune de misaine, et se mirent à chercher des pièces d'argent parmi les ordures. Je proposai aux deux qui me parurent les plus forts de descendre madame Bremner du trelinguage où elle était restée; mais ils refusèrent de lui rendre ce service à moins qu'elle ne leur donnât l'argent qu'elle avait sur elle, à ce qu'ils prétendaient. Quand le bâtiment coula bas, elle avait heureusement mis environ trente roupies dans sa poche : le soin inquiet qu'elle apportait à les conserver avait souvent fait le sujet de nos railleries, ne nous doutant guère que cette faible somme dût puissamment contribuer à nous sauver la vie. Les Lascars consentirent enfin à descendre notre malheureuse compagne sur le pont, moyennant huit roupies; et à peine se furent-ils acquittés de leur promesse, qu'ils insistèrent sur leur paiement. Ce fut le seul exemple d'insubordination ou de manque de compassion pour les souffrances de leurs compagnons d'infortune qu'ils donnèrent; car leur conduite fut exemplaire, et notamment remplie de délicatesse envers les femmes.

Après nous être reposés quelque temps sur l'entre-pont, nous observâmes que la tête du gouvernail avait été emportée, et que par le trou qu'elle avait occupé, il y avait un passage à la sainte-barbe. Dès que la mer eut quitté le faux-pont, nous descendîmes dans la sainte-barbe pour voir s'il y restait quelque chose qui pût nous servir; mais la mer avait tout emporté, à l'exception de quatre cocos, qu'après bien des recherches nous trouvâmes par-dessous le bordage. On pourrait très-naturellement supposer que les premiers qui mirent la main sur ces fruits les gardèrent pour eux; je dois le dire à leur louange, ils eurent l'humanité de déclarer qu'ils les partageaient avec leurs compagnons, et qu'ils ne réclamaient que l'eau de l'intérieur. Ces fruits étaient si vieux que cette eau s'était convertie en une huile rance et de si mauvais goût qu'elle ne pouvait nullement servir à étancher la soif. La partie solide ne contenait plus de substance nutritive, et nous nous trouvâmes assez mal d'en avoir mangé. Mais la faim nous tourmentait bien moins que la soif.

Notre situation dans la sainte-barbe était, quand nous la comparions à notre séjour dans les hunes, si commode, si agréable, que nous nous y trouvions en quelque sorte à merveille;

Je ne me figurais nullement la possibilité d'aller à terre, et je ne désirais guère d'en faire la tentative, puisque, suivant mon opinion, il n'y avait là nulle chance de salut pour nous; il me semblait donc plus doux d'expirer tranquillement à bord du navire, que d'être déchiré par les tigres. Enfin j'avais quelque espoir qu'en restant à bord, nous pourrions finir par être sauvés. Une idée qui avait toujours servi à me consoler, continuait à me prêter son appui : c'est que la Providence n'eût pas prolongé notre existence d'une manière si extraordinaire, si elle n'eût pas résolu de nous sauver entièrement. Cette opinion prenait une force nouvelle quand je considérais que personne n'était mort depuis le moment où nous avions découvert la terre.

L'après midi, nous vîmes quelque chose qui ressemblait à des hommes se promenant sur le rivage; ce qui accrut nos espérances. Tous ceux de nous qui pouvaient se mouvoir allèrent sur le couronnement du vaisseau, et essayèrent d'attirer l'attention de ces inconnus, en agitant des habits et en faisant le plus de bruit possible : mais les étrangers ne prirent pas du tout garde à nous, et passèrent leur chemin ; ce qui nous parut si inconcevable, que nous commençâmes à désespérer que ce fussent réellement des hommes. Leur vue nous excita néanmoins à faire quelques efforts pour arriver à terre, et nous descendîmes dans la sainte-barbe, où nous avions vu des espares : nous en lançâmes une demi-douzaine à l'eau, avec des peines infinies ; mais il n'y en avait pas assez pour nous soutenir tous, et nos forces étaient si épuisées, que nous ne pûmes en remuer un plus grand nombre. Dans la soirée, six des Lascars les plus vigoureux se cramponnèrent sur les espares, et la marée, qui commençait à monter, les eut bientôt poussés sur la plage, où ils abordèrent heureusement, quoiqu'il y eût un ressac très-fort. Ils y trouvèrent un ruisseau d'eau vive, dont ils burent abondamment, et se couchèrent ensuite à l'ombre d'un banc sur la plage. Nous les vîmes le lendemain matin retourner au ruisseau pour boire, ce qui fut pour nous une grande consolation ; car nous avions craint qu'ils n'eussent été dévorés par les tigres : mais nous étions trop faibles et trop peu nombreux pour remuer une seule espare. Il ne restait plus à bord que deux femmes, trois vieillards, un homme d'un âge moyen, alité depuis quelques jours quand le vaisseau coula bas, un jeune garçon et moi. Ces êtres débiles avaient supporté des maux qui avaient enlevé des hommes plus jeunes et plus vigoureux.

Vers midi, nous aperçûmes une troupe considérable de naturels marchant le long de la plage, vers l'endroit où nos gens étaient couchés. Ce fut alors que notre attention fut excitée au plus haut degré, pour savoir comment ils traiteraient nos compagnons; ils allumèrent du feu, et nous conclûmes, avec justesse, que c'était pour faire cuire du riz : bientôt après, ils s'avancèrent jusqu'au bord de l'eau, et agitèrent leurs mouchoirs comme pour nous faire signe de venir à terre. Décrire notre émotion en ce moment est absolument impossible : partagés entre l'espérance et la crainte, nous n'étions plus maîtres de nous; nous voyions bien que ces hommes n'avaient point de canot, et que, quand même ils en auraient, le ressac les empêcherait d'en faire usage. Cependant nous espérions qu'ils inventeraient quelque moyen pour venir à nous.

La vie qui, si récemment encore, me paraissait un fardeau, me devint infiniment précieuse. Des bordages flottaient près du vaisseau; je les apercevais, mais j'appréhendais de me confier à ce frêle appui : je proposai au canonnier et au contre-maître, homme du pays, de nous aider, le jeune garçon et moi, à mettre une espare à la mer; ils y consentirent d'abord, mais ensuite ils abandonnèrent la tentative. Nous parvînmes, le jeune homme et moi, avec des peines infinies, à jeter à la mer une de ces espares, à laquelle nous avions attaché une corde; nous nous saisîmes ensuite d'une portion de bordage qui flottait, et je la fixai de la même manière : nous avions donc chacun un morceau de bois pour aider nos efforts. Cependant j'hésitai quelques instans; enfin, encouragé par le jeune homme, nous convînmes de partir ensemble. Quand il fut sur son morceau de bordage, la résolution me manqua : réfléchissant néanmoins que les hommes qui étaient sur le rivage pourraient le quitter dans la soirée, et que j'aurais encore moins de force le lendemain, je me sentis déterminé à poursuivre la tentative. Je pris congé de madame Bremner qui, ainsi que je l'ai déjà dit, ne pouvait pas du tout s'aider elle-même, et qui était si faible, que l'on ne pouvait efficacement faire le moindre effort pour elle : il m'était bien pénible de me séparer d'elle ; mais j'espérais que, si je réussissais à arriver à terre, je parviendrais à engager quelque homme du pays à aller à son secours : elle me donna une roupie, et accompagna ses adieux des vœux les plus ardens pour l'heureux succès de mon entreprise. Tandis que je me recommandais à la Providence divine, le morceau de bois se détacha et s'éloigna : je m'arrêtai un instant ; puis, recueillant toute ma force, je me jetai à l'eau. Un instant auparavant, je pouvais à peine mouvoir une de mes jointures ; mais à peine fus-je dans la mer, que mes membres recouvrèrent leur souplesse : j'eus bientôt atteint l'espare en nageant, mais je ne pus long-temps la tenir ferme. Si c'eût été un morceau de bois plat, il se fût tenu dans la même position ; mais cette espare était carrée, tournait sur elle-même à chaque mouvement de la mer et roulait par dessus moi ; ce qui m'épuisa au point de mettre un terme à mes espérances : je la laissai plusieurs fois aller de désespoir ; mais quand je me sentais aller à fond, je la saisissais de nouveau et je la serrais de tout mon pouvoir : je remarquai que je ne m'approchais pas du rivage, mais que la marée me poussait dans une direction presque parallèle à la côte. Prévoyant que je ne pouvais résister beaucoup plus longtemps, j'essayai tous les moyens d'empêcher l'espare de tourner : enfin, je m'y étendis tout de mon long; je passai une jambe et un bras par dessus, tandis que, de l'autre jambe et de l'autre bras, je m'efforçai de la faire aller vers le rivage. Cela me réussit assez bien pendant quelque temps; mais tout à coup une lame épouvantable vint briser sur moi, m'accabla de son poids, et emporta l'espare : je crus que tout était fini, et, après quelques vains efforts, je commençais à aller à fond, quand une autre lame me jeta en travers de l'espare, que la mer, en se retirant, emporta en arrière avec une force considérable. La secousse faillit à m'ôter la respiration; cependant, par instinct, je me cramponnai des pieds et des mains à l'espare, et je tournai plusieurs fois en tous sens avec elle. Le sable et le coquillage que la houle entraînait de dessus la plage m'écorchèrent cruellement : alors je pensai que c'était signe que j'approchais du rivage, quoique je ne le visse pas, et cela ranima beaucoup mon espoir. D'autres vagues me poussèrent avec violence contre des rochers : je les saisis fortement des deux mains, de crainte que la lame, en revenant, ne me repoussât au large.

Je n'avais sur moi, en quittant le navire, qu'un gilet de flanelle, une moitié de chemise et une culotte longue : afin de n'être pas embarrassé par le gilet et la chemise qui tombaient en morceaux, j'en fis un paquet que j'attachai sur mon dos, mais les vagues l'emportèrent ; j'avais encore ma culotte longue, qui se trouva embarrassée dans les rochers quand la lame se retira ; je la déchirai, et j'essayai de me traîner sur les genoux et les mains, parce que je n'aurais pu me tenir debout, étant encore à la portée de la lame. Comme j'étais tout nu, je trouvai le vent très-froid : je me couchai donc à l'abri d'un rocher, et en quelques minutes je m'endormis, quoique j'eusse vu plusieurs naturels du pays s'avancer vers moi ; ils m'éveillèrent bientôt après, et me parlèrent en indou, ce qui me combla de joie: car je craignais que nous ne fussions hors du territoire de la Compagnie, sur les terres du roi d'Ava. Ces hommes me dirent que nous n'étions qu'à six journées de marche de Chittagong ; qu'ils étaient des Rayas ou paysans de la Compagnie, et qu'ils auraient soin de moi, si je voulais aller avec eux : je répondis aussi bien que je pus, que j'étais si épuisé par la fatigue et les meurtrissures, que je ne pouvais bouger; mais que je les priais de me donner quelques grains de riz cru.

Quelque misérable que fût ma condition, j'étais affligé d'être vu sans vêtemens. Ces hommes ne s'en furent pas plutôt aperçus, que l'un d'eux, un Birman, habitant d'Ava, détacha son turban de sa tête, et le noua autour de ma ceinture, suivant la coutume du pays. Quand ils virent l'inutilité des efforts que je faisais pour me lever, il y en eut deux qui me prirent par les bras, et me portèrent réellement, car mes pieds touchèrent bien rarement à terre. Nous rencontrâmes un petit ruisseau : je demandai que l'on me permit d'y boire ; ils essayèrent de m'en dissuader : je persistai ; ils laissèrent aller mes bras ; je tombai le visage dans l'eau. Au lieu d'essayer de me relever, je me mis à avaler de l'eau aussi vite que je le pus, et je me serais certainement fait du mal, si l'on ne m'avait pas empêché d'en boire davantage.

Le bain d'eau fraîche que je venais de prendre et l'eau que j'avais bue me ranimèrent tellement, que je pus marcher en m'appuyant seulement sur les bras de mes conducteurs. Nous arrivâmes bientôt à l'endroit où ces gens avaient allumé leur feu : j'y trouvai le jeune garçon, les six Lascars, le canonnier et le serang ou contre-maître indou. Les Lascars avaient gagné le rivage la veille, comme je l'ai déjà dit : le canonnier et le serang, ainsi que le jeune homme, n'avaient quitté le bâtiment que bien peu de temps avant moi ; mais comme ils nageaient tous bien mieux que moi, ils avaient atteint la plage long-temps auparavant.

Le plaisir que j'éprouvai en retrouvant mes compagnons sains et saufs, et en écoutant ce qu'ils me racontèrent de l'humanité de nos libérateurs, me transporta à un tel point, que je crois que mon esprit en fut dérangé un moment. Je ne pouvais concevoir comment le canonnier et le serang, que j'avais laissés à bord, avaient fait pour arriver à terre. Les explications qu'ils me donnaient ne servaient qu'à embrouiller davantage mes idées.

J'attendis patiemment pendant dix minutes que l'on mit à faire cuire du riz. Je n'en demandai pas de cru, et quand on m'en apporta du cuit sur une feuille d'arbre, je ne voulus y toucher que lorsque l'on m'eut assuré qu'il n'y en avait pas trop. J'en pris dans ma bouche, je le mâchai un peu, mais il me fut impossible de l'avaler. Un des naturels voyant mon embarras me jeta de l'eau à la figure, il en entra dans ma bouche quelques gouttes qui poussèrent le riz dans mon gosier, et faillirent à m'étrangler, mais l'effort que cela fit faire à mes muscles, me rendit la faculté d'avaler. Je fus néanmoins obligé pendant quelque temps de prendre une gorgée d'eau avec chaque bouchée de riz. La chaleur avait si fort gercé mes lèvres et l'intérieur de ma bouche, que chaque mouvement de mes mâchoires les mettait en sang et me causait des douleurs cuisantes.

Je n'ai jamais pu me rappeler exactement ce qui se passa dans l'intervalle. Je m'éveillai dans la soirée ; le sommeil avait bien réparé mes forces ; je représentai aux naturels la position dans laquelle j'avais laissé à bord madame Bremner et d'autres personnes, et comme je connaissais l'influence puissante de l'argent sur l'esprit de ces gens-là, je leur fis entendre que s'ils lui sauvaient la vie, elle était en état de les récompenser libéralement. Quelques-uns me promirent d'avoir l'œil au guet pendant la nuit, parce que la marée qui montait alors plus haut que dans le jour, amènerait probablement la carcasse du navire plus près de la côte.

Je me sentis grand appétit à mon réveil, et j'importunais mes libérateurs pour qu'ils me donnassent encore du riz; mais ils me dirent qu'ils n'en feraient pas cuire avant le lendemain. Je me remis donc à dormir. A minuit l'on vint me réveiller pour m'annoncer que la dame et sa servante étaient à terre. Je me levai aussitôt pour aller la féliciter; je la trouvai assise près du feu, après avoir mangé un peu de riz. Je n'ai jamais vu l'expression de la joie plus fortement peinte qu'elle l'était en ce moment sur le visage de madame Bremner.

J'appris ensuite qu'elle devait sa délivrance à l'humanité du Birman. Les naturels s'apercevant qu'elle avait sur elle quelques roupies, avaient déjà formé des plans pour se partager sa dépouille ; ce brave homme ayant entendu leur complot, guetta le moment convenable, et avec le secours d'un de ses gens, il sauva cette dame sans stipuler aucune récompense.

Dans la nuit, le bâtiment se sépara en deux. Le fond resta sur les rochers, la partie supérieure vint en flottant si près de la plage, que les deux hommes qui restaient encore à bord, purent arriver à terre en passant l'intervalle de mer à gué.

Nous passâmes la nuit couchés à terre sans aucun abri. Il pleuvait à torrens, nous souffrîmes beaucoup du froid. Le matin, les naturels nous donnèrent encore du riz ; mais ils commencèrent à nous demander l'argent qu'ils avaient entendu dire que madame Bremner avait sur elle, et refusèrent de continuer à fournir du riz à moins qu'on ne le payât. Les huit Lascars firent leur marché avec les huit roupies qu'ils avaient reçues à bord de madame Bremner, et comme ils étaient tous Mahométans ils firent leur repas à part, leur religion ne leur permettant pas de manger avec des personnes d'une autre croyance. Madame

Bremner consentit à payer huit roupies pour que l'on fournît du riz au reste de notre troupe pendant quatre jours, jusqu'à ce que nous eussions assez réparé nos forces pour aller au prochain village, que l'on nous dit être éloigné de trente milles au nord.

A la mer basse, les naturels allèrent fouiller dans les débris du navire, où ils ne trouvèrent que des fusils brisés, un peu de fer, de cuivre et du plomb, et le cuivre du doublage. Ils emportèrent tout. J'essayai de les faire renoncer à leur projet, en leur représentant qu'on pourrait leur demander compte des objets qu'ils prenaient ; ils répliquèrent qu'ils y avaient droit pour nous avoir sauvé la vie. Ils m'en voulurent depuis ce moment, et j'eus bientôt sujet de me repentir de mon zèle pour les intérêts des propriétaires du bâtiment. Je ne sais si ce fut pour cette raison, ou parce que j'étais le seul Européen, mais ils me servirent généralement le dernier, et me donnèrent une portion moins grosse qu'aux autres. Dans ces occasions, mon ami, le Birman, interposa ses bons offices, et fit parmi les siens une quête en ma faveur. Au reste, on ne nous donnait du riz qu'avec une épargne extrême, et c'était fort heureux pour nous, car autrement nous eussions mangé avec excès. Mais ce motif ne présidait pas à la parcimonie dans la distribution du riz. Ces Indous, après nous avoir sauvé la vie, nous traitèrent avec une grande inhumanité; nous en eussions été les victimes sans le Birman et ses gens qui encoururent leur ressentiment, parce qu'ils prenaient notre défense.

Les naturels tuèrent des bêtes fauves qui sont très-abondantes dans ce pays, et les mangèrent à nos yeux sans nous en offrir un morceau. Nous en ramassâmes les os quand ils les eurent jetés, et nous en fîmes une soupe que nous trouvâmes délicieuse, et qui fut, sans doute, un supplément très-salutaire à notre riz.

Madame Bremner se trouvant trop faible pour marcher, les naturels, après une longue discussion, convinrent de la porter sur des litières de bambou, elle et sa servante, pour douze roupies, et pour deux roupies de plus, de nous fournir à tous les quatre du riz jusqu'à notre arrivée au village. Craignant de ne pas pouvoir les suivre, je les priai de me procurer aussi une litière, les assurant que je les récompenserais généreusement à Ramou, qui, à ce que l'on me dit, était le comptoir le plus proche. Ils me refusèrent positivement, à moins que je ne payasse comptant le double de ce qu'ils recevaient de madame Bremner, parce que j'étais bien plus lourd qu'elle. Je me décidai, en conséquence, à rester jusqu'à ce qu'elle eût fait connaître ma situation aux Anglais établis à Ramou. Quoique les naturels fussent convenus de me fournir, dans l'intervalle, du riz tous les jours, moyennant deux roupies, ils ne voulurent pas m'en donner une once; les menaces du mécontement de la Compagnie furent aussi peu efficaces que mes instances.

Le 17 juillet, nous nous mîmes en route à huit heures du matin; madame Bremner et sa servante, sur les litières portées par quatre hommes, le jeune garçon, le canonnier, le serang et moi à pied. Nos Lascars qui s'étaient, depuis le premier moment, attachés aux naturels, restèrent avec eux auprès de la carcasse du bâtiment. Nous avions chacun un bambou pour nous aider dans notre marche qui était singulièrement facilitée par un vent frais, dont le souffle nous venait dans le dos.

Après avoir fait deux milles, nous nous arêtâmes une heure. Je m'endormis. Mes joinures étaient si roides quand je m'éveillai, que je ne pus me lever sans être aidé, et il me fut impossible de suivre le reste de la troupe, parce que j'étais fréquemment obligé de me reposer. Quoique le jeune homme pût marcher beaucoup plus vite, et eût en même temps une grande frayeur d'être attaqué par les tigres, il ne voulut pas me laisser seul. Nous restâmes considérablement en arrière.

Nous avions totalement perdu de vue nos compagnons, lorsque j'aperçus une troupe de Mogs ou naturels d'Aracan, qui faisaient cuire du riz près du rivage. Ignorant leur langage, j'étais embarrassé sur les moyens de leur faire connaître ma détresse. Je m'avançai néanmoins dans l'attente que ma chétive apparence exciterait leur compassion. Je ne me trompai pas; le chef m'accosta et me demanda en portugais ce qui m'avait réduit dans un si triste état. Je lui répondis en peu de mots que j'avais fait naufrage, que je mourais de faim, que mes compagnons m'avaient abandonné, et que je le priais de me donner quelque chose à manger. Cet homme parut très-affecté de mon discours, et maudit les misérables qu'il avait vu passer une demi-heure auparavant, sans lui adresser une parole. Aussitôt il m donna les meilleurs mets qu'il avait, et voyant que je dévorais les morceaux, il m'engagea à modérer mon appétit dans les premiers momens ; ajoutant que j'aurais des provisions en abondance pour mon voyage. Il me dit en même temps que comme les tigres avaient peur du feu et de l'odeur de la fumée, il voulait avant que nous nous séparassions, m'enseigner à faire du feu, en frottant deux morceaux de bambou l'un contre l'autre.

Les blessures que je m'étais faites, en arrivant à terre, étaient remplies de sable et d'ordure ; cet étranger charitable les lava, et les frotta avec du ghi, ce qui hâta leur guérison. Il me donna une provision considérable de riz, et finit par me dire qu'il était un colporteur portugais, et allait de Chittagong, lieu de sa résidence, vendre des marchandises à Aracan.

La bienveillance de ce brave homme m'émut si vivement, que j'eus à peine la force de lui dire adieu. Nous nous séparâmes ; mais je n'étais encore qu'à quelques pas de lui, lors-

'il court après moi, avec une culotte longue
'il me pria de mettre, avant d'arriver à
amou, afin que je n'eusse pas à rougir d'y
araître sans vêtemens. A cette nouvelle preuve
e bonté, je ne pus retenir mes larmes : il
'était pas en mon pouvoir de lui exprimer
a gratitude. Nous nous dîmes encore une
is un adieu affectueux, et je continuai ma
oute avec plus de courage.

Je trouvai, dans une hutte, à deux milles
lus loin, le reste de notre troupe qui man-
eait du riz. Pour montrer aux Indous que je
'avais pas besoin d'eux, je pris, dans ma
rovision, du riz pour le jeune homme et
our moi. Quand nous nous fûmes remis en
oute, plusieurs des Indous restés auprès de la
arcasse du bâtiment, et six de nos Lascars
ous rejoignirent. Ils avaient rencontré le
ortugais, mon ami, qui leur reprocha leur
nhumanité, et leur dit que, quoiqu'ils me
issent dans un état misérable, j'étais un
omme d'importance, et que le gouverneur
e Calcutta leur ferait rendre un compte sé-
ère de leur conduite. Cette nouvelle produisit
n changement étonnant dans leur manière
être : ils affectèrent de me traiter avec quel-

ques égards ; je rejetai leurs politesses, et
me contentai d'accepter l'offre que me fit leu
guide, de porter mon pot de riz ; mais je f
bien sensible à cette nouvelle preuve de l'a
fection de mon bienfaiteur.

Le lendemain à midi, nous arrivâmes s
les bords d'une rivière, que l'on ne put tra
verser que lorsque la marée baissa. Nous effe
tuâmes le passage sur un radeau de bambo
que les Indous construisirent, et aux côt
duquel cinq à six se tinrent à la nage. La ro
deur de nos jambes s'était accrue à un tel poin
que nous ne pouvions guère que nous traîne
et que souvent nous restions en arrière.

Le jour suivant, nous entrâmes dans le vi
lage où demeuraient nos Indous. Comme j'
tais hors d'état d'aller jusqu'à la maison
Zemindar, j'entrai dans la première hut
que je trouvai ouverte ; mes forces étaient
épuisées que j'y serais resté toute la nuit. D
personnes qui m'avaient vu entrer me sui
rent et m'emmenèrent de là, chez Doun
Ali Scheinder, qui me reçut avec la pl
grande cordialité. Il ordonna de me serv
toutes sortes de rafraîchissemens, et no
traita tous avec une bonté apparente, ma

j'eus bientôt sujet de douter de la sincérité de ses démonstrations.

J'appris que nous n'étions qu'à environ quatre milles de distance de Ramou : cependant le Zemindar, lorsque je lui proposai d'y aller, nous pressa de rester dix à douze jours de plus, disant qu'il nous enverrait à Calcutta par un canot de trente avirons. Je soupçonnai alors non seulement qu'il avait connivé à ce qui s'était passé, mais qu'il formait le projet de piller entièrement ce qui restait de *la Junon*. La cargaison était encore intacte, et cette proie offrait une tentation trop forte pour la probité du Zemindar.

Mon impatience d'arriver à Ramou s'accroissait à chaque instant ; je me décidai à y aller par terre, après avoir essayé vainement tous les argumens possibles pour engager le Zemindar à nous donner un canot pour y aller. Le 20, le Zemindar me prit en particulier dans un appartement, et, après de nombreuses protestations de sa bonne volonté, me dit que, quoiqu'il n'eût aucune part au pillage de *la Junon*, le magistrat du district d'Islamabab, qui résidait à Chittagong, pourrait l'en rendre responsable. Il me proposa, en conséquence, de lui signer un certificat, attestant qu'il n'avait participé en rien au pillage, et, qu'à cette condition, il me fournirait un canot pour aller à Ramou ou à tel endroit que je désignerais.

Bien persuadé qu'il n'y avait pas de mal à rendre ruse pour ruse, j'affectai d'accéder avec empressement à sa proposition; mais au lieu du certificat qu'il me demandait, je dressai un précis succinct de nos malheurs, suivi du tableau de notre position actuelle. Comme je craignais néanmoins que quelqu'un des gens du Zemindar ne comprît l'anglais, j'écrivis le certificat demandé. Muni de ces documens, il alla à Ramou et les donna au Phoughedar, ou officier de police, qui les remit au lieu d'un autre papier, au lieutenant Towers, commandant un détachement dans ce lieu. Il en résulta des enquêtes ultérieures. Le lieutenant Towers, frappé des réponses évasives du Phoughedar, finit par découvrir la vérité. Il dépêcha aussitôt un canot avec une escorte convenable, des provisions, de l'argent, et une lettre pour moi.

Le 22 dans la soirée, voyant que le Zemindar m'avait fait des promesses trompeuses, je résolus de partir seul, le lendemain, pour Ramou. Mes compagnons consentirent à se priver d'une portion de leur souper, que je mis secrètement de côté. Je venais de me coucher, lorsque l'escorte arriva. Le 23 à midi, j'arrivai à Ramou. Le lieutenant Towers vint, sur le bord de la rivière, pour nous recevoir, et son cœur sensible fut profondément affecté à la vue de notre apparence hideuse. Il nous conduisit à son logement, céda sa propre chambre à madame Bremner, et procura des logemens au reste de la troupe. Il fut notre domestique, notre chirurgien, et même notre cuisinier. Rien n'égalait la tendre sollicitude qu'il montrait pour fournir à nos besoins et nous donner tout ce qui pouvait nous être agréable. Cette conduite, qui fait honneur à ses sentimens, ne s'effacera jamais de ma mémoire.

Le 26 juillet, nous nous embarquâmes dans deux canots, et le 28 nous arrivâmes à Chittagong, où commandait le lieutenant Price. Les bontés affectueuses qu'il nous prodigua, nous rappelèrent vivement M. Towers.

Après m'être reposé un jour, je me présentai chez M. Thomson, juge du district D'Islamabad. Ce magistrat envoya une garde auprès de la *Junon*, pour mettre un terme aux déprédations qui se commettaient sur la carcasse de ce bâtiment. Un rapport de ce qui s'était passé fut signé par madame Bremner, MM. Thomas Johnson, le canonnier et moi, puis inséré dans le registre public, et une copie certifiée fut envoyée aux propriétaires du navire à Madras.

Mon ami le colporteur portugais m'avait dit que sa femme demeurait à Chittagong; je m'informai d'elle, et j'appris, à mon grand regret, qu'elle était morte peu de jours auparavant, sans laisser d'enfans.

Sentant mes forces revenues, je partis huit jours après, pour sauver ce qui restait du naufrage; je m'embarquai le huit d'août, dans un canot, avec des charpentiers et tout ce qui m'était nécessaire dans mes opérations. J'entrai, le 12, à Ramou; je me reposai un jour chez le digne lieutenant Towers, et, le 14, je me mis en route, porté dans un palanquin. Le 17, j'arrivai à la baie de la *Junon*, car ce fut ainsi que j'appelai cet endroit.

On construisit deux huttes temporaires: les

pluies continuelles ne permirent pas de faire beaucoup d'ouvrage dans la première semaine on alla ensuite assez vite ; et, le 6 octobre, toute la charpente était empilée à terre : je mis alors le feu à ce qui restait de la malheureuse *Junon* sur la plage. Le fer qui se trouva après cet incendie fut soigneusement rassemblé ; je le laissai aux soins du canonnier, et je retournai à Chittagong. On me renvoya ensuite à la baie, pour remettre la charpente et le fer au capitaine Gallaway, commandant la *Restauration*, qui était arrivé à cet effet.

Le 25 novembre, tout fut chargé sur ce bâtiment, je m'y embarquai, et j'arrivai à Calcutta le 12 décembre 1795.

Quant à mes compagnons d'infortune, madame Bremner, après avoir recouvré sa santé et ses forces, fit un très bon mariage ; mon fidèle jeune homme prit la mer en une telle aversion, que je fus obligé, bien malgré moi, de le laisser à Chittagong. Un des deux hommes laissés dans la baie de la *Junon*, mourut peu de temps après ; son compagnon, celui dont j'ai déjà parlé, comme étant attaqué d'une maladie grave, continua à souffrir quand on l'eut mis à l'hôpital de Calcutta. Il s'était embarqué avec moi sur la *Restauration*.

On demandera peut-être comment il fut possible de constater le temps qui s'écoula du 1ᵉʳ au 20 juillet ; j'ai un souvenir bien distinct de celui qui précéda, mais je ne me rappelle que d'une manière confuse et obscure celui qui suivit. Lorsque le bâtiment coula bas, plusieurs d'entre nous, jugeant que nous pourrions rester long-temps dans cette triste situation, commencèrent à compter les jours et les nuits, en faisant des entailles sur les mâts, ou des nœuds à du fil de caret : ce calcul fut interrompu et dérangé à mesure que les individus moururent, et enfin totalement laissé de côté. Quand on aborda à terre, notre mémoire revint graduellement, et l'on finit par obtenir une mesure exacte du temps.

L'auteur de la relation précédente fut, peu de temps après son arrivée à Calcutta, en décembre 1795, nommé au commandement d'un des bâtimens que la Compagnie expédia en Europe, où il atterit en août 1796. Dès qu'il eut débarqué sa cargaison, on l'envoya porter des troupes aux Indes-Occidentales; il n'en revint qu'en août 1797. Au mois de novembre suivant, il repartit pour les Indes-Orientales.

NAUFRAGE

DU NAVIRE AMÉRICAIN L'*HERCULE*, SUR LA CÔTE DE CAFRERIE, LE 16 JUIN 1796, PAR BENJAMIN STOUT.

Le navire américain l'*Hercule*, commandé par le capitaine Benjamin Stout, arriva au Bengale vers la fin de décembre 1795. Quoique le capitaine eût d'autres projets, il fréta son bâtiment à la Compagnie anglaise des Indes, et prit à bord plus de neuf mille sacs de riz, qu'il eut ordre de porter à Londres avec la plus grande célérité. On avait reçu, dans l'Inde, la nouvelle que la récolte avait manqué en Angleterre, et l'on embarquait avec une extrême activité des quantités considérables de riz, pour prévenir la disette dans ce pays. La plus grande partie de l'équipage avait été engagée dans l'Inde, et consistait principalement en Lascars; le reste était un mélange d'Américains, de Danois, de Suédois, de Hollandais et de Portugais : le tout se montait à soixante-quatre hommes. Tous les préparatifs du voyage étant terminés, l'*Hercule* appareilla de la rade de Sagor, le 17 mars 1796.

Rien d'important, dit le capitaine Stout, ne nous arriva jusqu'au 1er juin suivant. Nous étions alors par les 35° de latitude méridionale, et les 28° 40' de longitude orientale. Il s'éleva un coup de vent qui augmenta progressivement de force jusqu'au 7. Quoique j'eusse navigué dès ma plus tendre jeunesse, jamais je n'avais vu une tempête dont les effets égalassent celle dont j'étais alors témoin. Le hurlement continuel des vents et de la mer frappait d'une sorte de stupeur l'esprit des marins les plus expérimentés, tandis que ceux qui étaient moins familiarisés avec les dangers de la vie maritime, manifestaient leurs craintes par des cris. Le temps devint plus mauvais pendant la nuit, et le vent ayant changé tout à coup vers minuit, mit le bâtiment en travers de la lame qui vint frapper l'arrière, enleva le gouvernail, entr'ouvrit l'étambord, et endommagea la poupe.

On sonda aussitôt les pompes : dans quelques minutes l'eau s'était élevée à quatre pieds. On y mit aussitôt du monde, tandis que le reste de l'équipage fut employé à enlever du riz de l'intérieur du bâtiment, et à le jeter à la mer, pour tâcher de découvrir la voie d'eau.

Après avoir jeté près de quatre cents sacs de riz par-dessus bord, on découvrit la voie d'eau. La mer entrait avec une vitesse prodigieuse; l'on mit aussitôt dans l'ouverture, des draps, des chemises, des jaquettes, des balles de mousseline, et autres objets de ce genre qui tombèrent sous la main. Quoique les pompes vidassent cinquante barriques d'eau par heure, le bâtiment eût certainement coulé à fond, si les expédiens auxquels nous avions recours, n'eussent pas été suivis de quelque succès. Ce fut surtout à l'excellente construction des pompes que nous dûmes notre conservation.

Le lendemain, le temps parut se radoucir; on ne discontinua pas de pomper, et l'on ne négligea rien pour tenir le bâtiment à flot : nous étions à deux cents lieues de la côte orientale d'Afrique.

Le 9, quoique la violence de la tempête

eût beaucoup diminué, la houle était terrible. J'ordonnai néanmoins de mettre dehors la chaloupe; et, comme j'avais des raisons de soupçonner que des personnes de l'équipage voulaient s'en emparer pour s'éloigner, je dis à mon second maître d'en prendre possession avec trois matelots; je leur donnai des armes, et l'ordre exprès de tirer sur le premier homme qui tenterait d'y entrer sans ma permission; je leur enjoignis en même temps de rester à l'arrière, et de ne pas quitter le bâtiment qu'il n'eût jeté l'ancre.

Je commandai ensuite de faire un radeau avec les espares les plus grandes. Celui que l'on construisit avait trente-cinq pieds de long sur quinze pieds de large. La crainte de ne pas pouvoir arriver jusqu'à terre, et la persuasion où j'étais que, dans le cas où le bâtiment coulerait à fond, la chaloupe ne serait pas en état de recevoir tout le monde, me firent prendre les mesures qui m'offraient une chance de sauver l'équipage entier.

Quand le second maître se préparait, conformément à mes ordres, à prendre le commandement de la chaloupe, le charpentier me pria avec instance de quitter le bâtiment;

je lui adressai des reproches sur ce qu'il ne veillait pas aux pompes; alors il fondit en larmes en me disant que tout l'arrière était tellement ébranlé et entr'ouvert, qu'il s'attendait à chaque instant à voir le navire couler à fond. Je remarquai facilement que l'air effrayé de cet homme, et le ton ému avec lequel il exprimait ses craintes, avaient déjà augmenté la terreur de l'équipage. Je lui répondis donc que je ferais mon devoir, et que je resterais sur le bâtiment jusqu'à ce que je fusse convaincu, d'après ma propre observation, que tout espoir de se sauver était vain. Le charpentier renouvela ses supplications; je lui ordonnai de me quitter, et l'assurai en même temps qu'à moins qu'il n'encourageât tout l'équipage à faire son devoir, et qu'il n'allât sur-le-champ aux pompes, je me déciderais, quoique cela me fût infiniment pénible, à le faire jeter à la mer. Il se retira, et ne cessa pas de travailler avec une persévérance mâle.

Alors un grand nombre de matelots m'entoura, et m'accabla de représentations semblables à celles que le charpentier m'avait adressées : ces hommes faisaient tant de bruit et différaient tellement d'opinion, que je fus près de me porter à quelque extrémité envers plusieurs d'entre eux. Je fais mention de cette circonstance, parce qu'elle peut servir aux navigateurs chargés d'un commandement. Ils prêtent trop souvent, dans les momens de danger, l'oreille aux décisions de leur équipage qui est généralement d'avis de quitter le bâtiment, et de se mettre dans les canots ou sur des radeaux. Or, les sentimens et les préjugés des matelots sont tellement opposés entre eux, qu'il ne peut résulter que de la confusion et des malheurs d'une conduite si maladroite. Un équipage comme le mien, composé d'hommes de nations différentes, exigeait réellement une attention particulière de la part de son commandant. Il peut arriver qu'en caressant, en certains momens, les préjugés religieux de cette classe d'hommes, on obtienne d'eux des services essentiels; voici ce qui m'arriva à ce sujet :

Dans un instant où la tempête se déchaînait avec le plus de fureur, j'avais envoyé en bas la plus grande partie de l'équipage, et notamment les Lascars, pour pomper : je vis bientôt l'un d'eux venir le long du passavant avec un mouchoir à la main ; je lui demandai ce qu'il voulait faire : d'un ton qui annonçait la confiance la plus entière dans la mesure qu'il proposait, il me répondit qu'il allait faire une offrande à son Dieu. « Ce mouchoir, ajouta-t-il, contient une certaine quantité de riz et toutes les roupies que je possède ; permettez-moi de l'attacher à la hune d'artimon : soyez-en sûr, monsieur, nous serons tous sauvés. » J'allais le renvoyer aux pompes ; mais réfléchissant que, par là, je pourrais le plonger, ainsi que ses compatriotes, dans le désespoir, ce qui nous ferait perdre leur coopération au travail, je consentis à ce qu'il me demandait. Le Lascar me remercia, grimpa, sans montrer la moindre crainte, l'échelle vacillante, noua le mouchoir au bout du mât de hune d'artimon, et revint sur le pont avec la plus grande tranquillité. Il m'assura que son Dieu était actuellement mon ami ; puis descendit pour raconter à ses camarades qu'il s'était acquitté de son devoir. Tous les Lascars parurent transportés de joie ; ils embrassèrent leur intrépide compatriote, et travaillèrent à pomper avec autant d'activité que s'ils n'eussent éprouvé auparavant ni fatigue, ni alarme. Ce fut à leurs efforts continus que l'équipage dut en grande partie son salut.

Le changement subit de vent qui avait mis le bâtiment en travers de la lame et emporté le gouvernail, ne fut heureusement qu'une bourrasque de peu de durée; il cessa au bout d'un quart-d'heure : s'il eût continué un peu plus long-temps, le bâtiment eût été mis en pièces; mais le vent revint à son ancien coin, et se modéra graduellement.

Après que la chaloupe eut été confiée aux soins du second maître, et que le radeau eut été achevé, je tins conseil avec mes officiers; ils furent unanimement d'avis qu'il était impossible de sauver le bâtiment, et qu'il ne nous restait d'autres moyens de salut que de courir sur la terre, et de faire côte. Quand l'équipage fut informé du résultat de cette consultation, il eut l'air de travailler avec un courage nouveau : nous cherchâmes à le maintenir dans ces bonnes dispositions, en assurant que nous ne tarderions pas à être en vue de terre, et, qu'en pompant avec persévérance, on tiendrait le bâtiment à flot jusqu'au moment où nous arriverions sur la côte.

Comme nous ne pûmes, pendant un certain temps, gouverner le vaisseau qui, en dépit de nos efforts, tournait l'arrière à terre, je fis remplacer le gouvernail par un autre que l'on construisit avec le mât de hune; mais il ne put nous être de quelqu'usage qu'avec le secours de la chaloupe, que j'ordonnai de tenir en travers de l'arrière : cela nous servit, quoiqu'avec beaucoup de difficulté, à tenir l'avant du navire tourné vers la terre, tandis que le vent fut variable de la partie de l'est. On eût pu mettre à la mer un câble qui eût assez bien aidé à diriger la route du bâtiment; mais il fut impossible de retirer des pompes assez de monde pour faire les préparations nécessaires.

Le 15, dans la soirée, nous eûmes connaissance de la terre, à peu près à six lieues de distance. La joie générale se manifesta par des cris et des acclamations. *L'Hercule* continua à s'approcher de la côte avec cinq pieds d'eau dans la cale.

Le 16, dans la matinée, étant environ à deux lieues de terre, le vent à l'ouest, je fis jeter l'ancre, afin de tenter un dernier effort pour boucher les voies d'eau, et, s'il était possible, pour sauver le vaisseau. Mais l'arrière était en si mauvais état, qu'après un autre conseil tenu avec mes officiers, il fut résolu de faire côte. Un autre coup de vent nous menaçait, il n'y avait pas de temps à perdre.

Je dis aussitôt au second maître, qui était dans la chaloupe, de monter à bord, et je lui confiai les journaux, les registres et tous les papiers de quelque importance que j'avais à bord ; je lui donnai ensuite, et à ses trois hommes, de l'eau et des provisions, je le renvoyai dans la chaloupe, en lui recommandant de se tenir au large, et je lui dis que, si nous arrivions heureusement à terre, après avoir mis le bâtiment à la côte, je chercherais une anse où il pourrait se mettre à l'abri. Je l'engageai aussi à fixer son attention sur les signaux qu'on ferait de terre. Il me promit d'obéir fidèlement à mes instructions, et retourna à son embarcation.

Nous étions sur la côte de Cafrerie, à quelques lieues de l'endroit où le Rio de l'Infanta se jette dans la mer. A mesure que la crise approchait, nous nous mîmes en devoir de la soutenir avec courage. Je donnai ordre de déployer les voiles de l'avant, de roidir l'embossure, afin de tourner l'avant du bâtiment vers la côte, et, du moment où il y serait dirigé, l'on devait couper le câble et l'embossure.

Mes ordres furent exécutés avec la plus grande promptitude. Le bâtiment, arrivé à un demi-mille de la côte, toucha sur un groupe de rochers. La houle était épouvantable en ce moment, et le navire talonnait avec tant de violence, que l'équipage pouvait à peine se tenir sur le pont. Il resta trois à quatre minutes dans cette situation ; alors une lame le souleva par dessus les rochers, et le porta à une encâblure plus près de terre. Il toucha de nouveau, et fut approché peu à peu du rivage par des lames terribles qui venaient à chaque minute briser sur ses flancs.

Les amarres qui tenaient le radeau ayant cassé, il fut porté à une distance considérable du vaisseau, et toute espérance de salut de ce côté fut perdue. Cependant un matelot nègre se précipita dans la mer, et, avec des efforts vraiment surnaturels, gagna le radeau et s'y assit. Il n'y avait pas été dix minutes, que le radeau chavira ; il fut jeté à l'eau. On le revit, quelques instans après, assis de nouveau : un second, un troisième coup de mer lui firent éprouver le même accident; toujours il défia les vagues; enfin, après deux heures de fatigues continuelles, il arriva à terre.

On y aperçut un grand nombre de naturels; ils avaient allumé du feu. Ils étaient la plupart vêtus de peaux, armés de zagaies et suivis de beaucoup de chiens. Une troupe de ces hommes s'empara du matelot négre, et le conduisit derrière des collines sablonneuses, situées le long du rivage, qui le cachèrent entièrement à nos regards.

Douze de mes gens se mirent à l'eau sur les morceaux de bois qu'ils purent trouver, et, bravant toutes les difficultés, ils finirent par gagner la plage. Aussitôt les naturels s'emparèrent d'eux, et les conduisirent aussi derrière les collines.

Comme nous, qui restions à bord, ne pouvions voir ce que les naturels faisaient derrière ces collines, et que nous apercevions de temps en temps plusieurs troupes de ces hommes venir le long du rivage, sans aucun de nos compagnons, nous conjecturions que tous ceux qui avaient abordé avaient été massacrés, et qu'un sort semblable nous était réservé à tous.

Nous étions réfugiés sur le gaillard d'avant, car le vaisseau ne bougeait pas de place; la mer passait par dessus, et c'était le seul endroit où nous pouvions être encore quelque temps en sûreté.

Nous passâmes la nuit dans la plus affreuse perplexité. Plusieurs de nous pensaient que plutôt que d'être torturés par les sauvages, et peut-être jetés dans le feu que nous apercevions sur le rivage, il valait mieux se précipiter dans les flots, et terminer ses jours par une souffrance de peu de durée. D'autres, au contraire, étaient d'avis d'aller à terre en corps aussi nombreux qu'il serait possible, et d'attaquer les naturels avec des pierres ou tout ce que l'on pourrait trouver ; mais cette mesure fut rejetée comme impraticable, puisqu'il n'y avait pas de possibilité que six hommes pussent se tenir ensemble à la surface de la mer, et que, quand même ce nombre pourrait miraculeusement aborder à la fois, les sauvages auraient la facilité de les tuer en un moment à coups de zagaies.

Toute la nuit se passa en projets semblables,

et l'approche du jour redoubla les inquiétudes. Quand il parut, l'on ne découvrit personne sur le rivage. Vers neuf heures, tous ceux de nos gens qui étaient arrivés à terre s'avancèrent sur la plage, et nous firent signe de venir les rejoindre.

En un moment, tout ce qui pouvait flotter fut mis à la mer; chaque morceau de bois, suivant sa grosseur, supportait deux hommes ou un plus grand nombre. Je me dépouillai de ma chemise, je me mis une jaquette courte, je nouai autour de ma ceinture un schal, dans le coin duquel je plaçai une montre d'or; je me saisis d'une espare, et je m'élançai dans la mer. Pendant trois quarts d'heure je ne lâchai pas prise, et dérivai vers le rivage ; j'en étais quelquefois si près, que je pouvais toucher les rochers avec mes pieds, et, un moment après, j'étais tout à coup porté en arrière à une grande distance : enfin le ressac donna une secousse si violente à mes deux bras, que je fus obligé de quitter l'espare; heureusement qu'une lame me prit dans cet instant, où j'étais éloigné du rivage, et me jeta sans connaissance sur le sable. Ceux de mes gens qui étaient à terre, m'ayant aperçu, m'arrachèrent au danger d'être emporté par une autre lame, et me portèrent dans un endroit sûr, où ils me posèrent près du feu, et firent tout ce qu'ils purent pour me rendre la connaissance ; ils y réussirent.

Ma première question fut naturellement relative à mon malheureux équipage ; j'éprouvai la vive satisfaction de voir tout mon monde autour de moi, à l'exception d'un matelot qui avait péri près de terre, et des hommes qui étaient dans la chaloupe. Je m'adressai aux naturels, en essayant de me faire comprendre par signes : il y avait, par bonheur, parmi eux un Hottentot qui, ayant vécu avec les fermiers hollandais, parlait leur langage : mon troisième maître était Hollandais. Ces deux hommes furent nos interprètes.

Je remerciai les naturels, au nom de tout mon équipage et de la part de ma nation, du secours qu'ils nous avaient si humainement et si généreusement donné dans notre malheur, et je sollicitai pour l'avenir leurs bontés et leur assistance.

Jugeant que nous n'étions pas loin de l'endroit où le *Grosvenor* avait péri en 1782, je demandai si quelqu'un des naturels se souve-

naît de cette catastrophe : la plupart répondirent affirmativement, et grimpant sur une butte de sable, me montrèrent le lieu du naufrage. Je m'informai d'eux de ce qu'ils pouvaient savoir du sort du capitaine Coxon qui s'était mis en route pour aller par terre au Cap, avec une troupe d'hommes et de femmes : ils me répondirent que le capitaine Coxon et les hommes avaient été tués ; un des chefs ayant insisté pour mener deux femmes blanches à son kraal, le capitaine et les hommes s'y opposèrent, et comme ils n'avaient pas d'armes, ils furent massacrés à l'instant. Les naturels me donnèrent à entendre en même temps qu'à l'époque du naufrage du *Grosvenor*, leur nation était en guerre avec les colons hollandais ; et que le capitaine et ses gens étant blancs, ils pensaient qu'ils se mettraient du parti des colons, dès qu'ils arriveraient à leurs fermes. Ces renseignemens m'affectèrent si vivement dans ma position, que je demandai sur quel pied les colons et les Caffres étaient ensemble en ce moment. « Nous sommes amis, me ré-
« pondit-on, et ce sera la faute des colons si
« nous ne le sommes pas toujours. »

Cette réponse me tira d'un embarras très-sérieux ; mais le sort des deux infortunées femmes blanches me toucha si douloureusement, que je priai instamment les naturels de m'apprendre tout ce qu'ils savaient sur leur compte. Ils me répondirent d'un air très-affligé qu'une de ces femmes était morte peu de temps après être arrivée au kraal ; ils pensaient que l'autre vivait encore, et avait eu plusieurs enfans du chef caffre. « Mais, ajoutèrent-ils, « nous ne savons pas où elle est actuellement. »

Nous nous occupâmes le reste du jour à aider les naturels à sauver tout ce que la mer apportait à terre des débris du navire. Les Caffres cherchaient avec l'attention la plus minutieuse tout le fer, et brûlaient de gros morceaux de bois pour l'en retirer. Ils s'en allèrent à la nuit, et nous nous mîmes à l'abri sous les collines de sable, après avoir placé un certain nombre des nôtres pour faire la garde, tandis que les autres essayèrent de dormir autour du feu. Cela nous fut impossible, car si nous nous chauffions d'un côté, de l'autre le froid nous glaçait au point de nous causer des douleurs presque insupportables ; le sable poussé par le vent nous remplissait les yeux, les oreilles et la bouche ; enfin nous étions tourmentés par les craintes que nous inspiraient les naturels. Il me semblait que dans le courant de la journée ils avaient reçu avec froideur notre demande de nous aider à gagner les habitations des colons hollandais, et qu'ils n'avaient pas paru disposés à se séparer sitôt de nous.

Le jour parut enfin, et les Caffres revinrent en grand nombre. Leur chef voyant que nous avions besoin de manger, nous fit amener un bœuf que ses gens tuèrent en le frappant sur la tête, et lui perçant les flancs avec leurs zagaies. Il fut écorché dans un instant, et coupé en morceaux que les Caffres placèrent sur le feu, plutôt pour les flamber que pour les rôtir, puis mangèrent chacun leur part avec un plaisir évident. Nous n'eûmes que la plus petite portion de cet animal qui nous avait été donné ; les Caffres avaient bon appétit, ils ne connaissaient pas l'étiquette européenne, ils dévorèrent presque tout le bœuf, et avalèrent sa panse, sortant toute chaude de son ventre.

Nous allâmes ensuite sur le rivage, et nous aperçûmes la chaloupe à une grande distance :

le bâtiment échoué s'entr'ouvrait avec une grande promptitude ; le vent augmentait ; beaucoup d'objets étaient sans cesse jetés sur le rivage ; les Caffres ramassaient avec persévérance. Je reconnus une barrique qui fit naître chez moi les plus vives inquiétudes, car elle contenait deux cent quarante pintes de rum, quantité suffisante pour enivrer tous les Caffres présens, quoiqu'ils fussent au moins trois cents. J'allai à l'endroit où était la barrique, et je la défonçai sans rien dire.

Les Caffres ayant trouvé la boussole, la donnèrent à leur chef, qui la mit en morceaux. Après avoir considéré toutes les pièces dont elle était composée, il prit le cercle de cuivre dans lequel elle avait été suspendue, et le pendit à son cou, ayant l'air charmé de cet ornement. Je me souvins alors que j'avais une paire de boucles de jarretière plaquées ; je les ôtai, et au moyen de deux ganses, je les attachai aux oreilles du chef, qui se mit aussitôt à marcher fièrement. Ses gens parurent avoir pour lui plus de respect qu'auparavant, et ne furent occupés pendant quelques momens qu'à regarder avec extase l'éclat de ses décorations, et sa marche noble et imposante.

Je profitai du crédit que ce présent me valut sur son esprit pour obtenir tous les renseignemens possibles sur les mœurs et les coutumes des Caffres. Pendant que je m'entretenais avec lui sur ce sujet, la plupart de mes gens et quelques naturels étaient occupés sur la plage. Ces derniers ramassèrent divers vêtemens qui leur firent grand plaisir ; mais ils ne savaient pas comment s'en servir. Voyant un Caffre essayer de boutonner par derrière le collet d'une chemise, j'allai lui aider à la mettre comme il fallait ; mes gens en firent de même envers d'autres Caffres, qui furent si charmés de ces attentions, que pendant quelque temps ce ne fut que chants, que danses et que signes de bonne humeur.

Les divertissemens finis, je m'entretins de nouveau de notre départ avec le chef, le priant de me donner un guide pour nous conduire aux premiers établissemens chrétiens, et ajoutant que je ne manquerais pas de le récompenser de sa complaisance. Il garda un moment le silence, et me répondit très-froidement qu'il remplirait mes désirs. Je lui demandai alors à connaître en quel temps il nous laisserait partir ; il me répliqua très-gravement : « Je réfléchirai sur cet objet, et je vous « ferai connaître ma détermination. »

Je conviens que ces réponses me causèrent de vives alarmes : l'air du sauvage semblait indiquer qu'il tramait quelque projet hostile dans sa tête ; et cependant sa conduite avait été jusque-là si généreuse et si humaine, que je ne pouvais pas avoir le moindre motif fondé de suspecter sa droiture. Je voyais les Caffres tenir conseil en troupes séparées ; leurs gestes ne me faisaient augurer rien de favorable à nos vœux.

Ce qui augmenta notre inquiétude fut leur départ subit à la fin du jour. Ils nous laissèrent, comme la veille, jouir du repos à l'abri des collines de sable.

Nous entretînmes notre feu avec des débris du vaisseau, et nous plaçâmes des sentinelles : nous fûmes encore tourmentés par des nuages de sable et une atmosphère glaciale ; car on sait que dans cette partie de l'Afrique on est au cœur de l'hiver au mois de juin. La nuit se passa en consultations et en prédictions sinistres : je recommandai à mes gens de bien prendre garde de ne rien faire qui déplût aux Caffres ; mais en même temps je les exhortai, dans le cas où contre notre attente ils voudraient ou nous attaquer, ou nous retenir au-delà d'un certain temps, à nous tenir bien unis, et à nous faire un passage par force, ou à mourir. On me répondit par des acclamations.

Quand le soleil se fut levé, les Caffres parurent : la plupart avaient des zagaies à la main : les uns portaient des massues, les autres étaient parés de plumes d'autruche. Le chef portait une peau de léopard, et mes boucles de jarretières. Ils nous saluèrent amicalement, et nous les suivîmes à la plage où ils continuèrent à chercher du fer.

Ils me montrèrent la manière de lancer leurs javelots, et nous offrirent le simulacre d'un combat; le chef lui-même me donna des instructions sur l'art de lancer les traits. Il ne fut question de rien relativement à notre départ.

Le lendemain matin, nous nous occupâmes tous à guetter notre chaloupe; mais nous ne l'aperçûmes pas. Nous commençâmes à désespérer de jamais la revoir. Tout ce que nous pûmes conjecturer de plus triste fut sans doute accompli, car nous n'entendîmes plus parler de nos infortunés compagnons.

Les Caffres ne vinrent que deux heures

après le lever du soleil. Comme il n'y avait plus grand'chose à se procurer des débris du navire, je priai le chef de me dire s'il nous avait nommé un guide, parce que mon projet était de partir le lendemain. « Je vous en « donnerai deux, me dit-il. » La franchise de cette réponse affranchit mon esprit de tout soupçon.

Comme je désirais beaucoup que l'interprète hottentot m'accompagnât à travers les déserts, je fis connaître au chef combien ses services nous seraient avantageux. Cet honnête sauvage avait prévenu mes vœux. Il avait déjà proposé au Hottentot d'aller avec nous jusqu'à la première ferme hollandaise, et ce dernier y avait consenti. Un autre individu de la même tribu, qui connaissait mieux le pays, s'était décidé à être de la partie. Quand mon équipage fut instruit de ces particularités, elles lui causèrent une joie et une satisfaction infinies.

Après avoir assuré le chef et les Caffres en général de mon inaltérable amitié et de ma fidélité à récompenser nos guides conformément à leurs désirs, je lui dis que nous avions beaucoup souffert du manque d'eau, et je le priai de me faire connaître si nous pouvions nous en procurer. « Je veux vous conduire, « répondit-il, à une source d'eau excellente ; « elle n'est pas loin d'ici, et si cela vous con- « vient, nous irons à l'instant. » Nous nous mîmes en marche aussitôt ; les Caffres s'avancèrent en chantant et en dansant, et mes gens, quoique leur esprit ne fût pas entièrement dégagé de soupçons, étaient assez gais.

Après avoir fait à peu près quatre milles dans un pays délicieux, nous arrivâmes à un bois au centre duquel était un endroit creux. Les Caffres y descendirent les premiers, et quand nous fûmes tous au fond, le chef me montra un courant d'eau ; nous en bûmes tous et la trouvâmes excellente. Mais en jetant les yeux autour de nous, quand notre soif eut été apaisée, l'aspect affreux de ce lieu renouvela nos craintes ; la plupart des nôtres s'imaginèrent que les Caffres ne les y avaient amenés que dans le dessein de les massacrer tous. Je parvins cependant à faire cesser leurs terreurs.

Les Caffres nous conseillèrent de passer la nuit dans ce lieu : nous allumâmes en conséquence un bon feu ; mais quand la nuit approcha, ils ne se retirèrent pas à leur ordinaire dans leur kraal, ce qui fut une nouvelle source d'alarmes pour mes gens, et quoique je fisse de nouveau tous mes efforts pour calmer les inquiétudes, j'avoue qu'elles me parurent assez fondées. Nous posâmes nos sentinelles, afin de nous préserver de ce qui pourrait arriver de pire; les Caffres, couchés pêlemêle, ne tardèrent pas à s'endormir, et malgré l'aspect horrible du lieu où nous nous trouvions, nous y fûmes mieux à l'abri que dans celui où nous avions passé les nuits précédentes.

Au lever du soleil, nous fûmes réveillés par les sauvages. Nous étions en assez bonne disposition; mais nous avions consommé le dernier morceau de bœuf avant de quitter les collines de sable, et la crainte de la famine commençait à nous tourmenter. Le chef, instruit de nos besoins, promit de les soulager; après avoir fait quelques milles jusqu'au lieu où l'on devait passer la nuit, il nous donna un autre bœuf, qui fut en un instant abattu, écorché et dépecé en morceaux de quatre livres chacun, que nous fîmes cuire comme provision de voyage.

Nous fûmes cette nuit moins agités de craintes que la précédente, et le matin nous nous préparâmes à partir. Les Caffres vinrent nous aider à partager les provisions. Chaque homme devait porter les siennes ; elles consistaient en quatre livres de bœuf et quelques biscuits sauvés du naufrage.

Les Caffres, bien loin de manifester aucune intention hostile, semblaient voir nos préparatifs avec regret. Je pris le chef par la main, et je le remerciai de ses attentions généreuses et amicales pour mon équipage et pour moi, l'assurant en même temps que si je ne périssais pas dans ce voyage, je regarderais comme mon premier devoir de rendre quelque service essentiel à lui et à son peuple. Il me répondit qu'il m'était bien obligé de mes bonnes intentions, et me pria de dire aux colons que notre navire s'était perdu à la mer et à une si grande distance de terre que rien n'y en était arrivé ; il m'exhorta en même temps à avoir la plus grande confiance dans ses guides, parce qu'ils me conduiraient bien certainement dans la meilleure route.

Après que mes gens et les Caffres se furent donnés réciproquement toutes sortes de marques d'affection, nous nous séparâmes et nous nous dîmes le dernier adieu.

Les Caffres, qui dans notre malheur nous

ont traité avec tant d'humanité et de générosité, forment une tribu connue sous le nom de Tambouchis ou Tambockis. Ils ont été dépeints comme les plus féroces, les plus vindicatifs et les plus détestables de tous les habitans du vaste territoire de la Cafrerie. Mais le but de cette calomnie a été de couvrir les cruautés commises par les colons hollandais, et les traits affreux sous lesquels ces Caffres ont été dépeints, ont eu pour cause la perversité des chrétiens plus sauvages qu'eux. Quand les Caffres, animés par une attaque des colons, qu'ils n'ont pas provoquée, tuent un blanc par justes représailles, la nouvelle en est soigneusement portée au siége du gouvernement du Cap: les pauvres sauvages sont signalés comme une horde d'animaux féroces qui ravagent le pays et répandent la consternation devant eux. Les fermiers chrétiens saisissent cette occasion pour se réunir, pénétrer dans le pays de ceux qu'ils appellent leurs ennemis, et en massacrer des peuplades entières, sans distinction d'âge ni de sexe. Leur objet est de s'emparer des bestiaux dont ils emmenèrent des troupeaux immenses. Ensuite ils attendent que d'autre bétail se trouve à leur portée, et ils renouvellent leurs déprédations. Je vais raconter à ce sujet un fait qui eut lieu durant notre voyage.

Un de nos guides cria tout à coup à notre troupe de faire halte. Je lui demandai pourquoi : « Regardez bien l'endroit où vous êtes, répliqua-t-il, c'est un lieu de malheur, mais bien digne de votre attention. » Comme je ne voyais rien de remarquable, je le priai de s'expliquer. — « Il y a quelques années, continua-t-il, deux de mes compatriotes gardaient leurs bestiaux en ce lieu. Nous étions alors dans une paix profonde avec les colons ; nous ne les soupçonnions nullement du dessein de nous faire du mal. Cependant des coups de fusil sont soudainement tirés, de derrière ces buissons, sur nos compatriotes. L'un tomba mort sur la place ; l'autre ne fut que blessé et eut le bonheur de pouvoir s'échapper. Les colons s'emparèrent de nos bestiaux, et les emmenèrent à leurs fermes. La nouvelle de ce meurtre et de ce vol ne tarda pas à être portée dans nos hordes, et occasiona la dernière guerre entre les colons et les Caffres. »

Le pauvre sauvage raconta cette histoire avec tant d'émotion et de candeur, qu'il n'était guère possible de douter de sa véracité. On lui demanda si tous les colons avaient un caractère aussi odieux. — « J'espère que non, répondit-il. En effet, il en est plusieurs qui ont une horreur extrême pour la conduite de leurs voisins maraudeurs.

Nos guides nous expliquèrent aussi les motifs pour lesquels les Caffres nous avaient retenus si long-temps. Quand ils tinrent conseil relativement à notre départ, il fut résolu de ne pas nous laisser partir, jusqu'à ce qu'ils eussent tout retiré du navire naufragé. Ils savaient que nous instruirions les colons de notre malheur, et que, quoique ceux-ci n'eussent pas le droit de passer le Vis-Rivier, ou rivière des poissons, ils viendraient à la recherche des débris; ce qui arriva effectivement, ainsi que je l'appris par la suite. Les Caffres, à cette occasion, se réunirent en grand nombre, et d'un ton menaçant, demandèrent aux Hollandais comment ils avaient osé passer le Vis-Rivier, qui était leur limite. Les colons convinrent de la justesse de l'observation, et avec des morceaux de cuivre et d'autres bagatelles dont les Caffres furent très-satisfaits, ils achetèrent la permission de rester.

Le pays voisin du lieu de notre naufrage était bien boisé, et vu la saison, car on se trouvait alors au milieu de l'hiver, la végétation se faisait remarquer par sa vigueur. On peut dire, à la lettre, que le gros bétail s'y trouvait en quantité innombrable; les bœufs y étaient aussi beaux que ceux que l'on engraisse avec soin en Angleterre. Nous ne vîmes pas de moutons, et nous n'aperçumes pas la moindre trace de travaux agricoles; le pays était borné au loin par des montagnes qui enferment sans doute les sources des nombreux ruisseaux dont la plaine est entrecoupée dans diverses directions. Le mimosa se rencontre très-fréquemment dans ce pays, qui est si agréablement parsemé de bois, qu'on l'y croirait planté à dessein par une main habile.

Le 23 juin, nous partîmes après le lever du soleil : nos guides étaient remplis d'intelligence ; ils nous firent comprendre que nous ne pouvions nous mettre en route de bonne heure, parce que les bêtes féroces se levaient toujours avec le soleil, et parcouraient le désert pour chercher leur proie. Malgré cet avis salutaire, et quoique nous fussions tous sans armes, nos gens étaient impatiens d'avancer; mais les guides refusèrent de quitter les feux avant qu'il fût à peu près neuf heures.

Nous marchâmes vers l'ouest, en pénétrant dans l'intérieur, afin de trouver de l'eau fraîche, parce que, le long de la côte, elle est généralement saumâtre. La contrée que nous traversâmes offrait une variété charmante de collines, de vallons et de vastes plaines bien arrosées, mais moins boisées que les précédentes. Après avoir fait près de trente-cinq milles, nous marquâmes le désir de nous reposer la nuit près d'un ruisseau au coin d'un bois; nos guides nous dirent que ce lieu était fréquenté par les léopards, et que si ces animaux devinaient notre présence, rien ne pourrait les empêcher de dévorer quelqu'un de nous. Nous fîmes un très-grand feu, et nous nous mîmes à délibérer sur les moyens les plus probables de pourvoir à notre sécurité; mais bientôt l'influence toute puissante du sommeil vint mettre un terme à notre conversation et à nos craintes jusqu'au lendemain matin.

A peine le soleil fût-il levé, que l'effroyable rugissement des lions nous réveilla : s'ils nous eussent découverts pendant que nous dormions, ils nous eussent infailliblement déchirés en pièces : nous nous trouvâmes très-heureux d'avoir échappé à ce danger.

Nous perdîmes une grande partie de cette journée à chercher de l'eau : nous en découvrîmes, au coucher du soleil, un petit filet près de la lisière d'un bois ; comme nous avions fait près de trente milles, nous résolûmes de passer la nuit en ce lieu. Nous avions, dans le jour, remarqué beaucoup de traces d'éléphants et de rhinocéros : notre situation fut, cette nuit-là, aussi périlleuse que la précédente ; nous eûmes néanmoins, au point du jour, le plaisir de voir qu'il ne nous manquait personne.

A midi, nous rencontrâmes une horde de Caffres, que leurs compatriotes désignaient comme une tribu méchante. Nous parlâmes d'abord à des femmes Caffres, qui nous accueillirent avec bonté, et nous donnèrent du lait contenu dans des paniers faits de baguettes tissues d'une manière si serrée, qu'ils tenaient l'eau. Un peu plus loin, douze Caffres armés de zagaies, et vêtus de peaux de léopards, nous arrêtèrent. Nos guides, alarmés de leur présence, s'enfuirent sur les bords du grand Vis-Rivier, qui était à peu de distance de l'endroit où nous nous trouvions. Nous eûmes beau leur crier, à plusieurs reprises, de revenir sur leurs pas, ils traversèrent à la hâte le lit de cette rivière, qui était à sec, et arrivés au bord opposé, ils gravirent, avec la plus grande précipitation, une montagne voisine.

Les sauvages brandirent leurs zagaies, et firent des gestes menaçans : nous ne comprenions rien de ce qu'ils disaient ; mais nous étions déterminés à ne céder ni nos vêtemens, ni nos provisions, dans le cas où ils voudraient nous les arracher. Un Caffre essaya de prendre un couteau qu'un de nos gens avait pendu à son épaule. La résistance de celui-ci fit lâcher prise au sauvage, et l'exaspéra tellement, qu'il leva sa lance comme pour tuer l'autre. Son attitude était à peindre ; il avait réellement l'air infernal. Une peau de léopard couvrait son corps ; son visage noir était barbouillé de terre rouge ; la rage inflammait ses yeux qui semblaient sortir de leurs orbites ; sa grande bouche ouverte laissait voir ses dents que la colère lui faisait grincer. Mais tout à coup il laissa tomber son arme : nous traversâmes aussitôt la rivière, et nous rejoignîmes nos guides qui témoignèrent le plus grand plaisir de ce que nous étions sortis de cette aventure sans accident fâcheux. Ils nous assurèrent que si le reste de la troupe n'avait pas été à la chasse quand nous arrivâmes sur les bords de Vis-Rivier, pas un de nous n'eût échappé : ils nous répétèrent que cette peuplade était la plus perverse de toute la Cafrerie.

En descendant de la montagne, la beauté de la perspective émoussa le souvenir du danger. Aussi loin que la vue pouvait s'étendre, le pays offrait une succession de plaines où serpentaient d'innombrables ruisseaux, et de collines couvertes de bouquets de mimosa. De toutes parts, des troupeaux de bœufs animaient ce superbe paysage.

Avant la fin du jour, nous fîmes une espèce de barricade pour nous mettre à couvert de l'attaque des bêtes féroces, et après avoir allumé nos feux, nous nous endormîmes ; mais notre sommeil fut constamment troublé par un troupeau d'éléphants qui, sortant d'un bois voisin, allaient et venaient sans cesse. Il est probable que, sans nos barricades, ces monstrueux animaux nous eussent écrasés de leur masse en nous foulant aux pieds.

Nous voyageâmes encore dans une contrée délicieuse. Nous y trouvâmes des huttes ouvertes; la curiosité que nous eûmes d'entrer dans l'une d'elles, fut payée bien cher : car, dans un moment, nous fûmes couverts de puces. Nous fîmes ce jour-là près de trente-cinq milles ; le soir je fus alarmé de voir que plusieurs de mes gens se plaignaient beaucoup de mal aux pieds. Dans le commencement de notre voyage, nous n'avions que quatre paires de souliers pour tous.

Nous nous mîmes en route le lendemain à sept heures ; plusieurs des nôtres, épuisés de fatigue, restèrent en arrière ; je jugeai que, dans de telles conjonctures, ceux qui étaient en état de marcher, devaient se hâter pour trouver un lieu où il y eût de l'eau et du bois. Le jour suivant, nous ne partîmes qu'au lever du soleil; mais aucun des nôtres ne nous rejoignit. Nos guides nous dirent que dans la journée nous arriverions à un établissement hollandais ; ils avaient raison, mais par malheur nous le trouvâmes abandonné.

La position de nos compagnons nous tint

éveillés toute la nuit suivante; on ne s'entretenait que de leur sort, et on désespérait de les revoir jamais. Ils étaient restés dans un lieu fréquenté par les bêtes féroces, et ne couraient pas moins de dangers de la part des Boschimens qui infestent aussi ce canton, et tuent à coups de flèches empoisonnées les objets de leur vengeance.

Notre troupe était composée de soixante hommes, en quittant le bord de la mer; trente-six étaient restés en arrière. Nous prîmes cependant courage, quand nos guides nous assurèrent que nous étions près d'un établissement habité, le dernier que nous avions vu, ayant été détruit par les Caffres durant leur guerre avec les colons. Nous avions marché trois heures sans faire halte, lorsqu'un des guides s'écria, avec l'accent de la joie : « Je vois un Hottentot qui garde un troupeau de bœufs. » Nous courûmes à l'endroit où il était, et nous aperçûmes, à une distance considérable, ce Hottentot qui gardait un troupeau d'au moins quatre mille têtes. Ce pâtre eut d'abord l'air alarmé de l'approche de tant de monde; mais quand il eut reconnu que nous étions la plupart des blancs, et tous sans armes, il s'arrêta et nous attendit. Je le priai de nous conduire par le plus court chemin, au plus prochain établissement; il y consentit, en nous disant qu'il était à trois heures de marche.

Il est impossible de décrire la joie de mes gens; c'était à qui arriverait le premier; à la fin, nous vîmes une ferme qui appartenait à Jean Du Pliesies, colon du premier ordre. Il était né en Hollande, mais depuis plusieurs années il habitait l'Afrique; c'était un homme humain et généreux; il avait environ soixante ans. Sa famille était composée de cinq à six fils, avec leurs femmes et leurs enfans, et d'une fille; le tout faisait près de vingt personnes; il possédait douze mille brebis et mille bœufs. Il demeurait dans une maison d'argile, couverte d'une espèce de roseau; il y avait pour meubles quelques chaises, une table et des ustensiles de cuisine.

Le récit de nos malheurs, et la demande que nous lui adressâmes de secourir ceux que nous avions laissés en arrière, émurent vivement cet homme sensible. Il s'écria qu'il n'y avait pas de temps à perdre pour aller à leur

secours; et ordonna sur-le-champ à deux de
ses fils d'atteler huit bœufs à un chariot, et
leur enjoignit de marcher toute la nuit jusqu'au lieu que les guides leur décrivirent.

Cette demeure écartée était presque entièrement entourée d'arbres, auxquels on voyait
suspendues, pour sécher, les peaux des lions,
des tigres, des panthères et d'autres bêtes féroces tuées dans le voisinage; je remarquai
aussi, près de la porte, les carcasses de deux
animaux énormes, qui semblaient avoir été
tués depuis peu. Le colon me dit que c'étaient
les restes de deux rhinocéros que son fils avait
tués la veille sur ses terres. D'après ce qu'il m'a
raconté, le rhinocéros est le plus redoutable
des animaux du désert; le lion même fuit devant lui, et il en avait vu une preuve deux ans
auparavant. Il traversait ses possessions dans
la matinée, quand il vit, à un demi-mille
de l'endroit où il était, un lion entrer dans
un hallier; quelques minutes après, il en vit
un second, puis un troisième, et enfin un quatrième; ils avaient l'air de se suivre sans se
presser; bref, en moins d'une heure, il en
compta neuf qui entrèrent dans le même bois.
N'ayant jamais vu ces animaux se réunir en

aussi grand nombre, il voulut en connaître la cause, et se cacha ; il attendit plus d'une heure sans rien voir ; enfin un rhinocéros, d'une taille extraordinaire, s'approcha du bois, s'arrêta environ cinq minutes à une petite distance, puis leva le museau en l'air, et finit par sentir les animaux cachés dans le hallier. Aussitôt il fondit dans le bois, et en moins de cinq minutes les lions décampèrent chacun de leur côté, comme agités d'une extrême frayeur ; le rhinocéros continua à battre long-temps le bois pour chercher ses ennemis, et ne les trouvant pas, il revint dans la plaine où, après avoir regardé autour de lui, il entra en furie, et déchira la terre. Après que l'animal eut disparu, le fermier retourna chez lui.

Le lendemain l'on nous servit un mouton à notre déjeuner. Je causai avec notre hôte, qui nous donna des détails intéressans sur le canton qu'il habitait et sur les restrictions que le gouvernement hollandais du Cap met à l'industrie des colons. « J'ai sur ma ferme, me dit Du Pliesies, une mine de plomb ; elle est si près de la surface de la terre, que nous pouvons la racler avec nos mains ; cependant nous 'osons y toucher ; car si l'on savait que nous n eussions fondu une seule livre, nous serions us transportés à Batavia pour le reste de nos ours. »

Notre bienfaiteur envoya des messagers à ses mis pour les prier d'aider à nous transporter au Cap. Il en vint plusieurs qui nous comlèrent de marques d'intérêt et de générosité, t offrirent même de prendre chez eux plusieurs de mes gens, jusqu'à ce qu'ils fussent en tat d'entreprendre le voyage, ajoutant qu'aors ils saisiraient la première occasion de les onduire au Cap.

Sur ces entrefaites, on vint nous annoncer que le chariot arrivait. J'eus la satisfaction d'y retrouver vingt-trois de mes gens, la plupart Lascars. Ils avaient été rencontrés près d'un bois où ils avaient renoncé à toute espérance de salut. La veille, treize de leurs compagnons les avaient quittés, et l'on n'aait pu savoir quelle route ils avaient prise. e ne les revis pas ; mais lorsque je fus arrivé n Europe, j'appris qu'après avoir essuyé bien es maux, ils avaient tous heureusement gané le Cap.

Je songeai ensuite à récompenser nos deux

guides, et, pour un moment, cela me caus[a]
beaucoup d'embarras. Mais j'en fus tiré pa[r]
une nouvelle tout-à-fait inattendue. Un d[e]
mes gens m'informa qu'un matelot s'était
avant de quitter le vaisseau, emparé d'un[e]
douzaine de mes cuillers de table et de plu[-]
sieurs cuillers à thé, et qu'il les avait encor[e]
toutes sur lui. J'allai aussitôt demander me[s]
cuillers à ce matelot qui me les rendit à l'ins[-]
tant, et me dit que son intention était de m[e]
les remettre à notre arrivée au Cap. Je donna[i]
cinq grandes cuillers au fermier Du Pliesies[,]
qui en échange me fit amener deux bœuf[s]
d'une taille extraordinaire, et deux gros mou[-]
tons. Alors je fis don de ces animaux à no[s]
guides, comme une récompense de leur fidé[-]
lité. Ils me remercièrent beaucoup, et par[-]
tirent pour retourner dans les belles et fertile[s]
plaines de la Cafrerie.

Notre généreux hôte nous prêta un chario[t]
avec deux attelages de bœufs, composés cha[-]
cun de huit, et conduits par trois Hottentots[;]
il y ajouta des provisions. Un de ses fils, arm[é]
complètement, nous accompagna aussi. Enfi[n]
il nous remit une lettre de recommandatio[n]
pour d'autres colons.

Nous quittâmes, au nombre de quarante sept, la demeure hospitalière de Du Pliesies, et après avoir fait trente-cinq milles, nous arrivâmes, à la fin du jour, à une autre ferme où nous passâmes la nuit. En prenant, le lendemain matin, congé de Corneille Englebroeks, qui en était propriétaire, il ajouta à l'accueil hospitalier que nous avions reçu de lui, le don de neuf moutons, et regretta de ne pouvoir nous donner un morceau de pain. « Nous vivons principalement, me dit-il, de mouton et de gibier, et dans toute l'année nous avons rarement le plaisir de manger du pain. »

Durant les six jours qui suivirent, nous voyageâmes ainsi d'une ferme à l'autre. Elles sont généralement éloignées l'une de l'aure de quinze à seize lieues de marche. Partout on nous accueillit avec le même empressement et la même générosité. Je dois, en narrateur fidèle, ne pas omettre de le dire, parce que les colons ont fréquemment été représentés comme des bandits féroces qui ne connaissent aucun frein. Si beaucoup d'entre eux méritent cette qualification, il faut convenir que j'ai eu bien du bonheur, puisque je n'ai rencontré que des hommes estimables, dont la réputation doit soigneusement être préservée de tout opprobre.

Pendant quelques jours, nous n'avions que peu de pain, et pas beaucoup d'eau. Le pays que nous traversâmes était entrecoupé de collines et de vallées, et offrait les perspectives les plus romantiques. Nous vîmes souvent des troupes de loups, et des troupeaux de l'espèce d'antilope, appelée spring-bock, qui n'en contenaient pas moins de douze à quatorze mille. Plusieurs colons me dirent qu'il arrivait assez fréquemment d'en tuer trois d'un coup. Nous apperçûmes aussi beaucoup de pintades que les chiens des fermiers prennent aisément quand il a tombé de la pluie. Le zèbre est commun dans cette partie lointaine de la colonie; enfin j'ai, à diverses reprises, vu ensemble quatre autruches qui ne paraissaient pas très alarmées de l'apparition de notre caravane.

On nous indiqua plusieurs lieux comme hantés plus particulièrement par les bêtes féroces; mais quelque terreur qu'elles inspirent à un Européen, elles sont moins redoutables pour un Hottentot, qu'un Boschiman. J'avais tant entendu parler de cette peuplade de sauvages, que j'avais le plus grand désir d'en voir un individu. Ma curiosité fut satisfaite. Un colon, chez lequel nous passâmes la nuit, avait plusieurs années, combattu un parti de Boschimens; plusieurs avaient été tués. Un enfant, dont la mère avait probablement péri, avait été sauvé et amené dans la maison du colon, où on l'élevait. Quand je le vis, il avait environ vingt-cinq ans; sa taille n'était que de quatre pieds deux pouces. Au lieu d'un nez saillant, il n'avait qu'un morceau de peau aplati au-dessus des narines; et, quoique gras et trapu, son agilité et sa souplesse surpassaient celle des antilopes. Quand les Boschimens sont en nombre suffisant, ils attaquent et tuent les Hottentots et les Caffres partout où ils les trouvent : les colons, en revanche, vont à la chasse des Boschimens, comme à celle des bêtes sauvages, et ne leur font jamais de quartier. Les Boschimens se servent d'un arc de deux pieds et demi de long, et de flèches plus courtes de quatre pouces; ils les trempent dans un poison si actif, suivant l'opinion commune, que sa malignité défie tous les remèdes humains.

En passant dans une vallée affreuse, longue de trois milles, nos conducteurs nous dirent qu'on l'appelait le sentier du Boschiman. Durant tout le temps que nous mîmes à la traverser, ils tinrent leurs fusils en arrêt, comme prêts à tirer sur quelque objet particulier. Des broussailles épaisses couvraient le penchant des collines partout où le roc ne se montrait pas à nu. C'est dans les cavités isolées que forment ces masses de rochers, que se retirent des hordes entières de cette peuplade singulière. Nos conducteurs nous avertissaient sans cesse de nous tenir sur nos gardes, parce qu'ils savaient que c'était là le repaire des Boschimens qui nous épiaient, quoique nous ne les vissions pas. Il est certain qu'ils se trouvaient dans ce lieu, mais notre grand nombre les empêcha probablement de nous attaquer. Ces gens vivent de pillage, et du fruit d'un petit arbre appelé pain de Boschiman. On les regarde comme une race d'hommes bien distincte.

Du 8 au 16 de juillet, notre voyage ne fut interrompu par aucun événement désagréable. Le pays que nous traversâmes nous présentait sans cesse des beautés nouvelles. En passant par de riches vallées qui abondaient en plantes odoriférantes, je fus souvent diverti par les observations des matelots. L'un disait qu'il bâtirait une maison dans tel endroit, après avoir fait fortune et quitté la mer. Un autre préférait un site différent, et disait qu'il y aurait dix femmes. Un troisième choisissait un lieu plus agréable, et affirmait qu'il se contenterait de huit femmes, quatre blanches et quatre noires. C'était ainsi qu'ils charmaient les ennuis de la route.

Vers le 14 de juillet, nous arrivâmes à la ferme d'un vieillard aveugle qui fut si ému au récit de nos malheurs, qu'il fondit en larmes. Après le souper, il dit qu'il voulait célébrer notre entrevue par une chanson, et en entonna une, d'une voix de Stentor. Des applaudissemens universels l'accueillirent quand il eut fini. « Allons, capitaine, dit-il en s'adressant « à moi, j'ai un service à vous demander : « priez tous vos gens de chanter. » Il était impossible de ne pas rire d'une demande si bizarre; cependant je priai un matelot américain, assis à côté de moi, de chanter une de ses plus jolies chansons. Il n'eut pas plutôt commencé que tous les Lascars l'accompagnèrent en chœur, et l'exemple de ceux-ci fut suivi par les Suédois, les Portugais, les Hollandais; en un mot par tous les hommes de l'équipage, chacun dans sa langue, de sorte que cela fit le plus singulier concert qui jamais eût été entendu. Notre hôte fut néanmoins si enchanté de cette musique, que, dans un accès de rire, il pensa tomber à bas de sa chaise.

Comme il n'y avait pas assez de place pour nous tous dans la maison de notre hôte, une partie de mes gens dormit en plein air; afin d'empêcher le retour d'un pareil inconvénient, nous convînmes de nous partager. Dans quelques fermes, les propriétaires ne pouvaient nous fournir un chariot; et, quoique l'on me donnât un cheval, mes gens étaient obligés de marcher, ce qui en engagea quelques-uns, qui n'avaient pas la force de faire la route à pied, à rester avec les colons. L'un d'eux, qui était tonnelier, ayant donné des preuves de son habileté, fut invité à s'établir dans la ferme; il épousa ensuite la fille du propriétaire, et devint un colon indépendant.

Nous nous séparâmes le 18 dans la matinée. Je pris avec moi mon premier et mon second maîtres, et trois autres de mes gens qui voulaient venir avec moi. En avançant nous trouvâmes le pays plus peuplé, et, dans plusieurs cantons, les fermes n'étaient éloignées l'une de l'autre que de deux heures de marche. Du 17 au 21, nous traversâmes une contrée montueuse ; mais les vallées étaient fertiles, et les troupeaux de bétail innombrables. Le 22, nous arrivâmes à Zwellendam ; nous y reçûmes l'accueil le plus hospitalier du chef de ce district, qui a sous ses ordres un établissement de seize à dix-huit mille maisons. Il me fit voir, dans son écurie, deux beaux zèbres qu'il essayait d'apprivoiser pour les soumettre au harnois. Le lendemain, il me donna une lettre de recommandation pour le général Craig, commandant en chef au Cap ; il l'informait de la perte de mon navire, et de toutes les souffrances que j'avais endurées dans mon voyage ; et comme ce général était de ses amis, il le priait de me rendre tous les services qu'il pourrait, ajoutant qu'il se regarderait par là comme obligé lui-même.

Quatre jours après, nous arrivâmes à Stellen-Bos, dont le propriétaire me fit un accueil que je ne puis me rappeler qu'avec les expressions de la reconnaissance et de l'estime. Il vit dans l'abondance comme les autres fermiers, et sa maison est dans la position la plus délicieuse; j'y ai vu trois camphriers d'une dimension considérable; il y a des vignes extrêmement productives. Les habitans de ce canton se mettent bien, mais plus à l'anglaise qu'à la hollandaise; ils n'ont pas cette taciturnité et cette tristesse qui caractérisent les Hollandais : ils sont vifs et gais.

Je restai deux jours avec le bienveillant et généreux propriétaire de Stellen-Bos; je le quittai dans la matinée du 30, et le soir, j'arrivai au cap de Bonne-Espérance. Quoique mon corps fût maigri, ma santé n'était pas mauvaise.

Il ne manquait plus, pour rendre sa satisfaction complète, que de voir arriver mes gens; je savais que la plupart me suivaient en marchant avec beaucoup de peine, et comptaient sur mes efforts pour les soulager après toutes ces misères. Les réflexions pénibles que je faisais à cet égard, cessèrent aussitôt que je me rappelai qu'un officier anglais commandait au Cap. Indépendamment de la lettre que le brave habitant de Zwellendam m'avait donnée pour le général Craig, et dont j'espérais beaucoup, je pensais que l'état de détresse de mon équipage toucherait le cœur sensible et humain d'un militaire anglais.

Je m'étais trompé. Quand j'allai voir le général, il me dit : « Cela ne me regarde pas : « c'est l'affaire de l'amiral. » Je quittai le général sans autre cérémonie, et je me rendis chez l'amiral Elphinstone, aujourd'hui lord Keith. Le contraste fut complet; il me prodigua des marques d'intérêt et de bienveillance, et m'assura que, quand mes gens arriveraient au Cap, on aurait soin d'eux jusqu'à ce qu'ils trouvassent des occasions de s'embarquer pour leurs destinations respectives. Ces promesses reçurent leur accomplissement. Durant un séjour de six semaines que je fis encore au Cap, trente de mes gens, la plupart Lascars, y arrivèrent dans un état de nudité complète. Le brave et généreux amiral donna aussitôt des ordres pour qu'on vînt à leur secours, ensuite il les envoya à la ville du Cap, pour s'embarquer à bord d'un navire affrété par la Compagnie des Indes pour le Bengale.

Dans la seconde visite que je fis à ce respectable officier, il me questionna sur les colons, et je fus très-content de pouvoir satisfaire son désir. Rien n'échappait à son active curiosité, et ses observations annonçaient un homme doué à un très-haut degré d'intelligence et de sagacité. Ayant vu la liste des personnes qui, dans mon voyage, m'avaient traité avec tant de bonté, il s'écria avec transport : « Je vais « ordonner d'envoyer à ces braves gens des « présens de la valeur de cent livres sterlings, « comme une récompense de leur humanité. »

Je quittai le Cap sur le navire la *Sainte-Cécile*, capitaine Palmer, et j'arrivai à Crookhaven, en Irlande, vers le milieu de novembre 1796. Peu de jours après je partis pour l'Angleterre, et je me trouvai encore un fois à Londres.

NAUFRAGE

DU *SYDNEY*, CAPITAINE A. FORREST, SUR UN RÉCIF DU GRAND OCÉAN, LE 20 MAI 1806.

Le *Sydney* quitta Port-Jackson, situé sur la côte orientale de la Nouvelle-Hollande, le 12 avril 1806; il allait au Bengale. Ayant le dessein de passer par le détroit de Dampierre, je suivis, aussi exactement qu'il me fut possible, la route du capitaine Hogan, commandant le Cornwallis, telle qu'elle est tracée sur les cartes, parce qu'elle me parut sûre et facile. Mais le 20 mai, à une heure du matin, nous touchâmes sur un récif, ou banc de corail très-dangereux, situé par les 30° 20′ de latitude australe, et les 146° 50′ de longitude orientale. Comme il n'est marqué sur aucune carte, je suppose que, pour notre malheur, nous en avons fait la découverte.

On trouva vingt-cinq brasses à l'arrière, six brasses à babord, seulement neuf pieds à tribord, et douze pieds à l'avant. On mit aussitôt un canot à la mer avec une grosse ancre, mais en sondant à cinquante pieds du bâtiment, on ne trouva pas fond à soixante brasses.

La marée était certainement haute quand nous touchâmes, car nous n'avions aperçu ni récifs, ni brisans; mais, à mesure que la mer baissa, nous découvrîmes un banc et un grand nombre de petits rochers noirs. Le bâtiment avait heurté avec violence : l'avant commença à s'ouvrir. A trois heures, il y avait six pieds d'eau dans la cale, et elle augmentait avec rapidité. A cinq heures, l'arrière de la carène fut échoué, et les œuvres mortes se détachèrent.

Ayant tenu conseil avec mes officiers, l'avis unanime fut que le navire était entièrement perdu, et que rien ne pouvait le sauver. On s'occupa donc de mettre les canots en état de recevoir l'équipage, composé de cent huit hommes : on embarqua, dans la chaloupe, huit sacs de riz, six barriques d'eau, un peu de bœuf et de cochon salés ; ces provisions devaient servir pour tout le monde. Notre grand nombre nous empêcha de prendre une quantité plus considérable de vivres, car les trois embarcations suffirent à peine pour nous recevoir tous.

Le 21, après midi, il y avait trois pieds d'eau dans l'entrepont. Nous jugeâmes, en conséquence, qu'il était grand temps d'abandonner le navire à son malheureux sort, et de chercher notre salut dans les canots. Je m'embarquai donc dans la chaloupe, avec M. Trounce, second officier, et soixante-quatorze Lascars. M. Robson et M. Halkart, second et troisième officiers, se mirent dans le canot, et quinze Malais avec un Cipaye dans la yolle.

Comme nous désirions constater la position du récif, ce qui pouvait se faire en prenant connaissance des îles de l'Amirauté, nous dirigeâmes notre route entre le nord-quart-est et l'est, vers ce groupe. Le vent fraîchit pendant la nuit. La chaloupe fit beaucoup d'eau ; nous l'allégeâmes, en jetant à la mer beaucoup d'objets et deux barriques d'eau. Les trois canots naviguèrent de conserve, la chaloupe traînant la yolle à la remorque. M'étant aperçu, au point du jour, que le canot marchait beaucoup mieux, je priai M. Robson de prendre la yolle à la remorque. Malheureusement le vent augmenta avec le jour ; il survint une grosse houle, et la yolle, traînée par le canot, coula à fond à dix heures. Nous eûmes la douleur de voir périr à nos yeux les infortunés qui la montaient, et, ce qu'il y eut de plus affreux pour nous, il ne nous fut pas possible de leur donner le moindre secours.

Le 22, à midi, nous aperçûmes les îles de l'Amirauté, à trois ou quatre lieues de distance, au nord-nord-est, et, d'après la direction que nous avions suivie, en parcourant les cinquante-huit milles de distance, depuis le récif jusqu'à ce point, nous fûmes en état de fixer exactement la position de cet écueil.

En quittant les îles de l'Amirauté, nous fîmes route à l'ouest, et, le 25, nous vîmes une petite île, dont l'aspect m'engagea à y aborder pour y faire de l'eau. La pluie ayant mis nos armes à feu hors d'état de servir, je m'armai, ainsi que M. Robson et vingt de nos meilleurs matelots, de lourdes massues apportées de la Nouvelle-Calédonie, au grand étonnement des habitans, et je pris terre malgré un ressac très fort : autant que nous en pûmes juger, ils n'avaient jamais vu, auparavant, de gens de notre couleur. Les hommes étaient grands et bien faits ; ils portaient leurs cheveux tressés et redressés au-dessus de la tête : ils ne ressemblaient ni aux Malais, ni aux Caffres ; et, à l'exception de leur teint qui était cuivré clair, ils avaient les formes et les traits des Européens : ils étaient absolument nus. Nous vîmes aussi beaucoup de femmes, bien faites, et dont les traits étaient doux et agréables.

Nous fûmes reçus sur le rivage par une trentaine de naturels, qui nous donnèrent aussitôt un coco à chacun. Nous réussîmes à leur faire comprendre que nous avions besoin d'eau ; ils nous firent signe alors de les accompagner dans l'intérieur de l'île. Après avoir marché pendant près d'un mille, ils nous conduisirent dans un bois épais. Voyant que le nombre s'accroissait rapidement, je jugeai qu'il était imprudent d'aller plus loin ; je retournai donc au rivage, et je fus alarmé de trouver un rassemblement de plus de cent cinquante naturels armés de lances de dix à douze pieds de long. L'un d'eux, vieillard d'un aspect vénérable, et qui avait l'air d'être leur chef, s'avança et jeta sa lance à mes pieds; ce qui signifiait, à ce que je suppose, qu'ils désiraient que nous nous défissions de même de nos massues. Nous apercevant, en ce moment, qu'une troupe de femmes avait saisi l'étambord du canot, et qu'elles s'efforçaient de le tirer à terre, nous nous dépêchâmes de gagner la chaloupe. Les naturels nous suivirent pied à pied; quelques-uns dirigèrent leurs lances sur nous pendant que nous faisions retraite : il y eut même quelques-unes de ces armes de lancées, mais heureusement sans succès. Il nous sembla qu'ils les maniaient très-maladroitement. Quand j'entrai dans l'eau, deux à trois insulaires me suivirent, en me menaçant de leurs lances, et quand je fus à portée de la chaloupe, l'un d'eux me lança son arme, que M. Robson s'empressa de parer. Nous étions déjà dans la chaloupe, et nous poussions au large, lorsqu'ils nous assaillirent d'une grêle de traits. Il tomba au moins deux cents lances, dont une seule blessa grièvement mon cuisinier ; elle entra immédiatement au-dessus de la mâchoire, et lui perça la bouche.

Après avoir échappé à cette rencontre périlleuse, nous poursuivîmes notre route jusqu'au détroit de Dampierre, aussi heureusement que le permettait notre état. Alors les Lascars, se voyant à portée de la terre, témoignèrent une grande impatience d'être débarqués. Je les exhortai vainement à ne pas nous quitter : ils ne voulurent écouter aucune représentation ; ils me déclarèrent qu'ils aimaient mieux trouver la mort en mettant le pied à terre, plutôt que de mourir de faim en restant dans les canots. Cédant à leurs importunités, je finis par me décider à les débarquer à la pointe nord-ouest de l'île de Céram, d'où ils pouvaient, en deux à trois jours, gagner Amboine. Le 9 de juin, nous nous trouvâmes vis-à-vis de cette partie de l'île, et M. Robson consentit à mettre à terre un certain nombre des hommes du canot, puis à revenir à la chaloupe, et à abandonner ensuite le canot au reste des gens de l'équipage qui désireraient se joindre à ceux que l'on aurait déjà débarqués. Il alla donc à terre avec le canot; mais, à mon grand chagrin, après l'avoir inutilement attendu deux jours, il n'y eut pas d'apparence de le voir revenir, non plus que le canot.

Nous conclûmes que nos gens avaient été retenus par les Hollandais ou par les naturels; cependant, comme le reste des Lascars demandait à être débarqué, nous portâmes vers la côte, et nous les mîmes à terre près du point où nous supposions que le canot avait débarqué son monde.

Nous n'étions plus que dix-sept dans la chaloupe, savoir : M. Trounce, M. Halkart, quatorze matelots lascars et autres, et moi. Nos provisions consistaient en deux sacs de riz et une barrique d'eau entamée, que nous supposions pouvoir durer jusqu'à Bencoulen, où nous nous décidâmes à aller au plus vite. La ration de chaque homme fut fixée à une tasse de riz et à une pinte d'eau par jour; mais bientôt nous jugeâmes nécessaire de réduire beaucoup cette quantité.

En passant par le détroit de Bantam, nous vîmes plusieurs pros de Malais, qui ne prirent pas garde à nous : il y en eut cependant une qui nous donna la chasse pendant un jour, et qui aurait fini par nous atteindre, si nous ne nous fussions pas échappés à l'aide d'une nuit très-noire. Nous débouquâmes ensuite du détroit de Saypay, où nous prîmes un gros requin : cette capture précieuse nous redonna du courage. Nous nous dépêchâmes de la tirer à bord, et nous fîmes rôtir le monstre à un feu que nous allumâmes dans le fond de notre embarcation. Nous avions une faim si dévorante, qu'à la fin du jour il ne restait pas la moindre trace de cet énorme poisson, qui ne pesait pas moins de cent cinquante livres. Mais nous en fûmes sévèrement punis : le lendemain, nous souffrîmes tous, dans l'estomac et les entrailles, des douleurs violentes qui nous fatiguèrent beaucoup, et nous réduisirent à un tel état de langueur et d'abattement, que nous commençâmes à désespérer sérieusement de notre guérison.

Le 2 de juillet, je perdis un vieux et fidèle domestique, qui mourut de faim. Le 4, nous eûmes connaissance de la pointe de Java; nous prîmes en même temps deux grands poissons qui nous procurèrent un repas bien essentiel à notre conservation. Le 9, à minuit, nous mouillâmes vis-à-vis de Poulo-Pinang, sur la côte occidentale de Sumatra; mais au point du jour, quand nous voulûmes lever notre ancre pour nous approcher de la côte, nous étions si exténués, que toutes nos forces réunies ne purent effectuer cette opération.

Nous fîmes alors signal de détresse. Un champan, monté par deux Malais, vint à nous. Comme j'étais le seul homme à bord qui eût encore assez de force pour me remuer, j'allai à terre avec eux; mais je me trouvai si faible en débarquant, que je tombai par terre, et l'on fut obligé de me porter à une maison voisine. On envoya aussitôt à ma chaloupe tous les rafraîchissemens que l'on put se procurer; et nous nous remîmes avec tant de promptitude, qu'en deux jours nous fûmes en état de continuer le voyage. Nous levâmes l'ancre le 12 de juillet, et, le 19, nous arrivâmes à Bencoulen.

J'y rencontrai un ancien ami, le capitaine Chauvet, commandant la *Persévérance*. Je me fais un plaisir et un devoir de reconnaître tout ce que je dois à sa bonté et à son humanité. Le souvenir m'en sera éternellement cher. Le lendemain de mon arrivée, j'allai voir M. Pan, résident anglais, qui me combla d'attentions.

Je partis, le 17 d'août, sur la *Persévérance*, et j'arrivai, le 27, à Pinang, où je fus agréablement surpris de rencontrer Robson, mon premier maître, qui avait débarqué à Ceram, avec les Lascars. Ils avaient heureusement atteint Amboine, où M. Cranstoun, le gouverneur hollandais, les avait accueillis avec une humanité et une bienveillance qui font le plus grand honneur à son caractère : il fournit à tous leurs besoins; il fit manger Robson à sa table, lui donna à son départ d'Amboine de l'argent pour lui et pour ses gens, et refusa d'en recevoir aucune espèce de quittance ou de reconnaissance. Enfin, il remit à Robson des lettres de recommandation très-chaudes pour le gouverneur général de Batavia. On ne peut trop faire connaître cette conduite d'un gouverneur envers des étrangers avec qui son pays est en guerre. Robson s'embarqua à Amboine, sur la *Pallas*, frégate hollandaise, qui allait à Batavia; elle fut prise dans cette traversée par deux vaisseaux anglais, et amenée à l'île du prince de Galles.

De Pinang, j'allai au Bengale sur le *Varuna*, capitaine Denison, et j'arrivai heureusement à Calcutta au commencement de mai 1807.

NAUFRAGE

DE LA CORVETTE *LE NAUTILE*, SUR UN ROCHER DE L'ARCHIPEL, LE 5 JANVIER 1807.

Une mésintelligence, qui survint entre la Grande-Bretagne et la Porte-Ottomane, donna lieu à l'envoi d'une escadre anglaise à Constantinople, afin de faire accepter, par force, au grand seigneur des propositions raisonnables. On ne réussit pas dans ce projet, et l'expédition se termina d'une manière qui ne rehaussa pas, aux yeux des Turcs, la renommée des forces britanniques.

Sir Thomas Louis, commandant de l'escadre envoyée aux Dardanelles, ayant chargé le capitaine Palmer de dépêches de la plus haute importance pour l'Angleterre, ce dernier partit avec sa corvette, *le Nautile*, le 3 janvier 1807, à la pointe du jour. Un vent frais du nord-est fit bientôt débouquer ce bâtiment de l'Hellespont, où il passa devant ces châteaux des Dardanelles qui incommodèrent si grièvement les vaisseaux anglais. En doublant Tenedos, il vit deux vaisseaux de ligne à l'extrémité septentrionale de cette île. Ils arborèrent pavillon turc, et *le Nautile* hissa pavillon anglais. Dans le courant de la journée, il eut connaissance de plusieurs autres îles de l'Archipel. Le soir, il s'approcha de Négrepont : sa navigation devint alors plus difficile, à cause du nombre d'îlots qui est plus considérable et du peu de largeur du passage, entre l'extrémité méridionale de Négrepont et Andro.

Le vent continuait à souffler bon frais; la nuit approchait, et tout annonça qu'elle serait obscure et orageuse. Le pilote, qui était un Grec, demanda à mettre en travers; cette manœuvre fut exécutée. Le lendemain, on fit route, et on se dirigea sur Falconera, que l'on vit le soir, ainsi qu'Anti-Milo. Le temps, qui était couvert et embrumé, empêcha de voir Milo, éloignée de quinze à seize milles de la dernière île.

Le pilote, ayant déclaré qu'il n'était jamais

allé plus loin, et qu'il ne connaissait pas du tout les parages au-delà du point où l'on était, remit la conduite de la corvette au capitaine Palmer. Celui-ci recommanda de naviguer avec la plus grande attention : il avait reconnu distinctement Falconera ; il désirait s'acquitter de sa mission avec toute la célérité possible. Cependant, par précaution, il mit en travers pendant la nuit ; il espérait sortir entièrement de l'Archipel le lendemain, dans la matinée. Il pointa sur la carte la route que le bâtiment devait suivre, et la communiqua à George Smith, son contre-maître, de l'habileté duquel il avait la plus haute opinion ; il dit ensuite qu'on lui préparât son lit, car il ne s'était pas déshabillé depuis trois jours, et avait à peine joui d'un instant de sommeil depuis son départ des Dardanelles.

La nuit fut très-obscure ; des éclairs extrêmement brillans sillonnaient l'horizon. Cette particularité contribua à inspirer plus de confiance au capitaine, leur clarté aidant par intervalles à voir à une assez grande distance. Il pensa que, dans le cas où le bâtiment approcherait de terre, on découvrirait le danger assez à temps pour l'éviter.

Le vent augmentait toujours, et quoique la corvette ne portât que très-peu de voiles, elle faisait cependant neuf milles à l'heure, aidée par une grosse mer qui la poussait par derrière. Ces lames, l'obscurité de l'atmosphère et la vivacité des éclairs, donnaient à la nuit un caractère singulièrement imposant et redoutable. A deux heures et demie après minuit, on découvrit une terre haute; ceux qui la virent supposèrent que c'était Cerigotto : on pensa en conséquence que l'on était hors de tout danger, puisque tous les écueils étaient passés. On changea donc la route de manière à doubler l'île ; à quatre heures et demie on relevait le quart, tout à coup le matelot qui était de vigie s'écria : « Brisans à l'avant ; » et aussitôt le bâtiment toucha avec un fracas épouvantable ; la violence du choc jeta plusieurs matelots hors de leurs lits, et dès qu'ils se trouvèrent sur le pont, ils furent obligés de se cramponner aux manœuvres. Ce ne fut plus qu'alarme et confusion : l'équipage se hâta de grimper sur le pont ; mais il en eut à peine le temps, car les échelles cassèrent, et plusieurs matelots tombèrent dans l'eau qui entrait de toutes parts dans la corvette. Le capitaine qui, à ce qu'il paraît, ne s'était pas couché, accourut sur le pont au moment où *le Nautile* toucha. Après avoir examiné l'état de ce bâtiment, il chercha, ainsi que M. Nesbit, son second, à calmer les craintes de son monde; puis il entra dans sa cabane et brûla ses papiers, ainsi que ses signaux particuliers. Cependant chaque vague soulevait la corvette et la laissait retomber sur les rochers avec une force inconcevable. Bientôt l'équipage fut obligé de se réfugier sur les haubans; il y resta une heure exposé aux coups de mer qui venaient les frapper sans discontinuer. Ces malheureux faisaient retentir l'air des exclamations les plus lamentables; leurs parens, leurs enfans, leurs amis, leur infortune actuelle en étaient l'objet. Le temps était si noir et si embrumé, que l'on n'avait pu apercevoir les rochers qu'à une très-petite distance, et deux minutes après le navire avait touché.

Les éclairs avaient entièrement cessé; la profonde obscurité ne permettait pas de distinguer l'extrémité de la corvette : l'unique espoir était que le mât venant à tomber, on pourrait s'en aider pour atteindre un petit rocher peu éloigné. En effet, une demi-heure avant le jour, le mât tomba du côté de ce rocher, et l'on s'en servit pour y arriver.

Il est aisé de concevoir la confusion et le tumulte qui régnèrent en cette circonstance ; plusieurs hommes se noyèrent ; l'un d'eux eut un bras cassé, d'autres furent horriblement meurtris. Le capitaine Palmer refusa de quitter son poste, tant qu'il resta quelqu'un à bord. Ce retard manqua de lui devenir funeste, et il eût infailliblement péri, si quelques matelots n'eussent pas affronté la furie des vagues pour aller à son secours : les canots furent brisés. On essaya de haler le grand canot sur le rocher ; mais ce fut en vain.

La carcasse de la corvette préserva pendant long-temps ces malheureux d'être atteints par les coups de mer : elle finit par céder à leur violence ; alors la position de ces hommes devint plus critique à chaque instant, et ils reconnurent qu'il fallait abandonner leur refuge pour gagner un autre rocher un peu plus grand. Le premier lieutenant y était heureusement arrivé en profitant de l'intervalle d'une lame à une autre ; on résolut de suivre son exemple. On allait exécuter ce projet, quand on aperçut une immense quantité de pièces de bois éparses, qui furent poussées dans le petit détroit que l'on avait à traverser; mais la nécessité fit rejeter tout délai. Plusieurs hommes furent grièvement blessés par ces pièces de bois, et en général on souffrit plus dans ce second trajet que dans le premier, quand on avait quitté le vaisseau pour gagner le rocher. Ce fut surtout alors que chacun sentit vivement la perte de ses souliers, car les rochers aigus déchirèrent les pieds de ces infortunés d'une manière affreuse, et quelques-uns eurent même les jambes tout en sang.

Le jour qui commençait à paraître, fit connaître aux naufragés l'horreur de leur position : la mer était couverte des débris de leur pauvre corvette ; ils aperçurent plusieurs de leurs camarades appuyés sur des pièces de bois et ballotés par la mer. Les morts et les mourans étaient confondus ensemble; il n'était pas possible aux hommes pleins de vie de porter du secours à ceux à qui ils pouvaient encore être utiles. Deux heures avaient suffi pour que le navire fût entièrement brisé, et son équipage réduit à un état désespéré. L'égarement et l'effroi qui se peignaient dans les regards de tous ces hommes, annonçaient les sentimens qui les agitaient ; quand ensuite ils réfléchissaient à leur position, ils voyaient clairement qu'ils n'avaient d'autre parti à prendre que de se résigner à la volonté du Ciel.

Ils reconnurent qu'ils étaient jetés sur un banc de corail à fleur d'eau, long de onze à douze cents pieds, large de six cents. Ils se trouvaient au moins à douze milles de distance des îles les plus prochaines, qui étaient celles de Cerigotto et de Pera, et à trente milles de l'extrémité septentrionale de Candie. Le bruit se répandit qu'un petit canot monté de plusieurs hommes s'était sauvé ; quoique cela fût vrai, l'incertitude qui régnait sur leur sort, porta ceux qui étaient sur le rocher à attendre leur délivrance de quelque bâtiment qui viendrait à passer, et qui apercevrait le signal de détresse qu'ils avaient placé au bout d'une longue perche : les îles voisines étaient à une trop grande distance pour qu'ils pussent espérer d'en être vus.

Le temps avait été très-froid ; ils avaient eu de la glace sur le pont, le jour qui avait précédé le naufrage. Un matelot avait sauvé dans sa poche une pierre à fusil et un couteau ; on retira de la poudre mouillée d'un petit baril jeté sur le rivage, et l'on alluma du feu pour résister à l'inclémence de l'air. On fit ensuite une espèce de tente avec des morceaux de vieille toile à voile, des bordages, et tout ce que l'on put retirer des débris du bâtiment; par ce moyen, les Anglais purent faire sécher le peu de vêtemens qu'ils avaient emportés : mais quelle nuit triste et longue ils passèrent! Ils tirèrent quelques consolations de l'idée que leur feu serait aperçu dans l'obscurité, et pris pour un signal de détresse : cette espérance ne fut pas tout-à-fait trompée.

Au moment où le sloop toucha, il y avait un petit canot suspendu au-dessus du gaillard d'arrière; un officier, le contre-maître George Smith et neuf hommes s'y placèrent, le mirent à l'eau et eurent le bonheur de se sauver. Après avoir ramé pendant trois à quatre lieues en surmontant les efforts d'une mer extrêmement houleuse, et la furie du vent, ils arrivèrent à la petite île de Pera. Elle n'avait guère qu'un mille de circonférence, et ne contenait qu'un petit nombre de moutons et de chèvres qui appartenaient aux habitans de Cerigotto; ceux-ci y viennent dans les mois d'été enlever les agneaux et les cabris. Les Anglais ne trouvèrent qu'un reste d'eau de pluie dans le creux d'un rocher ; cela fut à peine suffisant pour étancher leur soif, quoiqu'ils en usassent avec une grande modération. Ayant aperçu pendant la nuit le feu dont nous venons de parler, ils commencèrent à conjecturer que quelques-uns de leurs compagnons avaient réussi à se sauver ; jusqu'alors ils les avaient regardés comme voués à une mort inévitable. Le contre-maître, frappé de cette idée, proposa à ses camarades d'aller au secours des autres ; malgré les objections que l'on fit à sa proposition, il y persista, et persuada à quatre hommes de l'accompagner.

Le mardi, c'était le second jour depuis le naufrage, vers neuf heures du matin, les hommes placés sur le rocher aperçurent le canot. Tous poussèrent un cri de joie. En revanche il est impossible de décrire la surprise du contre-maître et de ses matelots, en voyant un si grand nombre de leurs compagnons encore en vie. Le ressac était si violent qu'il fit courir des dangers au canot, et plusieurs hommes eurent l'imprudence d'essayer d'y entrer.

Le contre-maître tâcha de persuader au capitaine Palmer de venir avec lui ; mais celui-ci refusa constamment, en disant : « Smith, « sauve tes malheureux camarades, ne t'in- « quiète pas de moi. » Après avoir un peu réfléchi, il engagea Smith à prendre le pilote grec dans son canot, et à se dépêcher à gagner Cerigotto, où ce dernier disait que demeuraient plusieurs familles de pêcheurs, qui sans doute les aideraient dans leur détresse.

Mais il semblait que le Ciel eût ordonné la destruction de ce malheureux équipage, car à peine le canot s'était-il éloigné, que le vent augmenta ; des nuages sombres enveloppèrent l'horizon. Tous les hommes qui étaient sur le rocher, craignirent qu'il ne s'élevât une tempête affreuse. Elle se déchaîna deux heures après avec une fureur prodigieuse. La mer monta si fort qu'elle éteignit le feu ; elle couvrit presque tout le rocher, contraignit les pauvres naufragés à se réfugier sur la partie la plus élevée, la seule où ils pussent trouver un refuge. Nuit horrible, les quatre-vingt-dix hommes placés sur le rocher n'eurent d'autre moyen pour se préserver d'être enlevés par les vagues qui sans cesse brisaient sur leurs têtes, que de se tenir tous avec beaucoup de difficulté à un petit cordage attaché au sommet du roc.

Les fatigues qu'ils avaient essuyées auparavant, jointes à celles qu'ils endurèrent alors, furent trop grandes pour plusieurs d'entre eux. Quelques-uns tombèrent dans le délire. Leurs forces étaient épuisées ; ils se trouvaient hors d'état de résister plus long-temps. Leurs peines étaient encore aggravées par la crainte que le vent, en tournant encore plus au nord, ne fît monter la mer jusqu'au point où ils se trouvaient, et qu'alors une seule vague ne les effaçât du nombre des vivans.

Ce qu'ils avaient déjà souffert suffisait pour mettre un terme à l'existence. Plusieurs avaient éprouvé des accidens fâcheux. Un entr'autres avait, en traversant le détroit, dans un moment peu favorable, été lancé contre les rochers, dont les pointes l'avaient tellement déchiré, qu'il offrait à ses compagnons l'objet le plus hideux. Il languit toute la nuit, et expira le lendemain matin. Ceux qui lui survécurent étaient bien peu en état de supporter les terribles effets de la famine. Leurs forces étaient affaiblies, leurs corps exposés à toutes les injures du temps; l'espérance les abandonnait. Le sort du canot ne leur causait point des alarmes moins vives. La tempête était survenue avant qu'il eût pu gagner l'île vers laquelle il se dirigeait: c'était de son salut que le leur dépendait. Mais la scène que le jour leur présentait était encore plus déplorable. Ils aperçurent autour d'eux les cadavres de leurs compagnons, et les corps de ceux qui luttaient encore contre la mort. Eux-mêmes étaient réduits à un tel état d'affaiblissement, que le charpentier mourut de la rigueur du froid.

Ces infortunés étaient encore destinés à être déçus dans leurs espérances qui paraissaient le mieux fondées, et à éprouver un trait d'inhumanité si odieux, qu'il couvre d'un opprobre éternel ceux qui l'ont pu mériter. Peu de temps après que le jour eût paru, ils découvrirent un navire marchant vent arrière à pleines voiles, et se dirigeant vers leur rocher. Ils firent tous les signaux que leur état de détresse leur permit d'exécuter. Ce ne fut pas en vain; car le navire arrêta sa course, et mit son canot à la mer. L'on peut aisément concevoir la joie que cette manœuvre occasiona aux naufragés. Ils s'attendaient à une délivrance immédiate. Ils s'empressèrent même de préparer un radeau pour les porter au-delà des brisans, bien persuadés que le canot était pourvu de tout ce qui pouvait subvenir à leurs besoins. Ce canot s'approcha en effet jusqu'à la portée du pistolet : il était rempli d'hommes vêtus à l'Européenne, qui, pendant quelques instans, regardèrent les Anglais. Tout à coup celui qui gouvernait leur fit un signal avec son chapeau, et retourna à son navire. Quelle peine cuisante les naufragés ressentirent de cette action barbare! Elle fut encore augmentée quand ils virent ce bâtiment occupé pendant toute la journée à recueillir les débris de leur corvette.

Ce cruel contre-temps leur fit avec raison prononcer anathême contre la barbarie du misérable étranger. Leurs pensées furent, le reste du jour, tournées vers le retour de leur canot : ne le voyant pas venir, ils se confirmèrent dans l'idée qu'il était perdu. Le désespoir s'empara de leur âme. L'affreuse perspective d'une mort certaine était tout ce qui s'offrait à eux. Leur soif devint insupportable. Quelques-uns, dans leur détresse, eurent recours à l'eau de mer; leur funeste sort dut servir d'avis à leurs camarades : en quelques heures ils tombèrent dans le délire, et moururent. Les naufragés espéraient que la nuit suivante serait un peu moins affreuse, parce que le vent s'était beaucoup calmé. Pour se garantir du froid, ils se pressèrent les uns contre les autres, et se couvrirent des lambeaux de vêtemens qui leur restaient; mais les cris de leurs compagnons, qui avaient bu de l'eau salée, étaient horribles. Tout ce qu'ils firent pour les apaiser fut inutile; et ils ne purent jouir d'un instant de sommeil.

Au milieu de cet état de souffrance et d'anxiété, ils entendirent soudain la voix de l'équipage de leur canot. Pour toute réponse, ils lui demandèrent de l'eau; on ne put leur en donner. L'on n'avait pu en mettre que dans des vaisseaux de terre qu'il était impossible de transporter au travers des brisans. Le contremaître leur annonça qu'un bateau pêcheur viendrait les prendre dans la matinée; ils furent obligés de se contenter de cette assurance. C'était une consolation pour eux de savoir que leur canot n'avait point péri, et que l'on s'était occupé de les secourir.

Ils attendirent le jour avec une impatience

inquiète. Pour la première fois, depuis qu'ils étaient sur le rocher, le soleil vint les éclairer. Cependant ils ne voyaient arriver ni le bâtiment pêcheur, ni leur canot; leurs angoisses s'accrurent. L'idée de la famine, suivie d'une mort inévitable, les accablait. Que faire pour conserver leur existence? La misère et la faim qu'ils enduraient étaient extrêmes. Ils ne songeaient qu'avec répugnance aux moyens employés par d'autres navigateurs pour prolonger leurs jours dans des circonstances semblables; et cependant il n'y avait pas d'alternative: la nécessité les contraignit d'y avoir recours. Ils prièrent le Ciel de leur pardonner l'acte dont leur affreuse position les forçait de se rendre coupables, et choisirent, pour apaiser leur faim dévorante, le corps d'un jeune homme mort la nuit précédente.

Cet expédient les soulagea-t-il? c'est ce qu'on peut regarder comme incertain, car dans la soirée, la mort fit de grands ravages parmi ces infortunés. Le capitaine et le lieutenant, officiers d'un vrai mérite, succombèrent. Le silence morne de ceux qui survivaient annonçait les sentimens qui les agitaient. Le capitaine, jeune homme de vingt-six ans, uniquement occupé de consoler ses compagnons d'infortune, supportait avec une patience et une résignation exemplaires ses maux personnels; aucun murmure n'échappait de ses lèvres.

Durant la nuit qui suivit, plusieurs des naufragés parlèrent de la possibilité de construire un radeau, et de gagner Cerigotto à l'aide du vent qui était favorable. Leur avis fut adopté, car dans tous les cas, il semblait préférable d'essayer cette tentative, plutôt que de rester sur les rochers pour y mourir de faim et de soif. Ils se préparèrent donc, aussitôt que le jour parut, à mettre ce projet à exécution: ils attachèrent ensemble plusieurs gros morceaux de bois, et conçurent les plus vives espérances du succès. Le radeau fut enfin mis à la mer; mais ce moment attendu avec impatience ne fit qu'aggraver le sort funeste de ces infortunés; car quelques minutes suffirent pour détruire un ouvrage qui avait occupé pendant plusieurs heures les plus vigoureux de la troupe. Quelques-uns, saisis d'un désespoir nouveau à ce contre-temps inattendu, se précipitèrent sur de petites pièces de bois faiblement attachées ensemble, et qui leur offraient à peine assez d'espace pour s'y placer. Ils dirent adieu à leurs camarades, et essayèrent d'affronter ainsi les dangers de la mer; mais des courans inconnus les emportèrent rapidement, et les firent disparaître pour toujours.

Dans la soirée, ceux qui restaient encore furent agréablement surpris par le retour de leur canot. Le contre-maître leur dit qu'il avait éprouvé de grandes difficultés à engager les pêcheurs grecs de Cérigotto à s'embarquer dans leurs bateaux, tant le mauvais temps leur inspirait de craintes. Ils n'avaient pas voulu non plus leur permettre d'emmener sans eux ces bateaux. Il exprima ces regrets de ce que ses camarades avaient souffert, et son chagrin de ne pas pouvoir encore les secourir; mais il les engagea par l'espérance que si le vent continuait à être beau, les bateaux pourraient arriver le lendemain. Pendant que le contre-maître parlait, une douzaine de ses camarades réfugiés sur le rocher eurent l'imprudence de se jeter à la mer pour gagner le canot: deux y entrèrent, un se noya, les autres eurent le bonheur de regagner leur ancien poste. Le sort de ceux qui avaient réussi à s'embarquer fut envié par ceux qui n'avaient pas bougé du rocher ; ceux-ci blâmèrent fortement l'indiscrétion des autres, qui, s'ils eussent atteint le canot, l'eussent indubitablement fait couler à fond, et eussent par là causé la perte inévitable de tous.

Leur faiblesse augmenta vers la fin du jour ; ils sentaient leur fin s'approcher, leurs sens étaient troublés, toutes leurs forces épuisées. Ils avaient les yeux tournés vers le soleil couchant, bien convaincus qu'ils ne le verraient plus se relever. Cependant quelques-uns vivaient encore le lendemain matin, mais ils croyaient que ce jour serait le dernier de leur existence. Lorsqu'ils virent approcher les bateaux qu'on leur avait annoncés, la joie la plus extravagante succéda au plus morne désespoir. On se hâta de débarquer de l'eau, ils en burent avidement, et leurs corps languissans éprouvèrent un soulagement instantané.

On fit aussitôt les préparatifs nécessaires pour enlever le reste des malheureux naufragés d'un lieu qui avait été si funeste à tant de leurs compagnons. Sur cent vingt-deux hommes qui étaient à bord du *Nautile* quand il périt, il en était mort cinquante-huit. Ceux qui survivaient s'embarquèrent dans quatre bateaux pêcheurs, et arrivèrent le même soir à Cerigotto. Leur premier soin fut d'envoyer chercher l'aide du maître qui s'était sauvé à Pera, et y avait été laissé avec quelques hommes quand le canot quitta cet îlot. Ils avaient épuisé toute l'eau fraîche qui s'y trouvait. Ils mangeaient les moutons et les chèvres qu'ils prenaient au milieu des rochers, et buvaient tout leur sang. Ils racontèrent qu'ils avaient éprouvé les plus vives inquiétudes sur le sort des hommes qui s'étaient mis dans le canot en les quittant.

Les Grecs exercèrent envers les Anglais l'hospitalité la plus touchante ; mais ils ne purent aider efficacement à panser les plaies des blessés. Comme l'état de quelques-uns de ces derniers exigeait les soins des gens de l'art, ils avaient le plus grand désir d'arriver à Cerigo.

Cerigotto, où les Anglais abordèrent, est une île dépendante de Cérigo; elle a quinze milles de long et cinq de large. Le sol en est aride, stérile, et peu cultivé. Une douzaine de familles de pêcheurs grecs y vivaient, ainsi que l'avait dit le pilote, dans une extrême pauvreté. Leurs maisons ou plutôt leurs huttes, qui ne consistent qu'en une ou deux chambres à ras de terre, sont en général construites contre le flanc d'un rocher; les murs sont en argile, mêlée de paille. Le toit est supporté par un tronc d'arbre placé dans le centre du bâtiment. Ils se nourrissent d'un pain grossier fait avec de la farine de froment, de pois brouillis, et de chair de chevreau. C'était tout ce qu'ils avaient à offrir aux étrangers. Mais ils préparaient une eau-de-vie de grain que son goût agréable et sa force faisaient rechercher par les matelots anglais.

Cerigo était à environ vingt-cinq milles de distance : il se passa néanmoins près de onze jours avant que les Anglais pussent quitter Cerigotto, parce qu'il leur fut extrêmement difficile de persuader aux Grecs de s'aventurer en mer, dans leurs frêles barques, par un temps orageux. Enfin, le vent se calma, le temps devint beau; les Anglais dirent un adieu affectueux aux familles de leurs libérateurs, qui versèrent des larmes de regret en les voyant partir. Ils arrivèrent en huit heures à Cerigo, où ils furent reçus à bras ouverts ; le signor Manuel Caluci, vice-consul anglais, alla au devant d'eux, les fit loger chez lui, les aida de son crédit et de sa bourse, enfin leur rendit tous les services imaginables. Le gouverneur, le commandant, l'évêque et les principaux habitans de l'île témoignèrent aux Anglais la même bienveillance, eurent pour eux les mêmes soins, et tâchèrent de leur rendre le temps agréable, de sorte que les naufragés ne pensèrent pas, sans beaucoup de regrets, au moment de quitter l'île.

Ils étaient depuis trois semaines à Cerigo, lorsqu'ils apprirent qu'un vaisseau de ligne russe était mouillé vis-à-vis la côte de Morée, à peu près à douze milles de distance; ils écrivirent au capitaine, lui racontèrent leur malheur, et lui demandèrent passage. Le maître d'équipage du *Nautile*, décidé à ne pas laisser échapper l'occasion, prit un canot pour arriver au vaisseau russe, mais une bourrasque violente le jeta sur des rochers; son canot s'y brisa, et il fut sur le point de périr. Il finit néanmoins par atteindre le vaisseau, et après quelques difficultés, obtint d'être transporté à Corfou avec ses camarades. Le capitaine, pour les obliger en tout, vint à Cerigo; les Anglais s'embarquèrent le 5 février sur son vaisseau, mais le vent contraire les empêcha de partir avant le 15. Ils touchèrent d'abord à Zante, y restèrent quatre jours, et arrivèrent à Corfou le 2 de mars, près de deux mois après leur catastrophe.

NAUFRAGE

DU BRIG AMÉRICAIN, *LE COMMERCE*, SUR LA CÔTE DU SAHARA, EN 1815.

JE partis de la Nouvelle-Orléans, le 24 juin 1815, avec une cargaison de farine et de tabac, destinée pour Gibraltar, où j'arrivai le 9 août. Mon équipage était de dix hommes. Williams, second capitaine; Savage, lieutenant; Porter, Robbins, Burns, Clark, Barret, Hogan, matelots; Horace Savage, mousse; et Richard, cuisinier (nègre). Ayant débarqué des marchandises, et pris à bord du vin, de l'eau-de-vie, et des piastres, je fis voile le 23 août pour les îles du Cap-Verd, afin d'y compléter mon chargement en sel. J'embarquai aussi, comme passager, un vieillard espagnol, qui retournait à la Nouvelle-Orléans.

Après que nous eûmes doublé le Cap Spartel, le temps devint très-brumeux; ainsi nous ne vîmes pas la côte d'Afrique, et nous ne pûmes compter sur aucune de nos observations. J'avais le dessein de reconnaître les Canaries et de passer entre Palma et Ténérife: le vent était très-favorable. Le 26 à midi, nous découvrîmes, en prenant hauteur, que nous étions par 27° 30' de latitude nord. La force des courans nous avait donc porté bien au delà de notre route estimée, et nous avions dépassés les Canaries sans en apercevoir aucune. J'en conclus que nous devions avoir traversé le passage que je voulais prendre, puisque le vent n'avait pas cessé d'être bon. Le 28, à peine eûmes-nous fait notre observation, que le temps devint aussi chargé qu'auparavant, et l'obscurité sembla, en quelque sorte, augmenter encore. Le soir après avoir bien repassé mes calculs, et en avoir fait faire autant à mes deux officiers, je reconnus que tous étaient exacts. Alors je fis changer de route et porter au S. O., sur celle des îles du Cap-Verd, le plus à l'est. A l'approche de la nuit, le temps était si obscur que l'on pouvait à peine apercevoir l'extrémité du beaupré. Je fis mettre en travers; on sonda, sans trouver fond, avec une ligne de cent brasses ; on continua la route. Inquiet, néanmoins, je donnai ordre de gouverner au nord-ouest, et de tout préparer pour tel événement qui pourrait survenir. Il était dix heures du soir, nous n'appréhendions aucun danger, on allait changer de bordée ; nous filions neuf à dix nœuds avec une bonne brise et la mer très-forte. Dans cet instant, un mugissement de vagues frappa mes oreilles, on hissa les vergues, tout le monde monta sur le pont. Pensant que c'était l'approche d'un grain, j'ordonnai de carguer les voiles quand je vis des brisans terribles sous le vent à nous ; on se disposait à parer les ancres pour éviter le danger de ce côté, puisque l'on n'apercevait rien à l'avant : le navire, emporté par les courans et la lame, toucha avec tant de violence, que tous ceux qui se trouvaient sur le pont furent renversés. Tout ce que nous pûmes faire fut inutile, le bâtiment fut jeté sur les rochers ; il fallut renoncer à l'espoir de le sauver. Je dois rendre justice à mon équipage, chacun obéit avec ardeur, et en silence, aux ordres que je donnai de sauver des provisions de tout genre. On mit le canot à la mer, je pris avec moi Porter, et nous descendîmes tous deux à l'abri de la carcasse du bâtiment qui était échoué à cinq cents pieds de la côte. Nous poussâmes au large ; mais à peine eûmes-nous dépassé l'avant du navire, qu'une lame remplit le canot. Après avoir été long-temps ballotés par les vagues, nous fûmes jetés sur la plage avec notre embarcation. Nous la vidâmes aussitôt, et, prenant une corde que j'y avais attachée, je l'amarrai à des morceaux de bois qui provenaient de nos débris, et que j'enfonçai dans le sable. Avec cette corde on amena une haussière du bord à terre, et l'on voulut, par ce moyen, faire aborder la chaloupe remplie de provisions, mais elle fut défoncée par la violence de la lame ; deux hommes qui la montaient furent portés à terre par une vague épouvantable ; on sauva quelques provisions ; ensuite j'eus le bonheur de voir arriver heureusement les hommes qui restaient à bord ; ils se glissèrent le long de la haussière qu'ils empoignaient fortement, j'allais au-devant d'eux, ayant de l'eau jusqu'au cou, et, malgré des difficultés inouïes, je réussis à les réunir tous.

Nous déposâmes nos provisions et l'eau sous une espèce de tente que nous avions construite avec nos avirons et deux petites voiles. Nous espérions n'être aperçus par aucun habitant de ce rivage inhospitalier, et avoir le loisir de réparer nos embarcations, puis de mettre en mer dès que le temps deviendrait plus calme. Nous pensions qu'il nous serait possible d'apercevoir un navire qui nous sauverait la vie, ou de gagner un établissement européen.

Tandis que nos vêtemens séchaient, je vis un homme s'approcher de nos débris. Je m'avançai vers lui en faisant toutes les démonstrations de paix et d'amitié que je pus imaginer : il me fit signe de rester où j'étais, et se mit à piller nos effets. Il n'était pas armé ; j'allai vers lui jusqu'à la distance de dix pas.

Il faisait peur à voir ; il avait l'air très-vieux, et cependant il était hardi et vigoureux. Il fut bientôt joint par deux femmes d'un aspect un peu moins horrible, une fille de dix-huit à vingt ans, d'une figure passable, et six enfans de six à seize ans ; ceux-ci étaient absolument nus. Ces gens avaient un gros marteau, une hache et de longs couteaux qui pendaient à leurs côtés dans des gaines. Ils forcèrent et vidèrent nos coffres et nos malles, et portèrent leur butin sur leur dos jusqu'au haut des dunes. Ils fendirent nos matelas pour en prendre l'enveloppe, et s'amusèrent beaucoup à voir les plumes de mon lit enlevées par le vent. Ils enveloppèrent un instant leurs têtes de voiles de dentelles, et leurs jambes de mouchoirs de soie, puis les ôtèrent et les placèrent avec le reste de leur pillage.

Quoique nous n'eussions aucune espèce d'armes, nous étions néanmoins assez forts pour chasser ces sauvages avec des barres d'aspect; mais je réfléchis qu'il ne nous restait aucun moyen d'échapper ni par terre ni par mer; que sans doute ils en appelleraient d'autres à leur secours, et que nous serions infailliblement tous mis à mort. Je me résignai à laisser les barbares prendre tout ce qu'ils voulurent, à l'exception de nos vivres que je résolus de défendre jusqu'à la dernière extrémité.

Dans l'après-midi, le vent se calma un peu. Porter alla jusqu'au bâtiment, et en rapporta des clous et un épissoir. On travailla ensuite jusqu'à la nuit à réparer le canot ; pendant ce temps des sentinelles armées de barres d'aspect se promenaient autour de la tente. Les Arabes volèrent cependant une des voiles qui la couvrait : ils essayèrent aussi d'emporter l'autre ; je m'y opposai. Alors ils nous menacèrent de leurs haches, et s'en allèrent. Un enfant nous avait procuré du feu ; nous nous en servîmes pour faire cuire nos alimens ; nous mîmes deux hommes de garde pour tenir le feu allumé et donner l'alarme ; puis nous nous étendîmes sur le sable pour dormir. On conçoit aisément que de bien tristes réflexions m'empêchèrent de fermer l'œil.

Dès le point du jour, le vieil Arabe descendit sur le rivage, accompagné de ses deux femmes et de deux jeunes gens ; armé d'une lance, il la brandissait de la main droite en l'élevant au-dessus de sa tête, comme pour nous la lancer : il nous commanda de nous en aller vers notre bâtiment, et nous montra une troupe de chameaux qui venaient du côté de l'est. Ses femmes couraient en poussant des hurlemens horribles, et jetant du sable en l'air, comme pour faire signe aux conducteurs de chameaux d'approcher. Je m'élançai au bord de la mer, et je me saisis d'une petite espare pour parer les coups de la lance. Le vieux sauvage marcha comme un furieux vers la tente, fit prendre la fuite à nos gens en les piquant légèrement, et leur indiquant du doigt les chameaux : c'était tout ce qu'il voulait, car il ne se souciait pas d'appeler du secours, de crainte d'être obligé de partager le butin.

Réunis auprès du canot, nous le traînâmes à la mer, le long de la haussière; mais tout le monde s'y jetant à la fois, la première vague l'emplit et le défonça : nous voulûmes nous enfuir; le vieil Arabe et sa troupe nous en empêchèrent. Nous nous saisîmes alors de la chaloupe, nous la mîmes à la mer, chacun de nous s'y embarqua l'un après l'autre, et nous parvînmes sans accident le long de notre navire, qui préservait assez notre embarcation contre les vagues; néanmoins elle était à moitié remplie d'eau quand nous arrivâmes.

Tout le monde monta à bord; je restai avec un autre homme dans la chaloupe, occupé à la vider. Dès que nous fûmes éloignés de terre, le vieillard et sa famille, qui s'était augmentée de deux jeunes gens armés de cimeterres, coururent à notre tente. On chargea les chameaux de nos provisions et de la voile, puis on les envoya dans l'intérieur des terres avec les enfans qui les conduisaient. Le vieillard descendit ensuite sur la plage, et avec sa hache enfonça nos barriques d'eau et de vin, et en vida le contenu sur le sable. Aidé de sa famille, il rassembla ensuite les caisses, les malles, les instrumens nautiques, les livres, les cartes en un tas, et y mit le feu. Voyant nos provisions et notre eau perdues, il ne nous restait plus d'autre alternative que d'essayer de mettre en mer notre chaloupe qui faisait eau de toute part, ou de rester à bord du bâtiment, dont les vagues nous enleveraient la nuit suivante, ou enfin de périr de la main des barbares Africains que nous nous attendions à voir paraître en grand nombre, avec des armes à feu ; d'ailleurs ils devaient avant peu avoir la facilité de venir jusqu'à notre navire, car un banc de sable s'était formé depuis le lieu où il avait échoué jusqu'à terre, et asséchait de mer basse. Nos préparatifs pour le départ étaient terminés. Nos provisions se composaient de quelques bouteilles de vin et de morceaux de petit salé : il ne nous restait que deux avirons ; nous en avions fait d'autres avec des planches fendues. Nous allions essayer de pousser la chaloupe au large, quand une lame vint la frapper, la remplit d'eau et la poussa le long du navire ; nous nous dépêchâmes alors de le regagner : deux hommes s'occupèrent de vider la chaloupe, deux autres de la tenir pour l'empêcher de se briser contre le bâtiment.

Notre déplorable situation sembla exciter la pitié dans le cœur des barbares qui l'avaient causée. Ils descendirent, sans armes, sur le bord de la mer, et firent tous les signes d'amitié qu'ils purent imaginer pour nous engager à venir à terre ; ils s'adressaient surtout à moi, ayant reconnu que j'étais le capitaine. Pour m'inspirer de la confiance, un d'eux alla chercher une outre : alors ils m'indiquèrent par signes qu'elle était pleine d'eau. Tous s'éloignèrent, à l'exception du vieillard qui la tenait ; il s'avança dans l'eau jusqu'aux aisselles, et me fit signe de venir boire. Tourmenté de la soif et pénétré de l'idée que nous n'avions aucun moyen de nous procurer de l'eau, j'allai à terre, je pris l'outre et je la portai à mes compagnons : après quoi le vieillard me donna à entendre qu'il désirait aller à bord, pendant que je resterais à terre jusqu'à son retour.

Il n'y avait de moyen de sauver notre vie qu'avec l'aide de ces barbares ; il fallait donc ne négliger aucune voie pour se concilier leur bienveillance. Les jeunes gens, les femmes et les enfans étaient assis au bord de la mer, sans armes; ils levaient les yeux au ciel, comme pour le prendre à témoin de leur sincérité. J'allai donc à terre; le vieillard vint au-devant de moi, me prit la main, et s'écria : *Allah, ak bar*. Je compris qu'il invoquait le nom de Dieu; je le laissai passer au navire, et je m'assis sur la plage avec les autres Arabes. Les témoignages de leur curiosité n'eurent pas de borne; ils y joignirent les signes d'amitié les moins équivoques.

Quand le vieillard fut monté à bord, je criai à mes gens de l'y garder jusqu'à ce que je fusse relâché; le bruit des vagues ne leur permit pas de m'entendre. Le vieillard examina la cale, demanda à mes gens si nous avions des taffetas, des armes à feu et de l'argent monnoyé : n'en trouvant point, il revint à terre. Lorsqu'il fut près du rivage, j'étais sur le point de me lever pour aller au-devant de lui; les deux jeunes gens les plus vigoureux, assis à mes côtés, m'empoignèrent chacun par un bras. A l'instant, les femmes et les enfans dirigèrent leurs poignards, leurs couteaux et leurs lancés contre ma poitrine et mon visage; ils grinçaient des dents : leur figure avait l'expression la plus horrible et la plus effrayante que l'on puisse voir. Le vieillard saisit un cimeterre, et me prit par les cheveux. Je me crus à ma dernière heure ; je recommandai mon âme à Dieu. Je ne sais si mon air résigné, mais qui n'annonçait aucune crainte, arrêta ces barbares. Le vieillard, après avoir passé légèrement son cimeterre le long du collet de ma chemise, qu'il coupa un peu, me lâcha la tête, en me faisant entendre par signes d'ordonner qu'on apportât incontinent à terre tout l'argent qui était à bord.

Les gens de mon équipage, qui, du bord du navire, avaient été témoins de toute cette scène, s'étaient jurés, ainsi que je l'appris depuis, de se précipiter au rivage, armés le mieux qu'ils pourraient, pour venger ma mort.

Lorsque le vieil Arabe eut lâché prise, et que je les eus hélé, ils reprirent un peu d'espoir. L'un d'eux vint le long de la haussière, me demander ce qu'ils avaient à faire : je lui dis d'apporter à terre tout l'argent qui se trouvait à bord; mais le bruit du ressac l'empêcha d'entendre ce que j'ajoutai, que l'on ne devait s'en dessaisir que lorsque je serais entièrement relâché. L'argent, qui se montait environ à mille piastres, fut mis dans un seau, que l'on fit glisser le long de la haussière : un des jeunes gens alla le recevoir. Le vieillard, assis à mon côté, tenait la pointe de son cimeterre dirigée contre ma poitrine.

On lui apporta le seau, et on le vida dans un coin de la couverture du vieillard, qui me fit lever; aidé par les jeunes gens, il me tint par les bras, et me contraignit à suivre leur troupe, qui alla aux monticules de sable, à deux cents toises du rivage. Tous, armés de sabres, de lances ou de couteaux, me serraient de près de tous les côtés; ils gravirent les dunes, et me firent asseoir à terre avec eux. Le vieillard partagea l'argent en trois tas; chacun des Arabes enveloppa sa part dans quelque morceau de nos vêtemens. Pendant cette opération, ils avaient lâché un de mes bras : résolu à tout risquer pour leur échapper, je fis un léger mouvement à ce dessein dans un moment où je crus que tous les yeux étaient détournés de dessus moi : aussitôt un des jeunes gens m'allongea un coup de son cimeterre; j'en évitai la force, en me jetant ventre à terre; cependant il perça mon gilet. Il allait recommencer; le vieillard le lui défendit.

L'argent partagé et empaqueté, ils se mirent en marche avec moi, en s'éloignant de la mer; ils me tenaient par les bras. Je me décidai alors, pour me sauver, de tenter leur avarice. Je leur fis donc entendre par signes que mon équipage avait encore de l'argent ; ils eurent l'air ravi , et rebroussèrent chemin , après avoir toutefois envoyé leur argent dans l'intérieur du pays par un des jeunes gens et un des enfans. Arrivés à cinquante toises du rivage, ils me firent asseoir à terre, en me tenant par les bras, et m'ordonnèrent de faire apporter l'argent. Je savais bien qu'il n'y en avait plus à bord ; mais je pensai que, si je réussissais à faire venir Antonio à terre, je pourrais m'échapper. Je hélai donc mes gens, en faisant signe que quelqu'un vint à terre. Ma situation était si affreuse, que personne n'osait s'aventurer : je restai ainsi plus d'une heure sans cesse menacé de la mort. Les barbares me faisaient crier de toutes mes forces : je devins si enroué, que ceux qui m'entouraient m'entendaient à peine. A la fin la compassion l'emporta sur la frayeur dans le cœur de M. Savage; il s'avança vers le rivage, en se risquant le long de la haussière : on allait le saisir, lorsque je tâchai de lui faire comprendre par signes de rester hors de la portée des Arabes. Comme il ne pouvait m'entendre, ceux-ci, qui supposaient que je lui donnais ordre d'apporter des piastres, me firent un peu approcher de lui, jusqu'à ce qu'il m'eut compris; alors il retourna au bâtiment. Je fus ramené à ma place.

Antonio, apprenant que je le demandais, descendit à terre, et vint droit à moi. Les Arabes, déçus dans leur espoir de lui voir apporter de l'argent, se mirent à le dépouiller de ses vêtemens, le frappèrent et le tourmentèrent pour le faire mourir plus lentement. Il leur demanda la vie à genoux sans les fléchir. Dans l'espoir de le sauver de la furie de ces monstres, je lui dis de leur faire comprendre par signes qu'il y avait des piastres et d'autres objets enterrés dans le sable près de l'endroit où notre tente avait été dressée. Nous y avions effectivement enfoui diverses choses et des piastres. Dès que Antonio l'eut donné à comprendre aux Arabes, quelques-uns le firent marcher à grands pas vers l'endroit désigné, et ils se mirent à fouiller.

J'étais resté assis sur la plage entre le vieillard et le plus vigoureux des deux jeunes gens. L'endroit où les autres creusaient la terre était un peu derrière nous ; ils firent du bruit : mes gardiens, qui avaient déjà lâché mes bras, tournèrent la tête de leur côté. Je m'étais attendu à ce mouvement de curiosité de leur part, et je m'étais préparé à fuir. Je m'élançai donc vers le rivage, j'y arrivai bientôt : sachant que j'étais poursuivi, et au moment d'être gagné de vitesse, je plongeai de toutes mes forces dans la mer, la tête en avant, et je restai entre deux eaux aussi long-temps que je pus retenir ma respiration : alors, m'élevant à la surface de l'eau, je tournai la tête. Le vieil Arabe était à dix pieds de moi, dans l'eau jusqu'au menton ; il allait me jeter sa lance ; une lame, passant par-dessus ma tête, me sauva la vie, et rejeta les Arabes sur le rivage. Après bien des efforts, j'arrivai près du navire, où mes gens me firent monter.

J'étais si épuisé que je ne pus pas voir ce qui se passait à terre. Mes gens me dirent que ceux qui me poursuivaient étaient restés immobiles sur le bord de la mer; que dès qu'ils m'eurent vu sain et sauf à bord du bâtiment, ils avaient couru du côté où était le pauvre Antonio, et l'avaient tué d'un coup de lance; qu'ensuite toute la troupe avait ramassé son butin et s'en était allée.

A ce récit, et voyant le corps d'Antonio étendu sans vie sur les dunes, j'éprouvai une douleur inexprimable, qui pendant quelques instans me priva de tout sentiment : une réflexion pénible m'accablait; je me disais que le meurtre de ce vieillard ne pouvait être imputé qu'à moi seul. Cependant, quand je me fus remis, je pensai qu'il n'y avait pas eu d'autre moyen de conserver ma vie, et avec l'aide de la Providence, celle des dix hommes confiés à mes soins : je conclus que je n'avais pas fait de mal, et depuis je ne me suis regardé que comme la cause innocente de la mort d'Antonio. Mes compagnons ne m'adressèrent jamais aucun reproche à ce sujet; ainsi je crois pouvoir en inférer que leurs sentimens étaient d'accord avec les miens sur ce triste événement.

D'après ce qui venait de se passer, nous devions nous attendre à voir bientôt arriver les Arabes en force pour nous égorger. Le vent soufflait avec force, la mer brisait avec furie sur notre bâtiment; nous n'avions qu'un bien faible espoir de gagner le large dans notre chaloupe qui faisait eau de toutes part; nous avions à craindre d'y périr bientôt. Cependant nous étions forcés de prendre ce parti, car les ponts et les côtés du bâtiment s'en allaient en pièces. Il fallut d'abord songer à nos provisions : je descendis dans la cale, en plongeant; je trouvai une barrique d'eau presque pleine. En la retournant, je vis que la bonde était bien saine. Je remontai aussitôt sur le pont, pour annoncer cette découverte à mes compagnons d'infortune. Il s'agissait de trouver un vaisseau facile à transporter, pour y mettre cette eau. Nous rencontrâmes un petit baril qui pouvait contenir seize bouteilles; nous le remplîmes, et nous eûmes en outre de quoi nous désaltérer. Nous chargeâmes dans la chaloupe le baril d'eau, quelques morceaux de petit salé, un cochon en vie pesant vingt livres, environ quatre livres de figues mouillées d'eau de mer; et, ce qui nous était bien moins utile, quatre cents piastres que Porter rapporta de terre, où il était allé chercher deux avirons brisés.

J'encourageai mon monde, en lui représentant que la Providence divine veillait sur nous; j'adressai au Ciel une prière fervente, et nous profitâmes d'un instant de calme pour pousser la chaloupe au large. Nous fîmes usage des avirons pendant un mille, en rendant grâce à Dieu d'avoir échappé à la fureur des lames qui auparavant se brisaient contre le navire, et qui semblaient s'être apaisées pour nous laisser passer sans danger : nous hissâmes ensuite une voile. Le vent qui souffla un peu plus de l'est, nous mit à même de doubler le cap Bojador, quoique la chaloupe n'eût ni quille ni gouvernail. Le soleil se couchait alors; le vent fraîchit à mesure que la nuit vint, et continua ainsi jusqu'au lendemain matin. Un aviron nous tint lieu de gouvernail, mais nous n'avions pas de boussole. Nous étions onze hommes à bord : deux étaient incessamment occupés à vider l'eau; nous nous relevions toutes les demi-heures pour cette tâche. La nuit était très-noire; nous fûmes sur le point d'être portés sur les écueils qui bordent la côte. Le temps, constamment brumeux, nous forçait de nous tenir au large le plus que nous pouvions, au risque de ne pas apercevoir l'embouchure de quelque rivière où nous aurions le moyen de renouveler notre provision d'eau.

Le 31 août, le vent mollit, mais l'atmosphère était toujours chargée d'une brume épaisse et humide. Notre cochon se mourait faute d'eau : nous le tuâmes, en prenant bien soin d'en conserver le sang que nous bûmes. Nous nous en partageâmes également le foie et les intestins, dont nous mangeâmes une partie crue, pour étancher un peu notre soif : elle était devenue insupportable par la nécessité de travailler sans cesse. La nuit arriva ; une tempête nous menaçait. Plusieurs fois la mer entra dans la chaloupe avec une telle abondance, qu'elle l'emplit à moitié. Nous pouvions à peine suffire au travail de la vider constamment : nous pensions que chaque vague allait nous ensevelir à jamais dans l'Océan. Des éclairs très-vifs, qui brillaient et se croisaient au milieu de la profonde obscurité de la nuit, ajoutaient à l'horreur de notre position.

La chaloupe craquait et se déjoignait de toutes parts. Plusieurs de mes compagnons, excédés de fatigue, cessèrent de travailler, et se résignèrent à leur sort, en recommandant leur âme à Dieu. Le jour vint enfin éclairer cette scène de désolation. La soif nous dévorait ; nous ne pouvions la soulager momentanément qu'en nous humectant la bouche deux fois par jour avec quelques gouttes de vin et d'eau, et autant de fois avec notre urine.

Le vent continua de souffler avec violence toute la journée et la nuit suivante ; notre embarcation fatiguait extrêmement ; l'eau nous gagnait, nos provisions diminuaient, nos forces s'épuisaient : je perdis tout espoir de pouvoir tenir plus long-temps la mer, et de rencontrer un bâtiment qui nous secourût. Je représentai donc à mon équipage qu'en restant en mer nous péririons infailliblement; qu'il ne pouvait pas nous arriver pis en allant à terre ; enfin que peut-être il entrait dans les desseins de la Providence de nous renvoyer sur la côte où nous avions fait naufrage, parce qu'elle y avait préparé pour nous des moyens d'être délivrés et rendus à nos familles. Tous mes gens manifestèrent leur approbation, et nous changeâmes de route.

Le 6 septembre au soir, nous n'avions pas

encore eu connaissance de la terre; nous ne pouvions pas espérer de tenir l'embarcation à flot un jour de plus : quelques-uns de mes gens se livrèrent au désespoir. Heureusement, dans la matinée du 7, la vue de la terre, quoiqu'à une grande distance devant nous, vint ranimer nos espérances. Elle paraissait entièrement plate; on n'y distinguait pas la moindre colline : j'en conclus que c'était le grand désert, où nous ne trouverions d'autre soulagement à nos souffrances que la mort. Un courant très-rapide, qui faisait le même bruit qu'une forte marée montante dans un passage étroit et bordé de rochers, nous portait vers la côte.

Nous y arrivâmes au coucher du soleil: nous vîmes qu'elle était formée de falaises escarpées qui s'élevaient à une grande hauteur en saillie au-dessus du bord de la mer. Nous n'apercevions ni plage pour aborder, ni sentier pour gravir au sommet des précipices. J'étais d'opinion de tenir la mer, et de nous laisser dériver le long de la côte, jusqu'à ce que la clarté du jour pût nous faire découvrir un endroit propre à débarquer sans danger d'être submergés par le ressac qui était réellement affreux : tout le monde fut d'un avis opposé.

Nous étions alors très-près de la côte : apercevant un petit espace qui avait l'air d'une plage de sable, nous fîmes route pour y arriver : une lame épouvantable nous enleva, et, en se retirant, nous laissa à sec sur une petite grève de la grandeur de la chaloupe. De tous côtés s'élevaient des pointes de rochers sur lesquels la mer brisait avec un mugissement horrible. Nous sentîmes que l'interposition miraculeuse de la Providence venait de nous faire échapper encore une fois à une mort imminente.

Nous sortîmes du canot, emportant hors de la portée du ressac le peu qui nous restait d'eau et de provisions : notre canot était, cette fois, complétement défoncé. Sur nos têtes étaient suspendues d'énormes masses de rochers qui s'étendaient à perte de vue à droite et à gauche. Le défaut d'exercice avait roidi nos membres; le manque de nourriture avait maigri nos corps; la fatigue avait engourdi notre langue, et desséché notre bouche, au point que nous avions la plus grande difficulté à nous parler de manière à nous entendre.

La position de la côte me fit penser que nous étions près du cap Blanc. Je me mis à grimper avec M. Savage sur les rochers à l'ouest, pour découvrir un sentier qui nous conduisît au sommet de la falaise : nos recherches furent inutiles. Revenus auprès de nos compagnons quand il faisait déjà obscur, ils étaient occupés à préparer, entre les rochers sur le sable, un endroit pour y dormir. Nous rendîmes tous grâce à Dieu de sa miséricorde et de sa bonté signalée, et nous le priâmes de nous la continuer. Nous nous étendîmes ensuite sur le sable ; et, malgré notre situation affreuse, nous jouîmes d'un profond sommeil jusqu'à la pointe du jour.

Le 8 septembre, animés par le repos que nous venions de goûter, nous convînmes d'abandonner tout ce que nous avions d'embarrassant ou de lourd, et de tâcher de nous avancer à l'est, dans l'espoir de rencontrer un endroit où il serait possible de creuser pour y trouver de l'eau, tandis qu'il nous restait encore quelque force, ou de gagner le haut du pays au-dessus de nous, où nous nous flattions de rencontrer des plantes dont le suc aurait apaisé à un certain point notre soif brûlante; elle nous tourmentait alors plus que jamais, parce que nous avions mangé des moules qui se trouvaient sur les rochers, et qui étaient extrêmement salées. Nous étant promis de rester ensemble, et de nous rendre mutuellement tous les secours qui seraient en notre pouvoir, nous nous partageâmes le peu d'eau qui restait; chacun la mit dans une bouteille, puis nous prîmes sur notre dos du petit salé, et nous fîmes route à l'est. J'enfouis dans le sable les piastres qui nous restaient, étant bien convaincu qu'elles avaient été la cause du mauvais traitement que nous avions éprouvé précédemment.

Durant notre marche le long du rivage, nous étions forcés de grimper sur des masses de rochers escarpés et pointus, de deux à trois cents pieds de hauteur, puis de descendre en nous laissant glisser de rocher en rocher jusqu'au bord de l'eau : alors il fallait attendre pour passer qu'une vague se retirât; quelquefois nous avions de l'eau jusqu'au cou, et nous nous tenions collés à une roche, pour qu'une lame ne vînt pas nous emporter. La force des courans, et l'action continuelle de la mer qui bat cette côte, la minent tellement en dessous, qu'il s'éboule des masses immenses de roche, de gravier et de sable, dont les débris couvrent la grève, et laissent entre eux des intervalles que nous étions obligés de traverser. Dans un endroit nous gravîmes sur une lisière de rochers hauts de quarante à cinquante pieds, et qui n'avaient pas huit pouces de largeur ; au-dessus de nos têtes, étaient suspendus des blocs énormes, déjà détachés des parois plus élevées, et qui semblaient prêts à rouler plus bas pour nous écraser. Le moindre faux pas nous eût précipités dans l'abîme au-dessous de nous. Nos souliers étaient presque tout usés, et nos pieds écorchés et en sang: les rayons du soleil dardant avec force sur nos corps fatigués, nous faisaient éprouver une chaleur insupportable; il n'y avait pas sous ces falaises perpendiculaires un seul souffle d'air pour rafraîchir notre sang qui bouillait dans nos veines.

Ce fut ainsi que se passa cette journée ; la nuit survint et nous apporta de nouvelles infortunes. Malgré nos efforts, nous nous étions à peine avancés de quatre milles : nos forces étaient épuisées. Nous avions vu sur les rochers des insectes morts, que nous prîmes pour des sauterelles ; nous en conclûmes que si nous parvenions à gagner le haut de la falaise, nous trouverions au moins de l'herbe à manger.

Nous trouvant le soir dans un endroit favorable pour passer la nuit sur le sable, à cent pieds de la mer, nous nous y étendîmes, après avoir graissé notre bouche avec un morceau de cochon salé, et l'avoir, suivant notre usage, humectée avec une gorgée d'urine. Nous suppliâmes le Tout-Puissant d'avoir pitié de nous, et nous nous endormîmes. La température changea tellement durant la nuit, qu'en nous réveillant, nos membres étaient engourdis et transis par le froid et l'humidité.

Bien loin de nous désespérer, nous nous mîmes en route pour continuer notre marche. Nous découvrîmes bientôt une plage sablonneuse qui paraissait assez étendue, et d'où le chemin, pour arriver au haut de la falaise, semblait assez doux. J'espérais que, si nous pouvions gagner cette grève, ils nous serait possible de nous procurer de l'eau potable, en creusant dans le sable jusqu'au niveau de la mer, et en laissant filtrer son eau dans ce trou : j'avais déjà fait cette expérience avec succès dans les petites cayes du banc de Bahama. Arrivés à peu de distance de la grève, nous fûmes arrêtés par un promontoire de rochers, aussi élevé que le sommet de la falaise, et qui s'avançait très-loin en mer ; les vagues battaient avec une violence effrayante contre les pointes de sa base qu'elles minaient depuis des siècles.

Cet obstacle imprévu nous semblait absolument insurmontable : heureusement à force de regarder, nous aperçûmes un rocher qui s'était détaché de la falaise, et se trouvait dans la mer, à moitié chemin de la pointe du promontoire. Les vagues le couvraient et le laissaient alternativement à sec. J'y arrivai assez à temps pour m'y cramponner, et j'eus la force de résister à la vague qui passa par-dessus ma tête pour aller se briser contre des roches plus éloignées : à l'instant où je sentis que la la lame se retirait, je courus à d'autres rochers derrière la pointe ; je m'y cramponnai de nouveau pour laisser passer une autre lame ; puis je grimpai aussi vite que je le pus sur un rocher plat, hors de la portée des vagues. La mer baissait : mes gens, en suivant la route que je leur avais tracée et employant les mêmes moyens que moi, parvinrent tous sains et saufs au lieu où je m'étais étendu pour leur donner la main, afin de les aider à monter. Quoique nous eussions tous le corps moulu, nous nous hâtâmes d'arriver à la grève, et nous nous mîmes à creuser le sable ; malheureusement l'eau qui s'amassa dans les trous était aussi salée que celle de l'océan.

Tandis que mes compagnons faisaient de nouvelles tentatives dans un endroit que je leur avais indiqué, j'essayai d'escalader la falaise et j'y réussis : quelle fut ma surprise ! Je n'aperçus devant moi qu'une immense plaine stérile; elle s'étendait à perte de vue : pas un arbre, un chétif buisson, ni même un brin d'herbe, rien qui pût nous procurer le moindre abri, ni soulager nos forces défaillantes. A cet aspect désolant, mon courage m'abandonna, je tombai à terre privé de tout sentiment. Lorsque je repris mes sens, je fus quelque temps avant de pouvoir me rappeler dans quel lieu j'étais : ma soif dévorante m'en fit à la fin ressouvenir ; je ne pus la calmer que par le moyen dégoûtant auquel j'avais été tant de fois obligé d'avoir recours.

Le désespoir s'empara de moi : je résolus de

me jeter à la mer aussitôt que je le pourrais ;
mais en pensant à mes compagnons qui attendaient de moi des exemples de courage et
de fermeté, à ma femme et à mes enfans, auprès desquels je devais essayer de retourner
par toutes les voies possibles, je sentis au-dedans de moi une espèce de conviction qu'après avoir échappé comme par miracle à tant
de dangers, nous ne devions pas périr tous.
Je me remis donc en route pour rejoindre mon
équipage. Trouvant entre les rochers un endroit favorable pour me baigner, je pris un
bain d'une demi-heure; il me rafraîchit, me
ranima, et j'arrivai près de mes gens le cœur
plus gai que je ne m'y attendais : j'étais très-
fatigué ; je me jetai sur le sable. Mes compagnons se précipitèrent autour de moi pour
connaître le succès de ma course. J'évitai d'abord de leur communiquer les tristes découvertes que j'avais faites : je leur conseillai de
se baigner, à mon exemple, dans l'eau salée ;
puis je les conduisis à l'extrémité de la grève :
Ils crurent qu'ils ne pourraient jamais franchir la falaise, tant elle leur parut escarpée
et raboteuse : ils se couchèrent à l'ombre d'un
rocher qui les garantissait des ardeurs d'un

soleil brûlant. L'air était tellement embrasé, que nous pouvions à peine respirer; nous nous endormîmes néanmoins, et après deux heures d'un sommeil profond, durant lequel il s'était élevé une douce brise de mer, qui avait rendu un peu de souplesse à nos membres affaiblis, nous nous mîmes à escalader la falaise, obligés souvent de ramper sur nos mains et nos genoux. Quoique j'eusse préparé mes compagnons à la perspective du désert qu'ils apercevraient, sa vue produisit un tel effet sur leurs sens, qu'ils tombèrent involontairement à terre : « C'en est assez, s'écriè-
« rent-ils, c'est ici qu'il faut rendre le dernier
« soupir! Nous n'avons aucune espérance de
« trouver ni eau, ni vivres, ni créatures hu-
« maines, ni même de bêtes féroces : rien ne
« peut vivre ici. » Des larmes bien amères coulèrent de tous les yeux; un instinct naturel nous les faisait pourtant recueillir avec nos doigts et porter à notre bouche.

J'exhortai ces infortunés, je les pressai de s'avancer dans le pays, leur disant que nous pouvions encore trouver des secours et nous sauver. Mes officiers et un matelot me secondèrent; nous nous mîmes lentement en marche, en suivant le bord de la falaise qui n'avait pas moins de cinq à six cents pieds de hauteur perpendiculaire. La surface de la terre était dure comme de la pierre à fusil; elle se composait de petits cailloux aigus, de gravier et de terre rougeâtre. Nous aperçûmes une tige sèche qui ressemblait à celle du panais, quoique très-basse. A la nuit tombante, nous vîmes de petits trous creusés pour arriver à la racine de cette plante. Nous pensâmes d'abord qu'ils étaient l'ouvrage des bêtes féroces; mais n'en apercevant nulle trace, nous en conclûmes que ces trous avaient été formés de main d'homme; alors je fis espérer à mes compagnons de voyage que bientôt nous rencontrerions des créatures humaines.

A l'aide de bâtons et de cailloux, nous parvînmes à retirer de terre de petits morceaux d'une racine de la longueur du doigt, très-sèche, et du goût du céleri. Nous ne pûmes nous en procurer assez pour nous soulager suffisamment. Au soleil couchant, nous découvrîmes, sur un petit espace sablonneux, la trace imparfaite d'un chameau: nous crûmes aussi voir celle d'un homme; mais celle-ci nous parut très-ancienne.

Persuadés, d'après ce que nous sentions, que nous ne pourrions pas vivre un jour de plus sans boire; ne voyant d'ailleurs aucune probabilité de nous procurer de l'eau pour le lendemain, le dernier rayon d'espérance s'évanouit pour nous, et le sombre désespoir qui venait de s'emparer de nos cœurs se faisait remarquer sur nos visages. Peu de temps après le soleil couché, nous aperçûmes, à près de trois milles devant nous, une plage de sable. Je marchai aussi vite que je le pus, dans l'espoir d'y goûter quelque repos en dormant sur le sable, le terrain sur lequel nous nous trouvions, étant aussi dur qu'un rocher; j'encourageai mon monde à me suivre. Tout à coup Clark me prie de regarder vers la plage, en me disant: « Je crois que je vois une lumière. » C'était la lueur d'un feu.

Le mouvement de joie que j'éprouvai fut aussi prompt que celui de l'étincelle électrique: l'espoir se réveilla dans mon cœur; je le fis partager à mes malheureux compagnons. Je les engageai à s'approcher des naturels du pays, en usant des plus grandes précautions, pour ne pas les alarmer. Nous descendîmes la falaise, et nous arrivâmes près de sa base dans un endroit sablonneux : chacun s'y endormit ; seul je ne pus fermer l'œil, tant j'étais alternativement agité par la crainte et l'espérance.

Le 10 septembre au point du jour, je réveillai mes compagnons ; je ne leur cachai pas que sans doute les Arabes que nous allions rencontrer nous feraient prisonniers. « Mais j'es-« père, ajoutai-je, que quelques-uns de nous « conserveront la vie. » Je leur donnai le nom du consul des États-Unis d'Amérique à Tanger ; je leur conseillai, si jamais ils le pouvaient, de lui écrire pour l'instruire de nos malheurs, et d'en informer également les consuls ou les négocians chrétiens dans les états barbaresques ; enfin je les exhortai à la résignation, et leur rappelai la bénigne interposition de la Providence en notre faveur, depuis le commencement de nos infortunes.

Tous se mirent en marche. A peine eûmes-nous franchi les petites dunes de sable qui étaient devant nous, que nous aperçûmes un train considérable de chameaux, et une troupe d'hommes assez nombreuse, rassemblés dans une espèce de vallée formée par une chaîne de dunes près de la mer, et par les falaises de l'autre côté ; un enfoncement assez profond donnait passage pour arriver, avec beaucoup de difficulté, au sommet des hauteurs. Les Arabes nous parurent occupés à faire boire leurs chameaux. Dès qu'ils nous virent, un homme et deux femmes coururent de toutes leurs forces vers nous; ensuite d'autres s'avancèrent aussi. Alors, prenant avec moi M. Williams, mon second, et M. Savage, mon lieutenant, je marchai à la rencontre des Arabes. Lorsque je les approchai, je me prosternai la face contre terre, et j'implorai, par signes, leur compassion.

L'homme était armé d'un cimeterre; il accourut sur moi, comme pour me fendre en deux; je me prosternai de nouveau. Il se mit à me dépouiller de mes habits: les femmes en faisaient autant à M. Williams et à M. Savage. Une autre troupe d'une quarantaine d'Arabes, les uns à pied, les autres montés sur des chameaux extrêmement vites, arriva bientôt; alors ceux qui nous avaient dépouillés jetèrent du sable en l'air, et poussèrent de grands cris. J'ai appris depuis que c'était un signe d'hostilités. Celui qui m'avait pris s'était aussi saisi de Richard le cuisinier, et avait mis toutes nos hardes dans une couverture qu'il s'était détachée du dos, et avait placé le paquet sur les épaules du nègre, en nous faisant entendre que tous deux nous lui appartenions à lui seul.

Aussitôt que les autres Arabes arrivèrent, ceux qui étaient montés sur des chameaux sautèrent à terre. Tous nous tiraient d'un côté et d'autre, le pauvre nègre et moi : chacun prétendait que nous lui appartenions de droit. Celui qui nous avait pris défendait ses prétentions. Bientôt ils en vinrent aux mains; leurs larges cimeterres brillèrent, leur sang coula; ils se firent de profondes blessures. Je croyais que, dans cet horrible conflit, je serais coupé en morceaux : j'en fus quitte pour la peur.

La bataille finie, je vis à quelque distance de moi mes malheureux compagnons partagés parmi les Arabes, et marchant tous vers le train des chameaux. Le nègre et moi, nous fûmes remis dans les mains de deux vieilles femmes qui nous firent marcher à coups de bâton vers les chameaux. Je leur montrai ma bouche desséchée. Arrivés auprès d'un puits, une d'elles en appela une autre qui vint à nous avec une grande gamelle de bois pleine d'eau; elle la déposa à terre, nous fit mettre à genoux, et plonger la tête dans la gamelle comme des chameaux. Je crois que je bus bien deux pintes de cette eau ; elle était presque aussi noire et aussi dégoûtante que celle qui a croupi dans la cale d'un navire. On en emplit une gamelle; on y versa un peu de lait aigre de chameau qu'on tira d'une outre de peau de chèvre : ce breuvage me parut délicieux. Nous en bûmes jusqu'à ce que notre estomac fût plein : cette intempérance nous causa une violente diarrhée dont cependant les suites ne furent pas fâcheuses.

Nous demandâmes quelque chose à manger; mais ces Arabes n'avaient pas de provisions pour eux-mêmes : ils parurent très-peinés de ne pouvoir rien nous donner. Il y avait alors près du puits environ cent personnes, hommes, femmes et enfans, et au moins quatre cents chameaux. Le soleil dardait sur nous ses rayons ardens; notre peau était comme rissolée. Les Arabes tiraient de l'eau pour leurs chameaux qui en buvaient des quantités énormes. Il était environ dix heures du matin : une troupe de ces Arabes prit mon second et cinq matelots, et les fit monter à nu sur les chameaux, derrière la bosse, aux crins de laquelle ils étaient obligés de se tenir avec la main. Nous ne savions pas si nous nous reverrions jamais. Je leur dis adieu de la manière la plus affectueuse : non-seulement leurs maîtres ne nous interrompirent pas dans nos embrassemens, mais même leur figure annonçait que tout sentiment d'humanité n'était pas éteint au fond de leur cœur.

M. Savage, un matelot, Horace le mousse, le nègre et moi, nous restâmes avec l'autre troupe d'Arabes. Après avoir aidé à tirer de l'eau pour les chameaux, nous en emplîmes un grand nombre d'outres qui furent suspendues de chaque côté de ces animaux : on plaça ensuite des paniers pour y faire monter les femmes et les enfans, et nous commençâmes à gravir la falaise. Nous allions à pied : notre besogne était de chasser les chameaux devant nous. Le sable sur lequel nous marchions était si fin et si mouvant, qu'à chaque pas nous y enfoncions presque jusqu'aux genoux. J'étais si épuisé par la chaleur et la fatigue, que je croyais ne pouvoir jamais atteindre le sommet de la falaise. Je m'assis un instant sur le sable; mon maître m'appliqua de vigoureux coups de bâton, qui me firent reprendre mon chemin. Arrivés à la vue du désert, les Arabes s'arrêtèrent pour faire reposer leurs bêtes.

Ils s'étaient fort amusés en observant la peine que nous avions à gravir la hauteur, et riaient en nous battant pour nous faire avancer. Leurs femmes et leurs enfans, à pied comme eux, montèrent sans la moindre difficulté; il n'en fut pas ainsi des chameaux, qui, en arrivant, étaient couverts d'écume. Les Arabes nous firent monter chacun sur un de ces animaux : celui qui m'était échu n'avait que la peau sur les os; son dos, aigu comme le côté d'un aviron, me faisait horriblement souffrir. A chaque instant, je glissais en bas de sa croupe.

Tous les Arabes étaient extrêmement curieux de savoir en quel endroit de la côte nous avions été jetés; je les satisfis, dès que je fus monté sur le chameau. Les hommes donnèrent ensuite leurs instructions aux femmes sur la route qu'elles avaient à tenir, puis s'éloignèrent au grand trot, en se dirigeant à l'ouest. Nous restâmes donc au soin des femmes; quelques-unes étaient à pied, occupées à faire aller les chameaux aussi vite qu'il était possible. Le mouvement de ces animaux est singulièrement dur et irrégulier. Mes cuisses furent bientôt tout en sang; d'un autre côté, l'ardeur brûlante du soleil couvrait mon corps d'ampoules. Mes compagnons d'infortune étaient aussi maltraités que moi, et nous n'avions rien pour nous soulager. Il semblait à chaque pas que nos os allaient se disloquer. Affamés, altérés, nous vîmes la nuit s'approcher : rien n'annonçait que les femmes qui nous conduisaient eussent l'intention de s'arrêter. Nous les priâmes de nous permettre de descendre; elles ne firent pas la moindre attention à notre demande. Le vent froid de la nuit arrêta l'écoulement de notre sang; mais en frappant notre peau couverte d'ampoules, il augmentait nos souffrances. Dans un moment où les chameaux allaient au grand trot, nous nous laissâmes glisser de dessus leur dos à terre, au risque de nous casser le cou. Nous espérions par cette petite ruse exciter la pitié de nos gardiennes, et en obtenir un peu d'eau; mais, sourdes à nos supplications, elles firent aller, toute la nuit, les chameaux beaucoup plus vite qu'auparavant.

Nous étions obligés, pour suivre ces animaux, de courir sur des cailloux aigus, qui mettaient nos pieds en sang. Dans cette occasion, ma fermeté et ma résignation m'abandonnèrent : je fus sur le point d'attenter à mes jours. Cependant les douleurs aiguës que nous éprouvions nous avaient arrachés des cris perçans. Nos gardiennes arrêtèrent leurs chameaux, dans la crainte de nous perdre dans l'obscurité, nous firent remonter, et continuèrent à les chasser en avant avec toute la vitesse possible, jusqu'à minuit. Alors nous fîmes halte dans une petite vallée, à environ vingt pieds au-dessous de la surface du désert : les femmes nous ordonnèrent de nous coucher sur la terre dure. Nous n'avions absolument rien pour nous abriter contre un vent froid et humide qui venait de la mer, et soufflait avec violence.

Nos gardiennes se mirent alors à traire les chameaux, et nous donnèrent à chacun une pinte de lait tout chaud, qui réchauffa notre estomac et apaisa à un certain point la soif et la faim qui nous tourmentaient. M. Savage avait été séparé de moi. Nous nous couchâmes aussi près que nous pûmes les uns des autres, pour nous garantir du froid : nous ne pûmes fermer l'œil.

Le 11 au matin, nos maîtresses nous donnèrent un peu de lait, puis nous firent marcher en avant pour conduire les chameaux. Après avoir long-temps couru, nous entrâmes dans une petite vallée; nous découvrîmes quatre tentes faites d'une toile grossière, et près desquelles nous reconnûmes nos maîtres. Ils vinrent au-devant de nous, accompagnés d'un certain nombre d'hommes que nous n'avions pas encore vus, tous armés de fusils à deux coups, d'un sabre et d'un poignard. La bonne intelligence semblait régner entre eux, car ils se prirent la main en se rencontrant, ce qui me fit penser qu'ils étaient tous de la même tribu; mais à notre approche leur union disparut : ils nous saisirent, et nous tirèrent les uns d'un côté, les autres d'un autre; ils parlaient très-haut, et souvent faisaient briller leurs cimeterres. A la fin ils s'accordèrent sur le partage : le nègre et moi nous restâmes à notre premier maître; les deux autres échurent chacun à une personne différente. Il était environ midi; trois femmes, qui ne nous avaient pas encore vus, sortirent des tentes, et après nous avoir bien regardés, elles exprimèrent le dégoût et le mépris que nous leur inspirions en crachant sur nous, et en nous faisant des grimaces horribles. Nous reçûmes à peu près les mêmes civilités partout où nous allâmes, tant que nous fûmes dans le désert.

En arrivant le soir dans une petite vallée, la vue de nos corps couverts d'ampoules et brûlés excita la compassion de quelques-uns de ces Arabes; ils firent vider une tente pour nous y mettre à l'abri. Je retrouvai là deux de mes compagnons, séparés de moi peu de momens après notre captivité. Les Arabes, assis près de notre tente au nombre d'environ cent cinquante hommes, tinrent conseil sur notre compte; après de longues délibérations, ils se levèrent et vinrent à nous. Un des vieillards m'adressa la parole; il me parut singulièrement intelligent : quoiqu'il parlât une langue qui m'était inconnue, il s'expliquait d'une manière si simple et si expressive, faisant, comme les Espagnols, sonner toutes les lettres, qu'à l'aide de quelques signes, je pus le comprendre. Il nous interrogea sur notre patrie, sur le but de notre voyage, sur l'époque de notre naufrage, sur la cargaison de notre navire. Je répondis que nous étions Anglais ; j'indiquai la position de notre pays, et je le satisfis ensuite sur tous les autres points. Plusieurs Arabes, assis autour de nous, prêtaient la plus grande attention à mes paroles et à mes gestes, et quelquefois aidaient le vieillard à me comprendre. Ils me demandèrent ensuite si je savais quelque chose sur Maroc et sur l'empereur actuel : je répondis affirmativement, et j'essayai de leur faire entendre que s'ils voulaient me conduire dans ses états, je serais en état de leur payer ma rançon et celle de mon équipage. Ils secouèrent la tête, disant qu'il n'y avait rien sur la route pour nourrir ou abreuver les chameaux. Mes compagnons, qui n'entendaient pas un mot de la conversation, étaient tout ébahis de me voir ainsi m'entretenir avec ces Arabes. Le conseil fini, ceux-ci se séparèrent, chacun emmenant son esclave. Cette conférence m'avait donné quelque espoir que nous serions rachetés : je le fis partager à mes compagnons ; mais bientôt ils crurent que je les berçais d'une fausse attente.

Durant les deux jours qui venaient de s'écouler nous avions parcouru cinquante-cinq milles vers le sud-est. Le 12 septembre, un nouveau maître à qui j'étais échu, me dit de chasser les chameaux en avant. Au bout d'une heure de marche, mes pieds déchirés par les cailloux tranchans s'enflèrent si fort, que je ne pus m'empêcher de me courber presque jusqu'à terre. Hamet mon premier maître, qui, monté sur un chameau, suivait la même route que nous, me voyant dans cet état, s'approcha de l'autre Arabe, s'ôta la couverture qu'il avait sur le dos, la lui donna, puis vint tout près de moi, fit ployer les genoux de son chameau, lui mit un morceau de peau derrière la selle, et en attachant les deux bouts aux sangles pour l'empêcher de glisser, me dit de monter, et me donna la main pendant que le chameau se redressait. Il continua ensuite à marcher avec quatre hommes bien armés et bien montés. Le soleil dardait en plein ses rayons sur ma tête et mon corps entièrement nus : il me semblait que ma tête allait se fendre en mille pièces, tant étaient affreuses les douleurs que j'y ressentais.

Nous nous arrêtâmes dans une petite vallée où il y avait une demi-douzaine de tentes ; je mis pied à terre. Des femmes et des enfans vinrent au-devant d'Hamet ; tout le monde parut bien joyeux de le revoir : j'appris bientôt que c'était sa famille. Il me fit signe de venir vers sa tente. Les femmes et les filles ne voulurent pas que j'approchasse d'elles ; elles me repoussèrent à coups de bâton, et en me jettant des pierres. Cependant Hamet m'apporta un peu de lait aigre et d'eau dans une gamelle, ce qui me ranima beaucoup.

Il était environ deux heures après midi ; nous avions fait trente milles ; je fus forcé de rester exposé au soleil sans le moindre abri. A la nuit, je vis arriver Richard le nègre avec les chameaux ; Hamet les lui avait donnés à conduire. Dans la soirée nous fûmes joints par Hogan ; j'appris que ce jour-là nous avions été achetés par Hamet. Horace le mousse appartenait à un vieil Arabe, de mauvaise mine, dont la tente se trouvait près des nôtres, et qui ne voulut jamais lui permettre de venir avec nous. Hamet était d'une couleur moins foncée que ses compatriotes : je le croyais moins cruel ; mais je m'aperçus que je m'étais trompé ; il nous fit coucher sur la dure sans abri. Cependant il nous apportait lui-même du lait chaud plusieurs fois le jour.

Le 13 on se remit en marche ; nous étions

à pied. Dans la matinée, je vis M. Williams monté sur un chameau ; j'allai à lui en boitant. Son état me fit pitié, il me dit qu'il se sentait mourir ; qu'il n'espérait sortir jamais du désert, et me recommanda de le rappeler au souvenir de sa femme. Son maître qui arriva dans l'instant, mit fin à notre conversation en faisant avancer le chameau. Je dis adieu à Williams, en le recommandant à la miséricorde divine : son extrême misère me fit oublier tous mes maux. Je m'étais arrêté environ quinze minutes ; je fus obligé de courir pour ratrapper les chameaux de mon maître : dès qu'il m'aperçut, il leur fit faire halte pour que je pusse les joindre plus vite, et quand j'arrivai près de lui, il secoua son bâton au-dessus de ma tête, comme pour m'avertir de ce qui m'attendait si je retombais dans la même faute. Ensuite il s'éloigna en nous ordonnant, à Hogan et à moi, de faire marcher les chameaux aussi vite que nous pourrions. Environ une heure après, il revint et me fit signe de m'approcher de lui. Bientôt il fut rejoint par un vieillard d'une haute stature, presque aussi noir qu'un nègre, et porteur d'une des plus mauvaises mines et des plus repoussantes que j'aie jamais vues; deux jeunes gens, ses fils l'accompagnaient : d'autres hommes, montés sur des chameaux et bien armés, arrivèrent ensuite.

Après m'avoir bien marchandé, ce vieillard m'acheta et m'emmena aussitôt. Combien mes réflexions furent tristes d'être tombé entre les mains d'un homme dont la physionomie annonçait la cruauté ! Il était à pied, ainsi que ses fils; mais il marchait plus vite que les chameaux. Le vieil Arabe ne cessait de me gronder pour me faire suivre : j'employais tous mes efforts pour lui complaire; néanmoins je n'y réussis pas. Il se plaça derrière moi, et à grands coups de bâton essaya de me faire aller plus vite : souffrant horriblement et chancelant, je faisais les plus grands efforts pour courir; un de ses fils, qui me parut alors plus cruel que lui, me donna un fusil à deux coups et sa poire à porter ; dès que j'en eus été chargé, le vieillard cessa de me battre.

La surface du désert me parut aussi unie que celle de l'océan dans un calme plat; de tous côtés on pouvait apercevoir des chameaux dès qu'ils étaient au-dessus de l'horizon : aussi n'eus-je pas de difficulté à suivre la trace de ceux de mon maître jusqu'à la vallée où était sa tente. Je me traînais avec peine sous le fardeau dont j'étais chargé; on m'en débarrassa dès que je fus arrivé : il était alors quatre heures après midi. Mes maîtres me dirent de me coucher à l'ombre de la tente : je demandai de l'eau ; je n'en pus obtenir. Au moment de la prière, le vieillard et ses deux fils remplirent ce devoir avec beaucoup de dévotion et s'éloignèrent. J'essayai d'attendrir le cœur des femmes, en leur disant que je mourais de soif; elles me crachèrent à la figure, et me chassèrent d'auprès de la tente : je fus obligé de rester jusqu'à la fin du jour à l'ardeur d'un soleil brûlant.

Mes maîtres revinrent quelque temps après le coucher du soleil. Ils furent joints par vingt autres Arabes, et tous remplirent les pratiques de leur religion ; les femmes et les enfans n'y prirent aucune part. Clark arriva amenant les chameaux; sa vue me navra; il me dit qu'il touchait à sa dernière heure : je le consolai de mon mieux.

L'humidité froide de la nuit succéda bientôt à la chaleur brûlante du jour. Je suppliai mon vieux maître de nous laisser coucher sous un coin de la tente qui était très-vaste : il semblait y consentir, car il nous indiquait du doigt un endroit convenable : les femmes ne le voulurent pas. Quand nos maîtres eurent trait les chameaux, ils nous donnèrent à chacun environ une bouteille d'excellent lait, et dès que les femmes furent endormies, Omar, le même jeune homme qui m'avait chargé de son fusil, vint nous dire de nous glisser sans faire de bruit sous un coin de la tente : ainsi à l'abri, nous dormîmes d'un profond sommeil jusqu'au lendemain. Les femmes en s'éveillant voulurent nous chasser; le vieillard ordonna de nous laisser tranquilles.

Ce jour-là nous ne voyageâmes pas : on nous permit de rester dans un coin de la tente ; on nous jeta un morceau de peau pour nous couvrir en partie, et on nous fit boire de l'eau et du lait. Ces attentions et deux bonnes nuits diminuèrent nos maux et nous ranimèrent un peu. Les chameaux furent envoyés dehors sous la conduite d'un nègre et de deux petits garçons. Ce nègre à son retour se mit à nous railler, ce qui excita l'indignation de Clark au plus haut degré ; il voulait même nous faire sortir, le vieillard l'en empêcha.

Du 15 au 18, nous fîmes route au sud-est, parcourant environ trente milles par jour, uniquement afin de trouver dans les petites vallées éparses çà et là quelques plantes pour nourrir les chameaux et les hommes. A mesure que nous avancions dans cette direction, les vallées devenaient moins fréquentes et moins profondes ; on n'y rencontrait que peu de buissons épineux et très-secs ; ce que les chameaux pouvaient en brouter, quoiqu'ils arrachassent des branches grosses comme le doigt, ne suffisait pas à leur nourriture : le lait commença à manquer ; notre ration diminua ; l'eau mise en réserve était presque épuisée. La tribu d'Arabes chez lesquels nous étions possédait quatre jumens ; elles étaient d'une maigreur extrême : tous les jours on leur donnait du lait et de l'eau. Le 19, elles consommèrent le reste, à une demi-pinte près que nous aurions bue bien volontiers ; mais nos maîtres la répandirent comme une offrande à Dieu, pour en obtenir de la pluie.

Nous étions devenus si maigres, Clark et moi, que nous pouvions à peine nous tenir sur nos jambes ; aussi nos maîtres nous laissaient reposer sous leur tente pendant la nuit, et le jour, lorsqu'elle était dressée, ce qui avait généralement lieu sur les deux heures après midi : nous n'avions d'autre tâche que de ramasser, à la nuit tombante, de petits bâtons de bois sec pour allumer du feu. Les Arabes étaient presque aussi affamés que nous; ils creusaient sous chaque buisson afin d'y trouver quelque plante. Ils en mangeaient une extrêmement amère, ainsi qu'une racine de la forme d'un petit ognon, assez fraîche à la bouche, mais n'ayant aucun goût : nous n'en tirions pas grand secours, à cause de leur excessive rareté.

Le 19 septembre, la tribu qui avait tenu, la nuit précédente, un conseil, dans lequel je vis que mon vieux maître était regardé comme un homme d'un jugement supérieur, et qu'il exerçait une grande influence, commença une marche rétrograde vers la mer. En entrant dans une vallée très-étroite, nous y trouvâmes quelques touffes d'arbustes qui n'avaient pas plus de deux pieds de hauteur. Nous y vîmes des limaçons, la plupart morts et desséchés; j'en ramassai quelques-uns encore en vie, et je les fis griller ; j'invitai Clark à partager ce mets qui nous fut d'une grande ressource, car nous ne recevions plus qu'une petite mesure de lait en vingt-quatre heures.

On marcha jusqu'au 21 avec toute la célérité possible : nos corps se desséchaient de plus en plus, et dépérissaient à vue d'œil. Je rencontrai ce jour là M. Savage, Hogan, Horace le mousse, et Richard le cuisinier, tous dans un état plus pitoyable que le nôtre; ils ne pouvaient plus marcher. Je leur parlai à tous, excepté à Horace : son maître me repoussa d'un côté, et de l'autre chassa ce jeune homme à coups de bâton, et en poussant des cris horribles. Mes compagnons étaient employés à soigner les chameaux, et recevaient des coups de fouet pour encouragement. Mon vieux maître nous laissait tranquilles, Clark et moi; il passait pour riche, et possédait de cinquante à soixante chameaux : c'était aussi une espèce de grand-prêtre, car tous les soirs les autres Arabes venaient le trouver pour faire leurs dévotions.

Vers le milieu du jour, il arriva deux étrangers montés sur deux chameaux chargés de marchandises; ils descendirent, et s'assirent vis-à-vis la tente de mon maître, mais la face tournée du côté opposé.

Les Arabes étaient partis sur leurs chameaux, emportant avec eux leurs armes; ils allaient à la découverte de quelque pillage à faire. Toutes les femmes vinrent visiter les étrangers : n'ayant pas d'eau à leur apporter, suivant l'usage, elles prirent avec elles une grande peau avec un rouleau de toile à tentes pour leur faire un abri. Les étrangers se levèrent à l'approche des femmes : on s'adressa respectivement le salut de paix; ensuite les femmes prirent des pieux dans notre tente, et en eurent bientôt dressé une petite pour les étrangers. Elles y déposèrent leurs paquets, et y suspendirent deux outres pleines d'eau qu'ils avaient apportées. Elles s'assirent à côté d'eux, et lièrent une conversation dont l'objet, autant que je pus le comprendre, était de s'informer du lieu d'où ils venaient, du temps que leur voyage avait duré, et de quelle sorte de marchandises leurs chameaux étaient chargés. Après qu'elles eurent satisfait leur curiosité, elles s'approchèrent de moi, et une d'entre elles, chez qui je n'avais pas découvert le moindre sentiment de pitié, me dit que Sidi-Hamet était arrivé avec des toiles bleues et des couvertures à vendre ; qu'il venait des états du sultan de Maroc; que, s'il voulait, il pouvait m'acheter et m'y conduire; qu'enfin je serais à même d'y trouver des amis qui me procureraient la possibilité d'embrasser ma femme et mes enfans.

Avant le retour de mon maître, j'allai à la tente de Sidi-Hamet avec une gamelle, et je lui demandai un peu d'eau, lui faisant voir en même temps que ma bouche était entièrement desséchée, et ma langue si roide, que je ne pouvais parler qu'avec difficulté. Il me regarda, et me demanda si j'étais le *reïs*, ou capitaine ; je lui fis signe que oui. Il dit à son frère de me donner à boire : cet homme inhumain s'y refusa. Sidi-Hamet prit la gamelle, y versa environ une bouteille d'eau, en me disant « *tcheroub, reïs.* » (bois, capitaine). J'en bus à peu près la moitié; et, après l'en avoir remercié, et avoir imploré sur lui les bénédictions du Ciel, je me disposais à porter le reste à notre tente, où Clark, étendu sur le dos, ressemblait à un homme prêt à rendre le dernier soupir. Sidi-Hamet voulut d'abord m'en empêcher, et m'ordonna de boire le reste ; mais je lui fis entendre que mor compagnon était à l'agonie : ce récit excita sa pitié ; il me laissa aller.

Nos maîtres, à leur retour, se mirent en cercle avec d'autres Arabes de la même tribu qui avaient été instruits de l'arrivée des deux étrangers : ils étaient au moins deux cents. Leurs conférences durèrent jusqu'à la nuit. Ils se séparèrent alors ; il ne resta dans notre tente que la famille du vieillard et quatre de ses parens. Ce surcroît de compagnie nous fit chasser hors de la tente : nous fûmes obligés de passer la nuit sans aucune espèce d'abri. Le vieillard vint néanmoins nous apporter à chacun à peu près une pinte de lait, comme s'il eût craint uniquement de perdre sa propriété en nous laissant mourir de faim. Ce secours arriva bien à propos : c'était la première nourriture que notre maître nous eût donnée depuis trois jours : j'en conclus qu'il avait l'espoir de nous vendre aux étrangers.

Le lendemain, Sidi-Hamet s'avança vers la tente, et me fit signe de venir lui parler, et de m'asseoir à terre à côté de lui. J'avais déjà appris quelques mots d'arabe, de sorte qu'avec de l'attention, je pouvais comprendre le sujet des conversations.

Il commença par me faire des questions sur mon pays, et sur la manière dont j'étais venu dans celui où je me trouvais. Je lui dis que nous étions Anglais, et que notre navire avait péri sur la côte; je lui exposai notre triste situation, et j'ajoutai que nous désirions tous retourner dans notre patrie auprès de nos familles. Mon récit, entremêlé de soupirs et de pleurs que mon affliction et mon désespoir m'arrachaient, émut sa pitié. Il versa des larmes : bientôt il en fut honteux, et s'en alla pour s'essuyer les yeux, en disant que des hommes qui portaient de la barbe comme lui ne devaient pas pleurer. Voyant que j'avais éveillé chez lui le sentiment de la compassion, je pensai que, si je pouvais le tenter par l'intérêt, il nous achèterait tous, et nous tirerait du désert. En conséquence, la première fois que je le vis seul, je l'abordai, et le priai de m'acheter et de me mener chez le sultan de Maroc, où j'avais un ami qui paierait notre rançon. Il répondit qu'il ne le pouvait pas ; mais qu'il me menerait à Souarah, ville murée et port de mer. Il m'adressa d'autres questions sur le sultan de Maroc, parut satisfait de mes réponses, et me demanda ensuite combien d'argent je lui donnerais s'il me retirait du désert. Je comptai aussitôt, et je mis devant lui cinquante petits cailloux, voulant lui faire entendre que je lui donnerais autant de piastres pour moi, et pour chaque homme de mon équipage. Il répliqua qu'il ne pouvait acheter que moi, et me demanda combien je lui donnerais pour moi, au-delà des cinquante piastres. Je lui en promis cent, et l'assurai que mon ami, à Souarah, les lui compterait. Après quelques observations, il me dit qu'il m'acheterait, ajoutant que, si je le trompais, il me couperait le cou, accompagnant ces mots d'un geste très-intelligible. J'essayai vainement de l'engager à acheter Horace; il m'objecta la difficulté d'emmener tout mon monde hors du désert, et me recommanda le secret le plus absolu sur notre conversation. Nous nous séparâmes un instant; je menai près de sa tente MM. Savage, Hogan et Clark; il sortit : leur triste aspect parut le frapper et l'émouvoir. Je leur fis part de mon espoir que cet excellent homme nous acheterait; ils ne purent me croire. Sidi-Hamet me fit beaucoup de questions sur mes gens; de mon côté, j'employai tous les moyens possibles pour l'intéresser en leur faveur.

Le 24, on fit route au nord-ouest; les étrangers voyagèrent avec la tribu. Je renouvelai mes supplications auprès de Sidi-Hamet. Le 25, je le vis donner à mon vieux maître deux couvertures grossières de laine, une pièce de toile de coton bleue, et un paquet de plumes d'autruche: c'était le prix de mon achat; le marché avait été long-temps à se conclure.

Horace vint ce jour-là à notre tente avec son maître; j'allai au-devant de lui, et je l'embrassai en pleurant. Sidi-Hamet fut alors bien convaincu qu'il était mon fils, comme je le lui avais dit. Il me signifia dans l'après-midi son intention de partir dans deux jours pour Souarah, et ajouta que le maître de mon fils avait refusé de le vendre à aucun prix. « Je resterai à sa place pour servir fidè-
« lement son maître, m'écriai-je: menez-le
« à Souarah; mon ami vous payera sa rançon,
« et le renverra chez sa mère que je ne puis

« pas revoir sans lui ramener son fils. — Tu
« auras ton fils, j'en jure par Allah, me dit
« Sidi-Hamet. » Toute la tribu alors rassemblée paraissait s'occuper de notre affaire. Dans la soirée, on m'annonça qu'Horace était acheté. Le lendemain, Sidi-Hamet, que j'importunais de mes sollicitations, m'apprit qu'il avait acheté M. Savage et Clark, et marchandé Hogan ; il ajouta qu'il allait tuer, dans la nuit, un chameau qui nous fournirait des provisions pour notre voyage.

Malgré l'heure avancée de la nuit, et le secret que l'on mit à tuer cette bête qui, par sa maigreur, ressemblait à un squelette, plusieurs de nos voisins, éveillés par la faim, vinrent nous aider à cuire et à manger l'animal; ils commencèrent par les intestins, d'autres se mirent sur la carcasse. L'obscurité de la nuit les favorisait; et, avant le jour, une bonne partie de la chair et même des os du chameau avait disparu. Nos maîtres, quoique très-affamés aussi, voyaient bien qu'ils étaient volés; mais la crainte de conséquences plus sérieuses que la perte de nos provisions, les empêcha de rien faire pour s'y opposer.

Le matin, nous fûmes occupés à couper le peu de chair qui restait sur la carcasse du chameau, puis nous l'étendîmes à l'air pour la faire sécher. Vers midi l'on m'amena Horace; il mourait de faim et de soif. « Reïs, me dit « notre maître, voilà ton fils. » Il me parut bien content d'en avoir fait l'acquisition; il lui donna quelques morceaux de la viande et des intestins qu'il avait mis de côté pour lui-même. Je fis boire à Horace un peu d'eau trouvée dans la panse de l'animal, et dont j'avais goûté : il la trouva délicieuse, quoiqu'elle fût trouble. Bientôt après nous vîmes paraître Burns, un de mes matelots. Sidi-Hamet, après quelques pourparlers, en fit l'acquisition. Ce jour-là les Arabes nous assiégèrent; et, soit en mendiant, soit en dérobant, ils firent si bien qu'avant la nuit notre provision de viande fut réduite à moins de quinze livres.

Sidi-Hamet avait déjà conclu le marché pour acheter Hogan; mais son ancien maître demanda pour lui une couverture de plus, alléguant qu'il était plus robuste. Sidi ne voulut pas se laisser imposer de la sorte, et d'ailleurs il n'avait pas une couverture de reste.

Mes prières en sa faveur furent inutiles : le cœur me saigna quand je vis son maître lui faire rebrousser chemin à grands coups de bâton. Je me détournai, et je me cachai le visage, afin de n'être pas témoin des angoisses de Hogan, à qui je ne pouvais porter aucun secours. Son corps était d'une maigreur affreuse, et entièrement couvert de plaies.

Nous passâmes la journée à faire les préparatifs de notre départ. Nos maîtres nous préparèrent à chacun une paire de sandales en peau de chameau, ils m'avaient donné le matin un petit couteau que je suspendis à mon cou : c'était une marque de confiance qu'ils m'accordaient. Ils me chargèrent d'avoir soin de leur bagage, des chameaux et des esclaves.

Le soir nous fûmes joints par M. Savage, que Sidi-Hamet avait aussi acheté, et qui doutait beaucoup que cet Arabe nous conduisît à Souarah, comme il l'avait promis. Ce dernier, de son côté, après m'avoir dit que nous partirions le lendemain, me rappela qu'il avait dépensé pour nous tout ce qu'il possédait ; que, si je ne lui avais pas dit la vérité, il était un homme ruiné ; enfin que son frère était un méchant homme, et avait fait tout son possible pour l'empêcher de nous acheter ; qu'il avait fini néanmoins par y consentir, et avait même pris part à la spéculation.

Le 28, dès la pointe du jour on nous ordonna de charger les chameaux. Tous les Arabes campés dans la vallée partirent le matin pour mener à l'eau ceux qui leur appartenaient : ces animaux n'en avaient pas eu depuis dix-huit jours, et on était encore à deux journées de distance des puits près desquels nous avions été faits prisonniers.

Dans le moment où nous partions, Robbins, un de mes matelots, vint nous voir avec son maître. Je suppliai Sidi-Hamet de l'acheter ; il répondit qu'il ne le pouvait pas, et nous pressa de nous mettre en route. Je n'eus que le temps de dire à Robbins que, si je réussissais à recouvrer entièrement ma liberté, je ferais tous mes efforts pour le racheter lui et tout le reste de l'équipage ; je l'engageai à encourager ses autres compagnons d'infortune ; ensuite nous lui dîmes adieu de la manière la plus affectueuse, mais le cœur navré d'être obligés de laisser tant de nos compatriotes dans un dur esclavage.

Sidi-Hamet et Seïd, son frère, étaient

montés chacun sur un vieux chameau ; ils en avaient en outre un jeune non encore dressé pour servir de monture. Bientôt nous fûmes joints par Abdallah, jeune Arabe qui avait été le maître de M. Savage. Alors Sidi campa M. Savage, Burns et Horace sur le plus gros chameau, puis Clark et moi sur l'autre vieux. Seïd et Abdallah prirent place sur celui de ce dernier, et Sidi monta lui-même le jeune pour le dresser : cet arrangement prouve son humanité. Nous partîmes au trot allongé. Nous étant arrêtés dans une vallée, il me donna une chemise de toile à carreaux pour m'en couvrir, avouant qu'il l'avait volée, et qu'il avait vainement essayé d'en dérober une autre pour Horace. Je lui baisai la main en signe de reconnaissance, et le remerciai au nom de Dieu. M. Savage et Horace avaient chacun sur le dos une petite peau de chèvre ajustée à ce qui leur restait de vêtemens ; Burns, une mauvaise jaquette, et Clark, un morceau d'une vieille toile, de sorte que nous étions passablement bien couverts.

Le 29, après deux journées très-fatigantes, nous arrivâmes sur les bords d'un grand enfoncement qui paraissait avoir été le lit d'une rivière ou d'un bras de mer ; il avait près de cinq cents pieds de profondeur. Les côtés étaient presqu'à pic. Après avoir cherché long-temps, nos maîtres trouvèrent enfin un endroit par où les chameaux pouvaient descendre. Tout le monde mit pied à terre. Quand nous eûmes franchi le plus difficile de la côte, Seïd et Abdallah allèrent en avant, le fusil à la main, à la recherche d'une source d'eau. Sidi-Hamet me fit marcher à côté de lui, et laissa les autres mener les chameaux lentement derrière nous, car nous étions tous également épuisés : nous n'avions rien eu à boire la veille, et nous n'avions mangé qu'un peu de viande. Sidi-Hamet s'entretint encore avec moi sur notre rançon, et me rappela mes promesses que je lui renouvelai ; nous nous séparâmes ensuite. Après avoir cherché encore une heure, il découvrit la source, et me fit signe de monter où il était, au pied d'une falaise perpendiculaire. Arrivé près de lui, et ne voyant aucun indice d'eau, je pleurai amèrement, croyant qu'elle s'était tarie, et que nous allions périr de soif. « Re-« garde là-bas, » me dit-il en me montrant du doigt une fente dans le rocher. J'aperçus de l'eau, mais la fente était trop étroite pour que l'on pût s'y frayer un passage. Alors m'indiquant, à cinquante pieds plus loin, un autre endroit où je pouvais descendre : « Bois, « me dit-il, elle est douce. » J'arrivai bien vite, et je la trouvai en effet très-douce. J'en bus abondamment, et j'appelai mes compagnons qui furent au comble de la joie de pouvoir se désaltérer : jamais je n'ai bu d'eau plus fraîche ni plus limpide.

Quand nous eûmes apaisé notre soif, nos maîtres prirent la grande gamelle ; mes camarades l'emplissaient d'eau, me la faisaient passer, et je la versais dans une outre de peau de chèvre. Le grand chameau avala quinze fois le contenu de la grande outre qui était au moins de seize bouteilles, de sorte que seul il but deux cent quarante bouteilles d'eau. Mes compagnons craignaient qu'il ne tarît la source. Sidi-Hamet m'assura que cet animal n'avait pas bu depuis vingt jours. Les autres ne burent pas autant à proportion. Nous emplîmes ensuite deux outres de cette eau qui, en diminuant, était devenue chargée et blanchâtre, et nous continuâmes notre route dans le bas de la cavée, en marchant à l'est. En plusieurs endroits, le fond était incrusté de sel, et d'énormes fragmens de rochers remplissaient des espaces considérables au pied des falaises. Les sources dont je viens de parler sont à cent pieds au-dessous de la surface du désert, et à près de quatre cents pieds au-dessus du fond de l'immense cavée. Nos maîtres marchèrent en grande hâte à l'est, afin d'y trouver une issue pour sortir de ce lugubre abîme, plus triste encore, s'il est possible, que l'aspect du désert. Les chameaux produisaient, en marchant sur la croûte du sel, le même bruit que l'on entend quand on parcourt une surface couverte d'une légère couche de neige gelée. Arrivés à un endroit du côté nord, qui présentait une espèce de promontoire, nous gravîmes à peu près jusqu'à deux cents pieds du sommet. Là, nous fûmes obligés de mettre pied à terre, et de caresser les chameaux pour les encourager à monter. La pente, quoique taillée en zig-zag, était très-roide, et le rocher si lisse et si glissant, que ces animaux s'abattirent plusieurs fois. Nos maîtres, pour les encourager à se relever, se mirent à chanter. Ils les aidaient, les soulevaient dans les mauvais passages, et imploraient avec beaucoup de ferveur l'assistance de Dieu, de son prophète et de tous les saints.

Enfin, parvenus à la surface du désert, ils s'arrêtèrent quelques minutes pour donner aux chameaux le temps de souffler. Le soir, nous ne trouvâmes rien pour nous abriter contre le froid de la nuit, et rien pour faire brouter les animaux. Quant à nous, la famine nous tourmenta cruellement : nous fûmes réduits à une once de viande chacun.

Le 30 septembre, nous marchions très-vite, le vent du nord-est directement dans le nez, quand, sur les deux heures après midi, Sidi-Hamet me dit qu'il apercevait un chameau : il paraissait, ainsi que ses compagnons, fort réjoui de cette rencontre. Nous eûmes beau regarder de tous côtés, ce ne fut que deux heures après que nous découvrîmes quelque chose à l'horizon : nos maîtres se dirigèrent plus à l'est. A la fin, nous vîmes tous un chameau qui se montrait comme un point dans l'espace. Nous ne joignîmes qu'au coucher du soleil le troupeau dont il faisait partie, et qui appartenait à des voyageurs : ceux-ci invitèrent nos maîtres à faire route avec eux ; nous les suivîmes jusqu'à leur campement.

Ces Arabes avaient avec eux plusieurs de nos vêtemens, et une longue vue que j'avais achetée à Gibraltar, ce qui me fit croire que nous n'étions pas à une grande distance du lieu de notre naufrage : le chef de cette bande ne put d'ailleurs rien me dire sur notre navire. Après l'avoir remercié de son hospitalité, nous continuâmes notre route le lendemain, sans rien qui pût diriger notre marche sur la surface uniforme du désert. Vers les quatre heures après midi, nous aperçûmes une troupe de chameaux qui étaient allés au nord pour se procurer de l'eau, et qui faisaient route au sud-ouest avec des outres bien pleines. Sur l'invitation des maîtres de ce troupeau, nous les suivîmes à leur campement, dans une vallée assez longue, mais peu profonde. Nous y fûmes bien traités : les hommes et les femmes m'appelaient El-Reïs; ils nous entouraient en nous montrant à leurs enfans comme des merveilles. Quelques-uns me firent des questions sur mon pays, mon bâtiment, et ma famille.

Le 2 septembre, nous parcourûmes, avec cette horde, à peu près vingt milles au nord. Alors on fit halte; on nous donna beaucoup de lait à boire. Nos maîtres achetèrent un mouton : cette tribu en possédait un troupeau d'environ cinquante têtes. Ces animaux étaient si chétifs, qu'ils pouvaient à peine se tenir debout. Le 3, nous dîmes adieu à cette tribu hospitalière : on y avait échangé notre jeune chameau pour un vieux, qui boitait du pied droit de devant. A midi, arrivés dans une vallée basse, nous tuâmes le mouton, qui ne pouvait pas aller plus loin. Il y avait en ce lieu un puits d'assez bonne eau, creusé à quarante pieds de profondeur, entre de grosses racines.

Le 4, l'aspect du désert changea : sa surface devint plus sablonneuse. Le sable était amoncelé en petits tas mobiles, au milieu desquels nous éprouvions beaucoup de difficulté à marcher, parce que nous enfoncions à chaque pas. Ce sable était d'une chaleur brûlante. Nous montâmes tous sur les chameaux. Nous aperçûmes alors d'immenses collines de sable, qui s'étendaient, du sud au nord, à perte de vue : bientôt nous nous trouvâmes entourés de ces collines, dont quelques-unes s'élevaient à deux cents pieds au-dessus de nos têtes; formées de sable mouvant, elles semblaient menacer d'écraser notre petite caravane. Le vent, qui soufflait avec violence, soulevait ce sable par intervalle. Quand ces tourbillons s'élevaient, nous ne pouvions nous apercevoir les uns les autres, et le sable, en frappant nos visages et nos corps presque nus, nous causait des douleurs incroyables. Les chameaux enfonçaient, comme nous, dans les monticules ; ils les montaient avec beaucoup de difficulté ; mais ils les descendaient très-facilement, et souvent au trot allongé.

A la nuit tombante, nous arrivâmes dans un endroit où le sable, moins amoncelé, figurait un lac entouré de montagnes. Il y avait quelques broussailles, que les chameaux dévorèrent. Nous mangeâmes le reste de notre mouton.

Le 5, nos chameaux, en s'égarant, retardèrent notre voyage. Vers onze heures, les monticules de sable se trouvèrent si nombreux et si rapprochés, qu'il fallait la plus grande attention pour empêcher les chameaux de s'y embarrasser, de manière qu'il aurait été impossible de les retirer. Nos maîtres marchaient en avant, deux d'entre eux à une distance considérable, pour choisir et indiquer la route; le troisième pour répéter les signaux qu'on lui faisait, et pour diriger la marche. L'ardeur du sable, échauffé par le soleil, nous brûlait les pieds. Nous n'avions rien à manger ; notre eau était presque épuisée. Nous désespérions de sortir de ces horribles amas de sable mouvant, ou de trouver quelque chose qui pût nous soulager dans nos cruelles souffrances. A neuf heures du soir, nous fîmes halte au milieu de ces monticules : il n'y avait pas la moindre broussaille pour nos chameaux. Nos maîtres nous donnèrent de l'eau. Nous étions si fatigués, que bientôt nous nous endormîmes profondément. Je fus réveillé dans la nuit par un bruit sourd, qui venait du nord : je pensai que c'était un ouragan violent qui allait bientôt nous engloutir à jamais dans les sables. J'éveillai mes compagnons : ils furent, pendant quelques momens, encore plus effrayés que moi; mais, voyant que ce bruit était toujours le même, et que le vent n'augmentait pas, je fus persuadé que c'était le mugissement de la mer, qui brisait contre une côte peu éloignée. Mes compagnons furent ravis, car ils eurent la preuve qu'effectivement nos maîtres nous menaient vers l'empire de Maroc. En partant, le 6, je fis part de mes conjectures à Sidi-Hamet; il me dit qu'elles étaient vraies.

A midi, nous laissâmes à gauche ces énormes tas de sable, et nous montâmes sur nos chameaux. Ayant aperçu, au nord-est, deux de ces animaux, nous dirigeâmes notre course vers eux ; ils étaient chargés : nous ne vîmes aucune créature humaine ; ils portaient de grands sacs faits de toile à tente. L'un avait de plus sur le dos un grand pot de terre et de petits sacs de peau. Seïd et Abdallah firent marcher ces animaux avec les nôtres, en observant un profond silence, tandis que Sidi-Hamet, tenant son fusil à deux coups armé et amorcé, cherchait le propriétaire ; il le rencontra à la fin, endormi sur le sable ; il alla droit à lui, le fusil prêt à tirer : quand il vit que cet homme n'avait pas d'armes auprès de lui, et dormait profondément, il s'approcha tout doucement, lui prit un petit sac qui se trouvait près de sa tête, se retira avec les mêmes précautions, et nous eut bientôt rejoints. Seïd et Abdallah avaient fait accroupir les chameaux chargés, pour examiner ce qu'ils portaient. L'un des sacs contenait de l'orge ; ils en ôtèrent environ cinquante livres, qu'ils mirent dans un grand sac de cuir. Il n'y avait dans les petits sacs que des bagatelles de peu de valeur ; mais le sac enlevé à côté de l'Arabe était rempli de farine d'orge. Enchantés de cette heureuse découverte, nos maîtres versèrent un peu de cette farine dans une grande gamelle, la mêlèrent avec de l'eau et l'avalèrent ; ils nous donnèrent ensuite une bouteille d'eau à chacun, avec une poignée de cette farine : ce fut pour nous un gruau délicieux. Après quoi, ils nous firent monter précipitamment sur nos chameaux, et partirent au grand trot vers le sud-est, abandonnant les chameaux étrangers à eux-mêmes.

Environ une demi-heure après, nous vîmes un homme qui courait de toute sa force après nous, et qui criait comme pour nous faire arrêter. Nos Arabes voyaient bien que c'était l'homme qu'ils avaient volé ; ils en pressèrent davantage leur marche. Sidi-Hamet observa d'un ton dédaigneux qu'il n'avait pas d'armes à feu. Le besoin où nous étions nous faisait craindre qu'il n'exigeât la restitution de son orge. Cet homme nous gagnait avec rapidité ; nos maîtres lui firent signe de rebrousser che-

min, et le couchèrent en joue ; cependant il continua d'avancer, quoiqu'il n'eût pour arme qu'un sabre. Lorsqu'ils le virent tout près, ils firent halte. Alors, prenant Dieu à témoin et se prosternant, l'étranger déclara qu'il avait perdu des objets qui lui appartenaient ; qu'eux seuls pouvaient les avoir pris ; qu'il était leur frère ; qu'il mourrait plutôt que de commettre une mauvaise action ou d'en laisser commettre une à d'autres. « Vous avez des armes à feu,
« ajouta-t-il, et vous croyez que vous pouvez
« me tuer dans un moment ; mais le Dieu de
« justice est mon bouclier ; il protégera l'in-
« nocent. Je ne vous crains pas. » Sidi-Hamet lui cria de laisser son sabre à terre, et de s'approcher sans crainte. Nous descendîmes tous de dessus les chameaux. « Sommes-nous en
« paix ? demanda l'étranger. — Oui, répliqua
« Sidi-Hamet. » Alors ils s'embrassèrent, se serrèrent la main, et s'assirent à terre. Après un long débat, dans lequel nos maîtres se justifièrent d'avoir pris l'orge sans permission, parce que nous, leurs esclaves, nous mourions de faim, ce qui était vrai, ils ajoutèrent :
« Tu ne leur en aurais certainement pas re-
« fusé un peu, si tu avais été éveillé ? » Ils

rendirent ensuite à l'étranger son orge et sa farine. Tous firent ensemble la prière. Nous remontâmes sur nos chameaux, et nous continuâmes notre route à l'est aussi vite que nous pûmes.

Le soir, très-tard, nos maîtres entendirent des voix d'hommes qui s'appelaient les uns les autres, à peu de distance sur notre gauche. Cet incident parut leur causer beaucoup d'effroi. Nous entrâmes, sans faire le moindre bruit, dans une vallée profonde, où il y avait beaucoup de broussailles pour nos chameaux. Nos maîtres, armés de leurs fusils, gravirent des monticules de sable qui couvraient la vallée, nous forcèrent à les suivre, et, arrivés au sommet, ils se mirent à pousser des hurlemens affreux, en contrefaisant les cris de bêtes féroces. J'avoue que je fus saisi d'épouvante; car je supposai qu'ils avaient l'intention de voler et de massacrer les hommes dont nous avions entendu les voix, et que nous étions destinés à partager les dangers et les dépouilles. Après avoir ainsi passé deux heures à monter et à descendre, ils trouvèrent un réduit très-commode, entouré de tous côtés de hauts monticules de sable, et où croissaient pourtant de petites broussailles; ils nous firent coucher, et, après avoir hurlé encore une demi-heure, ils nous dirent de nous endormir. Je fus convaincu alors que la peur seule leur avait suggéré cette singulière manœuvre.

Le 7, au matin, nous allâmes à nos chameaux, qui étaient sains et saufs : il y en avait d'autres dans la vallée; ils broutaient des buissons différens de ceux que nous avions vus jusqu'alors. A l'instant où nous étions près de nous mettre en route, une vieille femme, suivie d'un petit garçon, vint à nous ; elle nous adressa des questions, et, voyant que nous avions le plus grand besoin de manger, elle fit partir l'enfant qui revint bientôt avec des restes bouillis, qui devaient être ceux d'un mouton ou d'une chèvre; puis elle nous fit boire de l'eau colorée avec du lait aigre. En remontant le lit de rivière desséché, où nous avions passé la nuit, nous vîmes les premiers arbrisseaux, qui en méritaient le nom, depuis que nous étions en Afrique. Parvenus en haut, nous nous trouvâmes encore une fois dans le désert. A gauche, des monticules de sable interrompaient seuls l'uniformité de l'horizon. Nous découvrîmes, auprès de ces dunes, un homme monté sur un chameau; il s'avançait rapidement de notre côté. Nos maîtres mirent pied à terre pour l'attendre, et creusèrent dans le sable pour y déposer deux petits sacs qu'ils avaient dérobés la veille à l'étranger. C'était lui; il dit sans façon à nos maîtres qu'ils l'avaient volé et trompé: ceux-ci se défendirent, firent voir qu'ils n'avaient sur eux rien de ce qu'il réclamait, l'invitèrent à examiner lui-même le bagage de nos chameaux, et prirent Dieu à témoin qu'il les accusait à tort. L'Arabe eut l'air de se contenter de leurs sermens, et s'en alla au grand galop. Quant à eux, ils déterrèrent les objets qu'ils avaient enfouis, et vinrent nous rejoindre. Sidi-Hamet me montra les sacs: l'un contenait de l'opium et de petits bâtons creux, longs de huit pouces, et pleins, à ce que je crois, de poudre d'or; l'autre, des tiges de tabac et une racine. J'avoue que je n'étais nullement content d'avoir découvert le penchant de mes maîtres pour le vol.

Le 8, nous rencontrâmes, dans l'après midi, un troupeau de chameaux, de chèvres et de moutons. Les Arabes qui en étaient les maîtres invitèrent les nôtres à passer la nuit avec eux;

ils avaient leurs tentes près d'un petit bouquet d'arbres épineux. Nos maîtres achetèrent un chevreau, et nous en donnèrent les intestins ; quelques Arabes, assis à terre autour d'eux, refusèrent des morceaux de viande qui leur furent offerts. Cette circonstance me fit augurer que le pays devenait meilleur, puisque ses habitans n'étaient plus affamés. Nos hôtes nous réveillèrent à minuit, heure du repas des Arabes, pour nous apporter une gamelle pleine d'une espèce de pâte, où ils avaient versé du lait doux. Ce mets nous parut le plus délicieux que nous eussions mangé de notre vie.

Le 9, nous arrivâmes près d'un puits profond. Les Arabes qui étaient là pour abreuver leurs chameaux saluèrent nos maîtres de la manière la plus amicale ; ils furent moins bienveillans pour nous que ceux de la veille. Les deux jours suivans, nous ne rencontrâmes personne : nous mourions de faim. Le 12, nous aperçûmes deux hommes conduisant deux chameaux ; ils nous indiquèrent la route que nous avions à tenir. En gravissant de hautes collines de sable, notre vieux chameau boiteux tomba, épuisé de fatigue : nous fûmes obligés de l'abandonner. Bientôt nous vîmes un Arabe qui conduisait un troupeau de chèvres; nous lui en prîmes quatre, et nous lui donnâmes en échange le chameau laissé en arrière. Seul, avec sa femme et sans armes, il fut contraint de consentir au marché : la femme se montra la plus opposée à cet arrangement; il n'y eut que la menace de la tuer d'un coup de fusil qui fit cesser le torrent d'injures dont elle accablait nos maîtres. Bientôt nous aperçûmes la mer dans le lointain : cette vue me rappela de tristes souvenirs. Le soir, nous nous reposâmes près d'un petit campement d'Arabes, qui nous régalèrent le mieux qu'ils purent. Nous achetâmes encore deux chèvres.

Le 14, nous arrivâmes sur les bords de l'Océan; ils étaient élevés de deux cents pieds au-dessus de sa surface. A droite, une falaise de trois cents pieds de hauteur terminait une plaine en pente douce, large de trois à quatre milles, et couverte de cailloux roulés. A la nuit, nous rencontrâmes une troupe d'Arabes qui suivaient la même route que nous : nos maîtres eurent bientôt fait connaissance avec le chef, nommé Hassar. Sa femme, nommée Tamor, m'adressa la parole dans un langage mêlé d'espagnol et d'arabe; elle me dit qu'elle avait sauvé la vie à des Espagnols naufragés, et qu'elle était allée, à Lanzerotte, traiter de leur rançon : elle nous montra beaucoup de bienveillance, et assura que tant que nous resterions avec elle nous ne mourrions pas de faim.

Nous voyageâmes ensuite alternativement sur le haut de la falaise et au bord de la mer. Le 16, les Arabes nous parurent très-inquiets; ils doublèrent le pas, en disant qu'il y avait dans les environs beaucoup de voleurs, qui essaieraient de nous enlever. A minuit, nous traversâmes une vallée très-large. Tout à coup Clark, qui était assez loin de moi, m'appela et me dit que M. Savage s'était évanoui, et qu'on l'assommait : je courus à son secours. Seïd frappait à grands coups de bâton ce corps, qui paraissait sans vie ; Hassar l'avait pris d'une main par la barbe, et de l'autre tenait un large cimeterre, dont il allait lui couper le cou. Je repoussai rudement cet Arabe, et, serrant dans mes bras le corps de M. Savage, je le soulevai et demandai de l'eau. Hassar voulait me percer de son cimeterre; Sidi-Hamet l'en empêcha. Tous les Arabes, hommes, femmes, enfans, nous entouraient; ils pensaient généralement que M. Savage était méchant et entêté, et que, par mauvaise volonté, il refusait d'avancer précisément parce qu'il voyait qu'on précipitait la marche pour échapper aux voleurs : voilà pourquoi on avait résolu de le tuer. Je vins pourtant à bout de leur faire comprendre qu'il s'était trouvé mal de faim et de fatigue, et qu'il n'y avait de sa part aucune méchanceté. Sidi-Hamet fit venir un chameau, et ordonna de donner à boire à M. Savage : quand il le vit reprendre ses sens, il répandit des larmes, et, le plaçant sur un chameau avec Clark, pour que celui-ci pût le soutenir, ils se remirent en route.

Le 17, nous vîmes que les hautes falaises, à droite, étaient surmontées de hautes montagnes, dont le sommet s'apercevait à une distance considérable. Cet aspect, bien nouveau pour nous, servit à me convaincre que nous étions enfin hors de la plaine vide du désert. Le soir, nous traversâmes une petite rivière d'eau douce, remplie de gros poissons. Le lendemain, au coucher du soleil, nous arrivâmes près d'un terrain qui avait été cultivé; tout auprès se trouvait un tas de paille d'orge. Que l'on juge de notre joie, à la vue de ces premiers signes de culture!

Le 19, à deux heures après midi, des huttes en pierres brutes s'offrirent à nos regards : un instant après, nous vîmes un ruisseau d'eau douce qui serpentait entre deux rives couvertes d'arbustes ; un peu plus loin, des vaches, des ânes, des moutons, paissaient sur une pelouse bien verte. De nombreux dattiers ombrageaient les bords du ruisseau. A cette vue, aussi ravissante qu'inattendue, je remerciai Dieu de sa bonté infinie. L'excès de la joie nous avait tellement étourdis, que nous eûmes bien de la peine à parvenir jusqu'au bord de l'eau : nous y plongeâmes la tête, comme des chameaux altérés, et nous en bûmes tant que notre estomac le put supporter. Les Arabes donnent à ce ruisseau le nom de Oued-el-Noun (ruisseau de Noun).

Nous nous étions endormis à l'ombre des dattiers ; au bout de deux heures de sommeil sous ces arbres, les premiers que nous eussions trouvés dans notre triste pèlerinage, Sidi-Hamet nous éveilla pour nous mener près d'une des huttes, et, à notre grande joie, partagea avec nous environ quatre livres de miel dans son rayon. Il eut beaucoup de peine à empêcher les gens de Hassar de nous arracher cette délicieuse nourriture ; il tenait d'une main le rayon dont il nous passait les morceaux, et de l'autre son fusil armé.

L'endroit où nous étions paraissait être très-fréquenté. De nombreuses troupes de chameaux non chargés, venant du même côté que nous, et d'autres arrivant du sud, se dirigeaient à l'est. Beaucoup de chameaux, chargés principalement d'orge, de sel, de fer, prenaient la route du désert. Nous vîmes aussi passer des partis de soixante à quatre-vingts Arabes, tous montés sur de beaux chevaux de race, bien tenus, bien dressés et pleins de feu. Les cavaliers portaient des manteaux, et étaient armés de fusils à un coup, incrustés d'ivoire et de bois de couleur. Tous ceux qui passaient paraissaient très-liés avec nos maîtres. Tous voulaient savoir notre histoire, et me demandaient ce que je pensais de leurs brides, de leurs fusils, de leurs sabres, et en général de toutes les parties de leur enharnachement. Je répondais toujours que tout était parfait. Un vieillard, d'une mine respectable, et qui savait quelques mots d'espagnol, me fit des questions sur mon pays et sur les amis que j'avais à Souarah ; il me nomma tous les consuls qui habitent cette ville. D'après le nom, j'indiquai le consul anglais comme celui que je connaissais. Le vieillard dit à mon maître qu'il croyait que je disais la vérité. Il allait à Souarah, où il devait arriver en dix jours, et offrit de se charger d'une lettre, si mon maître me permettait d'écrire ; mais nous n'avions pas de papier. Je compris, par ses discours, que Souarah est la ville que les Européens nomment Mogador.

La petite troupe de Hassar se divisa ; une partie prit la route frayée à l'est, et emmena la moitié des chameaux. Hassar et les autres conduisirent le reste, y compris les nôtres, dans la direction du nord-est ; nos maîtres, deux autres Arabes et nous, allâmes au nord. Il fallut franchir, avec beaucoup de peine, des montagnes escarpées. Je fus bien convaincu que nos maîtres prirent cette route, de crainte d'être surpris et pillés, pendant la nuit, par quelqu'un des partis que nous avions vus dans le jour. Arrivés enfin à un petit plateau, nous vîmes un camp de douze tentes : on nous y donna des dattes.

Le 21, nous nous rapprochâmes de la mer en traversant un grand nombre de défilés escarpés. Le 22, nous fûmes sur le point d'être surpris par quatre brigands forts et actifs qui ne cessèrent de voltiger autour de nous. Le soir, nous rejoignîmes les tentes d'Hassar et de sa famille. Nous y fûmes régalés de gros poissons excellens, et nous y dormîmes dans un cercle formé par nos maîtres et leurs chameaux, parce qu'il y avait dans les environs un grand nombre de voleurs.

Le lendemain, nous vîmes une citerne construite de main d'homme, aux frais d'un homme charitable, et très-bien arrangée pour recevoir l'eau des lieux voisins. Elle était presque remplie d'eau qui nous fut très salutaire, car le poisson nous avait singulièrement altérés. Nous aperçûmes ensuite, sur les hauteurs à droite, des villages murés, entourés de champs que l'on cultivait, et de pâturages où paissaient des chèvres et des moutons. Aux approches de la nuit nous descendîmes dans une vallée délicieuse. Le fond en était couvert de beaux jardins où les figuiers et les grenadiers abondaient; ils dépendaient de deux petits villages situés sur la falaise à l'est. Dans l'après-midi, une troupe de dix hommes à cheval, bien armés, vint nous reconnaître. Il y eut des pourparlers un peu vifs entre nos maîtres et ces bandits. La bonne contenance des premiers les écarta.

Nous n'avions aperçu aucun symptôme de maladie, et pas le moindre signe d'infirmité parmi les habitans du désert; mais en arrivant dans les pays cultivés, nous ne vîmes que des malades. Ceux-ci, qui nous prirent pour des gens habiles en médecine, me consultaient partout; j'ordonnai quelques remèdes bien simples qui procurèrent du soulagement. Du haut d'une colline nous découvrîmes une terre très-élevée qui se perdait dans l'horizon, à une distance prodigieuse à l'est, à l'extrémité de l'Océan, et ressemblait à une île. « C'est Souarah, me dit Sidi-Hamet, nous y serons dans dix jours. »

Le 23, nous partîmes, avant le jour, sans bruit. Nous n'avions pas fait plus de deux lieues que quatre cavaliers armés, qui accouraient derrière nous au grand galop, nous atteignirent; une longue querelle commença. Au point du jour, nos ennemis furent joints par plusieurs Arabes à pied et sans armes. On força nos maîtres à restituer deux chameaux qu'ils avoient enlevés par mégarde, à ce qu'ils prétendirent : après quelques explications on se sépara. Cette aventure avait augmenté la mauvaise humeur habituelle de Seïd. Il réclama, avec beaucoup d'aigreur, Horace comme sa propriété, et se saisit de ce jeune homme, ainsi que de M. Savage qui déjà lui appartenait. Sidi les lui arracha. Les deux frères en vinrent aux mains ; ils se terrassèrent, puis, s'étant relevés, ils se couchèrent en joue. Sidi, après un moment de réflexion, tira son fusil en l'air, et jeta son arme par terre. Il proposa ensuite à son frère de prendre Clark et Burns au lieu d'Horace. Seïd n'y voulut pas consentir ; il menaça même de tuer l'enfant, et le saisissant à la poitrine, le lança de toute sa force contre terre. La violence du coup avait fait perdre connaissance au malheureux Horace. Je le crus mort ; je me précipitai sur lui en versant un torrent de larmes ; je me livrais au désespoir le plus affreux. Soulagé par les pleurs, mais en proie aux plus terribles angoisses, j'obéis à mon maître qui m'avait ordonné de me relever et de marcher. Je pensai qu'il était inutile de déplorer si amèrement le sort de mon fils adoptif, lorsque j'ignorais moi-même si je ne devais pas bientôt m'attendre à une mort semblable, et peut-être même plus cruelle. Cependant la colère de Seïd s'apaisait peu à peu. Sidi s'approcha d'Horace, et le mit sur son séant. L'enfant revint à lui. A cette vue, Sidi fondit en larmes; elles coulaient à grosses gouttes. Il dit à Horace, d'un ton de voix fort ému : » Va auprès de Riley ». J'allai à lui aussi vite que je le pus; et, le serrant dans mes bras, je lui demandai s'il était grièvement blessé. Comme il souffrait beaucoup, et qu'il n'avait pas encore repris sa respiration, il ne put pas me répondre. Nos maîtres s'assirent de nouveau à terre pour discuter à fond cette affaire, et ils commençaient à parler très-haut lorsque, fort heureusement, des étrangers parurent. Cette apparition soudaine les fit souvenir que leurs forces réunies étaient nécessaires pour leur défense personnelle, et pour celle de leur propriété : ils convinrent donc de voyager de bonne intelligence.

Nous étant remis en route, nous arrivâmes

dans un village où un vieillard respectable nous donna l'hospitalité. Pour la première fois, nous ne pûmes achever le repas qu'on nous servit. Sidi-Hamet prit avec lui un jeune homme vigoureux, nommé Ben-Mohammed, parce qu'il ne voulut pas se fier davantage à voyager seul avec son frère. Dans un autre village, un autre Arabe, nommé Sidi-Mohammed, nous accueillit. Il me dit qu'il était allé plusieurs fois à Souarah, et qu'il y avait vu tous les consuls, puis il me fit répéter toutes mes promesses à Sidi-Hamet. Après un repas dans lequel on nous donna des gâteaux de farine d'orge qui ressemblaient à du pain, Sidi-Hamet m'annonça qu'il partirait le lendemain matin pour Souarah avec Sidi-Mohammed, et qu'il espérait y arriver en trois jours ; qu'il fallait que j'écrivisse à mon ami, dans cette ville, une lettre qu'il porterait lui-même. Il renouvela ses observations sur l'espoir qu'il avait que je n'avais pas voulu le tromper, sans quoi je serais mis à mort, et mes gens seraient vendus. Il rappela tout ce qu'il avait fait pour nous, et il ajouta que Séïd et Ben-Mohammed resteraient auprès de nous, et nous soigneraient pendant son absence.

On conçoit que je passai la nuit dans de vives inquiétudes. A qui écrire à Mogador? me disais-je; je n'y connais personne; et cependant il faut que j'écrive à tout hasard. Je ne pus fermer l'œil. Le lendemain de grand matin mon maître me dit d'écrire une lettre; il me donna un chiffon de papier qui n'était pas plus large que ma main, et qui avait à peu près huit pouces de long. Il y joignit un liquide noir qui servait à marquer, et un roseau en guise de plume. Je demandai, avec de vives instances, à l'accompagner; il ne voulut pas y consentir, et exigea une somme plus forte que celle dont nous étions d'abord convenus. J'écrivis ensuite ma lettre que j'adressai *aux consuls anglais, français, espagnols ou américains, ou à tout négociant chrétien, à Mogador ou Souarah.* Je racontais nos aventures, je réclamais la pitié des personnes entre les mains desquelles mon écrit tomberait, et j'y indiquais les correspondans qui rembourseraient les sommes dépensées pour nous. Mon maître prit ma lettre, et partit avec Sidi-Mohammed.

Nous restâmes sept jours dans ce lieu. On nous tenait le jour dans la cour où les vaches, les moutons et les ânes passaient la nuit, et le soir on nous enfermait dans une cave horrible. On nous gardait toute la journée, non pas que l'on craignît que nous prissions la fuite, mais de peur que des Arabes ne vinssent nous enlever. Nous fûmes l'objet de la curiosité générale. Tous ceux qui venaient voulaient savoir si nous savions travailler ; je leur dis qu'élevés pour l'état de marin, nous ne connaissions pas d'autre métier. Un Arabe essaya néanmoins de me faire façonner deux poteaux pour la porte d'une maison. Je gâtai son bois. Des spectateurs disaient qu'en m'appliquant une bonne bastonnade on me ferait mieux travailler. Mes gardiens me sauvèrent cette avanie. On mit successivement à l'épreuve les talens de mes compagnons ; ils suivirent l'exemple et les instructions que je leur avais donnés sur ce point. Si une fois les Maures espèrent qu'un esclave chrétien pourra leur être utile dans leurs travaux, il n'a guère d'espoir de sortir de leurs mains, à moins de payer une rançon exorbitante.

Le huitième jour depuis le départ de Sidi-Hamet, j'étais dévoré d'inquiétude de ne pas le voir de retour, quoique la veille un Maure

nous eût de sa part donné de ses nouvelles. A la nuit tombante, nous vîmes entrer Sidi-Mohammed suivi d'un Maure de bonne mine, qui me demanda en Anglais comment je me portais. A ces mots, mes compagnons et moi nous fûmes debout dans un instant ; l'espérance et la crainte m'agitaient tour à tour. Je pris avec empressement la main du Maure, et le priai de me dire qui il était, quel sort nous était réservé, et où se trouvait Sidi-Hamet : il me demanda alors en espagnol si je parlais cette langue; sur ma réponse affirmative, il me dit : « J'arrive de Mogador ; vo-
« tre lettre a été reçue par un Anglais, le meil-
« leur des hommes, qui a payé sur-le-champ
« votre rançon à Sidi-Hamet : il m'a fait par-
« tir sans me laisser le temps de prendre congé
« de ma femme et de mes enfans. J'ai voyagé
« jour et nuit et avec toute la célérité possible,
« pour venir vous trouver. »

Je fis part à mes malheureux compagnons de cette heureuse nouvelle : nous étions dans l'ivresse de la joie, et néanmoins nous tremblions encore de crainte que ces détails ne fussent pas vrais. Le Maure me présenta une lettre ; je l'ouvris. Mon émotion était si vive, qu'il me fut impossible de la lire, et que je tombai à terre; M. Savage en fit autant : elle était de M. G. Willshire, consul anglais à Mogador. Cet homme humain prenait part à nos souffrances, annonçait qu'il nous faisait remettre sa lettre par Reis-el-Cossim, chargé de recevoir nos ordres et de les exécuter ; qu'il était convenu de payer à Sidi-Hamet neuf cent vingt-cinq piastres à notre arrivée à Mogador, et qu'il retenait celui-ci comme une espèce d'ôtage; enfin il nous engageait à voyager à petites journées pour ménager nos forces ; nous envoyait des vêtemens et des provisions, et renouvelait l'expression de ses sentimens de bienveillance et de compassion pour nos malheurs. Cette lettre était du 25 octobre.

On peut concevoir les sensations que je dus éprouver à sa lecture ; mais je n'essaierai pas de l'écrire : il suffit pour s'en faire une idée de se transporter en imagination dans la situation où je me trouvais. Tout ce que nous pûmes faire fut d'élever nos cœurs à Dieu, et de verser des larmes de joie et de reconnaissance.

Le lendemain matin, nous nous mîmes en

route à huit heures avec Seïd, frère de Sidi-Hamet, Sidi-Mohammed qui était allé avec ce dernier à Souarah, Ben-Mohammed qui avait aidé à nous garder, Reis-el-Cossim, et Cheik-Ali, homme avec qui nous avions fait connaissance depuis peu, et qui jouissait d'une grande considération : tous étaient bien armés. Reis s'était arrangé de manière à nous faire monter à tour de rôle sur des mules. Il m'apprit que Cheik-Ali était le chef d'une tribu d'Arabes très-nombreuse et très-puissante, qui habitait les collines au sud sur le bord du grand désert ; qu'il pouvait mettre dix mille et même quinze mille hommes sur pied, et que Sidi-Hamet avait épousé sa fille : il ajouta qu'il ne pouvait deviner pourquoi il voyageait ainsi de compagnie avec nous ; que cependant il lui soupçonnait, ainsi que moi, de mauvais desseins ; mais que la Providence ne m'abandonnerait pas.

Nous vîmes dans la journée une ville dont les murs étaient démolis, et dont tous les habitans avaient été exterminés par la guerre, deux gros villages enclos de murs et entourés de jardins, de champs de maïs et d'orge, arrosés par des canaux ; les troupeaux étaient d'une maigreur extrême, parce que depuis cinq ans les sauterelles dévastaient le royaume de Maroc. Après le coucher du soleil, nous entrâmes dans Schlema, ville où nous logeâmes chez un forgeron. On charriait du blé dans la ville ; on continua jusqu'à ce qu'il fît tout-à-fait nuit ; on fit rentrer également tous les bestiaux ; ensuite on ferma et barricada la porte avec quatre grosses poutres, et l'on plaça une sentinelle au haut de la muraille. A leur arrivée, Reis-el-Cossim et Cheik-Ali allèrent demander au gouverneur la permission d'y passer la nuit. Tous les habitans vinrent, je crois, l'un après l'autre nous examiner, et questionner nos guides sur notre compte; plusieurs me demandèrent en espagnol comment je me portais.

Le 30 octobre, dès que la porte fut ouverte, nous nous mîmes en route. Arrivés dans une vaste plaine, nous eûmes le plaisir de contempler en plein le mont Atlas qui s'étendait à perte de vue sur notre droite; les sommets de cette chaîne, qui s'élevaient en pics aigus au-dessus des nuages, semblaient couverts de neiges éternelles. Les vents froids et perçans, qui en venaient directement, glaçaient notre sang déjà si appauvri, et nous tremblions de tous nos membres, quoique nous fussions bien couverts. Seïd et les autres Arabes grelottaient eux-mêmes, et couraient à pied de toutes leurs forces pour s'échauffer.

Nous vîmes un grand nombre de villes ou bourgades ceintes de murs. Cheik-Ali m'avait montré beaucoup d'intérêt; il essaya de me convaincre que je ferais bien d'aller avec lui dans ses possessions, me proposant de me donner une de ses filles en mariage, et de me rendre ainsi un des chefs de sa tribu : deux à trois fois il avait fait arrêter notre petite caravane pour parler de ses affaires. Je supposai que Seïd était d'accord avec lui pour nous jouer quelque mauvais tour, à moi et à mes compagnons. Nous arrivons près de la porte d'une ville nommée Stouka, tous affamés et altérés, et nous nous arrêtons au bord d'un puits très-profond; Seïd et Cheik-Ali entrent dans la ville. Je suppose que c'est pour se procurer des provisions : bientôt Sidi-Mohammed et Reïs-el-Cossim sont invités à y entrer pour se rafraîchir avec eux; nous restons en dehors sous la garde de Ben-Mohammed et de deux autres Arabes. Un grand nombre d'habitans, et je crois, tous les enfans de la ville, sortent pour nous considérer ; ceux-ci se mettent à nous jeter des pierres et à nous cracher à la figure : l'épuisement oblige Burns et Clark de s'étendre à terre. Cependant un Arabe apporte un seau, et nous rend le service de tirer de l'eau du puits pour apaiser notre soif. Je tâchai de ranimer le courage de mes compagnons, en leur représentant que bientôt nous serions dans les états de l'empereur de Maroc, et par conséquent hors des atteintes et de la rapacité des Arabes vagabonds.

Tandis que nous attendions ceux de notre caravane qui étaient dans la ville, les vents de l'Atlas, chassant devant eux de gros nuages noirs, nous apportèrent une pluie d'orage qui dura une heure ; c'était la première fois que j'en voyais tomber depuis mon séjour dans ce pays. On nous dit d'aller nous mettre à l'abri sous la porte de la ville, ce que nous fîmes en nous soutenant l'un l'autre, à cause de notre faiblesse. Ne voyant pas venir Reïs-el-Cossim ni les autres, je commençais à soupçonner quelque malheur ou quelque trahison. Il parut enfin, suivi de plusieurs Maures ; il avait l'air chagrin, effrayé, indigné ; il me prit à l'écart, et me dit que Mouley-Ibrahim, chef de cette ville et ami intime de Cheik-Ali, avait, à l'instigation de celui-ci et de Seïd, résolu de nous retenir jusqu'à ce que Sidi-Hamet revînt, et outre notre rançon, apportât quinze cents piastres. Reïs ajouta qu'il avait essayé vainement de leur faire sentir l'injustice de leur demande, et qu'il allait porter ces tristes nouvelles à M. Willshire; qu'il espérait être de retour dans six jours, et qu'il priait le Tout-Puissant de nous préserver dans cet intervalle des embûches de nos ennemis. A ce récit, je fus attéré par la douleur; mes compagnons partagèrent mon désespoir.

Reïs-el-Cossim était au moment de monter sur sa mule pour partir, lorsque Sidi-Mohammed lui dit en s'approchant : « Mouley-« Ibrahim et Cheik-Ali ont décidé que tu « n'irais pas à Souarah ; ils craignent que tu « ne fasses éclater la guerre entre eux et le sul-« tan. » Voyant mon affliction profonde, il me prit par la main et ajouta : « Ne te laisse « pas abattre ainsi, Riley; j'irai à Souarah, « j'y porterai une lettre de Reïs et une de toi « à Willshire : s'il veut un ôtage, je resterai « avec lui. J'ai deux femmes et sept enfans,

« des maisons, des terres et des troupeaux : je
« serai un ôtage bien plus précieux que Sidi-
« Hamet ; lui qui est ton ami viendra sur-le-
« champ te délivrer. Dieu est grand et misé-
« ricordieux ; il te rendra à ta famille. » Je
baisai la main de Sidi-Mohammed en témoi-
gnage de reconnaissance ; je l'appelai mon
père, et je lui dis que j'espérais que le Tout-
Puissant le récompenserait de sa bienveillance.
Reïs alla sur-le-champ trouver Mouley-Ibrahim qui, avec plusieurs personnes de sa suite
et Cheik-Ali, était assis en cercle hors de la
porte de la ville. Reïs et Cheik-Ali exposè-
rent chacun leurs droits à la propriété de nos
personnes, et après de longs débats, convinrent enfin de s'en rapporter à l'équité de
Mouley pour décider entre eux. Celui-ci interrogea Sidi-Mohammed et Ben-Mohammed sur le fond de la contestation : leur té-
moignage fut favorable à la priorité du droit
de Reïs-el-Cossim. Alors Mouley décida que
pour qu'il pût rendre justice à qui elle était
due, il fallait que Sidi Hamet revînt de Souarah, pour être confronté avec ses deux anta-
gonistes, et qu'en attendant, nous serions
gardés dans la ville : il proposa ensuite que

Reïs restât avec lui comme ami. Ce plan agréé par toutes les parties, on nous conduisit à Stouka dans une maison contiguë à celle de Mouley. On étendit une natte pour les Arabes, et on nous relégua dans un coin parmi le bagage ; des sentinelles armées de cimeterres et de fusils, furent posées à la porte de notre réduit, aux portes de la maison et à celles de la ville. Mes compagnons étaient fort abattus; ils avaient le corps tellement affaibli et épuisé par leurs souffrances, qu'ils pleuraient comme des enfans : il aurait été physiquement impossible à Clark et à Burns d'aller plus loin ce jour-là. J'essayai de leur persuader à tous que notre détention nous était avantageuse, parce qu'elle nous donnerait quelques jours de repos, sans quoi nous courrions le risque de tomber malades et peut-être de périr en route. Mouley-Ibrahim, Cheik-Ali et Reïs-el-Cossim furent en conversation toute la nuit.

Le 2 novembre, Reïs m'apporta papier, plume et encre, et me dit d'instruire M. Willshire de notre situation actuelle ; un talb, ou écrivain, écrivit une lettre pour Reïs qui ne savait pas écrire. Seïd, Sidi-Mohammed et Ben-Mohammed partirent de grand matin avec nos lettres, nous promettant d'être de retour aussitôt qu'ils pourraient; Cheik-Ali nous quitta ensuite, disant qu'il serait de retour dans quatre jours.

Laissé seul avec Reïs-el-Cossim, je le questionnai sur la durée de notre détention: il me répondit qu'elle ne serait que de quelques jours, et que nous avions besoin de réparer nos forces pour nous mettre en état de supporter les fatigues du reste de notre voyage; il ajouta qu'il espérait gagner par un petit cadeau l'amitié du chef au pouvoir duquel nous étions. Je lui témoignai mes doutes sur le succès de son plan; il me rassura et me consola par un discours dont la sublimité me remplit d'étonnement et m'inspira un respect véritable pour ce Maure. Il réussit effectivement à se concilier la bienveillance de Mouley-Ibrahim; ce chef nous en donna des preuves en nous envoyant des œufs et des poules, et en nous apportant du bois et de l'eau pour les faire cuire, ainsi que des herbes potagères pour les assaisonner. Nous préparâmes avec ces provisions une soupe qui fut bien salutaire pour nos estomacs délabrés. Le prince et Reïs en prirent chacun une jatte avec une partie des volailles, et trouvèrent ces mets très à leur goût. Le prince voulut absolument que je partageasse avec lui son repas; il me fit beaucoup de questions sur ma famille, et depuis ce moment il ne cessa de nous rendre tous les services qui étaient en son pouvoir : cette circonstance produisit le plus heureux effet sur mes malheureux compagnons.

Le second jour de notre détention, nous vîmes arriver un vieillard à qui Reïs-el-Cossim avait écrit pour réclamer ses services; il apportait l'argent nécessaire pour payer la créance de Cheik-Ali, et deux paniers remplis de provisions. Reïs s'était insinué si avant dans les bonnes grâces du prince, qu'il lui avait donné sa parole de le protéger, ainsi que nous, et si la force était nécessaire, de lui fournir assez de monde pour nous escorter jusqu'aux états de l'empereur de Maroc : il refusa donc l'argent du vieillard, en lui témoignant toute sa reconnaissance. Celui-ci offrit ensuite à Reïs de rassembler ses amis, et de venir, les armes à la main, enlever les esclaves pour les mener sains et saufs à Santa-Cruz, où nous serions hors des atteintes de Cheik-Ali. Reïs le remercia, parce qu'il comptait sur la parole du prince ; le vieillard retourna chez lui.

Le lendemain, Reïs se rendit à une foire à quelque distance de Stouka, et ensuite à un endroit où vivait un saint personnage qui avait fait le pèlerinage de la Mecque, et que l'on nommait Chérif ou Hadji; l'on avait pour ce chérif la vénération la plus profonde et ses paroles avaient force de loi. Reïs acheta un bœuf, en envoya la moitié au saint homme et l'autre à Mouley-Ibrahim. Le soir, le chérif vint trouver Reïs, le remercia de son cadeau et lui demanda quel service il pourrait lui rendre. Alors Reïs lui raconta notre histoire, et le pria de l'aider à forcer Cheik-Ali, dont tout le monde redoutait la puissance, à nous laisser aller tranquillement à Santa-Cruz. Le chérif promit à Reïs de l'aider, et lui tint parole. Le 3, Cheik-Ali, qui comptait sur l'amitié de Mouley-Ibrahim, arriva n'ayant avec lui qu'une seule personne. Le chérif alla le trouver et lui conseilla de conduire, sans perdre de temps, les esclaves à Santa-Cruz, parce qu'un autre chef, que Cheik-Ali connaissait bien et craignait beaucoup, essaierait de s'en saisir par force et sans doute y parviendrait. Cheik-Ali, après avoir entendu ce que lui conseillait le chérif, se rendit chez Mouley-Ibrahim, et tâcha d'obtenir son consentement pour que nous fussions enlevés par surprise pendant la nuit. Le prince refusa de se départir de la première résolution qu'il avait prise. Alors Cheik, voyant ses projets déjoués, vint trouver Reïs-el-Cossim, et lui offrit de l'aider à nous conduire à Santa-Cruz, où ils attendraient l'arrivée de Sidi-Hamet, pour régler à l'amiable ce qui concernait le droit de propriété. Reïs, non moins rusé, ne consentit à partir que lorsque Mouley-Ibrahim, qui était d'accord avec lui, eut promis de l'escorter; il fut convenu que nous nous mettrions en route dès le lendemain à la pointe du jour. Reïs me dit que nous serions tous montés sur des chameaux, et escortés par deux cents hommes du prince, à cheval, pour prévenir toute surprise de la part de Cheik-Ali.

Nous partîmes de Stouka, montés sur des chameaux; Mouley-Ismaël et deux de ses serviteurs, Reïs-el-Cossim et Cheik-Ali avec un Arabe, tous montés sur des mules et des ânes, nous accompagnaient : les propriétaires de nos cinq chameaux allaient à pied, chacun conduisant sa bête et prenant soin du cavalier. Le pays que nous parcourûmes, était couvert de villages murés, de champs fertiles, de nombreux vergers. En approchant de la côte, nous rencontrâmes des collines de sable mouvant, qui s'étendent jusqu'au bord de la mer et occupent un espace de huit à dix milles de largeur. Le soleil n'était pas encore couché, lorsque nous arrivâmes près de Santa-Cruz, ou Agadir. Le Reïs me dit qu'il ne se souciait pas d'y entrer avant la brune, ni de s'approcher de la forteresse, de crainte d'être insulté et détenu : nous nous arrêtâmes donc à un mille de la ville. Il n'était pas entièrement nuit quand nous y fîmes notre entrée; la rue fut bientôt remplie de Maures de tous les âges, qui nous saluèrent en nous crachant à la figure, en nous jetant des pierres et des bâtons, et en nous accablant des injures les plus grossières en espagnol : cependant quelques vieillards nous adressaient la parole plus poliment dans un mauvais baragouin moitié anglais et moitié espagnol.

Après souper, Reïs me recommanda de veiller attentivement à tout; il me dit que de son côté il aurait l'œil ouvert sur tous les mouvemens de Cheik-Ali qu'il soupçonnait toujours de tramer quelque chose contre notre liberté. Mes compagnons ne tardèrent pas à s'endormir; quant à moi, j'attendais avec une inquiétude extrême l'arrivée de Reïs. Peu après minuit, il entra, me fit lever, ainsi que mes compagnons et les chameliers, et leur dit de partir à l'instant : il me confia qu'un de ses amis, qu'il avait chargé de surveiller Cheik-Ali, lui avait appris que celui-ci était venu à bout d'engager le gouverneur à nous retenir, ou à prêter la main à notre enlèvement. Il nous recommanda de hâter notre marche, nous assurant que si avant la pointe du jour nous nous trouvions à quatre lieues d'Agadir, notre liberté était assurée.

Nous marchions depuis deux heures avec toute la diligence possible, et nous avions probablement déjà fait trois lieues, lorsque nos oreilles furent frappées d'un bruit qui annonçait l'approche de chevaux; et dans un moment, quoiqu'il fît obscur, nous découvrîmes tout près de nous, à notre droite, un grand nombre d'hommes montés sur des mules qui venaient du côté opposé à nous. On ne dit pas un mot de part ni d'autre; et, quoique nous ne fussions pas éloignés de plus de neuf à douze pieds, il me fut impossible de distinguer la figure de personne. Il me passa soudain par la tête l'idée que c'était mon ancien maître. Je prononçai aussitôt le nom de Sidi-Hamet; on me répondit vivement : « Qu'est-ce que « c'est, Riley ? » Toute la troupe s'arrêta, et un instant après j'eus le plaisir de baiser la main de Sidi-Hamet. Sidi-Mohammed, Seïd et Ben-Mohammed l'accompagnaient avec quatre Maures que M. Willshire avait chargés de porter l'argent destiné à notre rançon, et de nous amener des mules pour faciliter notre voyage. Sidi-Hamet fut bien content d'apprendre que Cheik-Ali était resté à Santa-Cruz avec Reïs-el-Cossim et Mouley-Ibrahim.

Nous fûmes alors remis dans toutes les formes à Ben-Mouden, celui des Maures chargé de l'argent. Il le compta sur-le-champ à Sidi-Hamet : celui-ci prit, avec ses compagnons et Ben-Mouden, la route de Santa-Cruz ; nous nous acheminâmes vers Mogador avec les trois Maures propriétaires des mules sur lesquelles nous venions de monter.

A dix heures du matin, nous fûmes rejoints par Reïs el-Cossim, Sidi-Hamet, Seïd, Sidi-

Mohammed et Ben-Mouden. Reïs m'apprit que Mouley-Ibrahim et Cheik-Ali étaient partis pour retourner chez eux, le dernier furieux d'avoir vu avorter tous ses projets contre nous. Notre caravane était composée de dix-sept personnes, dont huit armées de fusils, de sabres ou de poignards. Nous marchions le long de la côte, quelquefois sur une grève de sable, quelquefois escaladant une montagne presque perpendiculaire, et d'une hauteur prodigieuse, par un chemin en zig-zag qui semblait avoir été, en plusieurs endroits, taillé dans le roc par la main de l'art. Nous descendions ensuite dans des vallées profondes par cette espèce d'escaliers naturels, le long de rochers qui s'élevaient à pic sur notre droite. Le sentier que nous étions obligés de suivre n'avait pas, dans un endroit, plus de deux pieds de largeur, et, sur notre gauche, il se terminait tout à coup par un précipice profond de plusieurs centaines de pieds, et au bas duquel était la mer.

Nous entrâmes ensuite dans des sables semblables à ceux du désert, nous traversâmes deux rivières, puis nous vîmes des endroits cultivés. Nous fûmes reçus le soir dans une petite ville où le froid et l'humidité nous empêchèrent de dormir. Le lendemain nous parcourûmes un pays très-peuplé et bien cultivé, et nous franchîmes plusieurs montagnes. Sur un plateau élevé à peu près de quinze cents pieds au-dessus de la mer, j'aperçus de grandes piles de sel. Les chameaux qui étaient partis de Stouka avec nous devaient en prendre des charges à leur retour. Ce sel provient de sources qui sortent des montagnes voisines. On reçoit l'eau dans des bassins revêtus d'argile et peu profonds; le soleil la fait évaporer. Il y avait auprès des meules de sel près de cinq cents bêtes de somme qui attendaient leur charge.

Nous passâmes la nuit près d'un village muré. Le lendemain, 7 novembre, après être sortis d'un sentier très étroit, entre de hauts buissons, nous arrivâmes près d'une longue chaîne de monticules de sable mouvant. Il était alors à peu près huit heures du matin. Nous venions de gravir un de ces monticules; la ville de Souarah et son port, où était mouillé un brig avec pavillon anglais, s'offrirent tout à coup à nos regards. Reïs me félicita, m'encouragea et rendit grâces à Dieu avec la ferveur et la dévotion particulières aux Mahométans.

Ce serait en vain que j'essayerais de peindre les diverses émotions de mon cœur dans ce moment si délicieusement intéressant. Bientôt nous approchâmes des murs d'un palais impérial, situé environ à deux milles au sud-ouest de Souarah. On nous fit descendre de dessus nos mules et asseoir sur l'herbe : la vue de tout ce qui m'entourait me ravissait. L'instant d'après, j'aperçus le pavillon américain flotter au haut d'une maison de la ville. Notre libérateur, M. Willshire, l'avait fait arborer dès qu'il avait été instruit de notre prochaine arrivée, par Sidi-Hamet qui avait pris les devants. M. Willshire était ensuite monté à cheval pour venir au-devant de nous. Je l'attendais bientôt, mais je ne croyais pas qu'il fût si près : il était descendu de son cheval, qu'il conduisait par la bride le long du mur du palais. Dès qu'il eut dépassé l'angle qui nous cachait à ses yeux, j'entendis Reïs, qui était allé le joindre, s'écrier en espagnol : « Les voilà. » A ces mots, nous levons les yeux et nous contemplons notre bienfaiteur, qui lui-même tournait, dans ce moment, les siens sur nous. La surprise lui fit faire un pas en arrière, il pâlit ; mais, s'étant remis un peu, il se précipita vers moi et, me pressant sur son cœur, il articula ces mots d'une voix entrecoupée : « Soyez le bien-venu dans mes « bras, mon cher monsieur, ce moment est « pour moi, un moment de bonheur. » Il prit ensuite affectueusement la main de chacun de mes compagnons, et, en pleurant de joie, les félicita sur leur retour à la liberté. Son émotion était si forte que les forces lui manquèrent, il tomba à terre. Tout ce que nous pouvions faire était de lever les yeux au ciel et de remercier Dieu, en silence, de sa bonté infinie envers nous. Reïs-el-Cossim, extrêmement ému de cette scène, fut obligé de se cacher derrière la muraille pour cacher ses larmes, car les Arabes pensent que c'est un déshonneur pour les hommes de pleurer.

Nous nous mîmes ensuite en marche pour Mogador. En y entrant nous fûmes mandés chez le pacha, qui nous adressa plusieurs questions, puis nous dit que nous étions libres; qu'il allait envoyer à l'empereur un rapport sur notre affaire, et que sans doute nous obtiendrions la permission de retourner dans notre patrie.

Arrivés chez M. Willshire, nous fûmes rasés, nettoyés, décrassés, et notre bienfaiteur, aussi humain que généreux, nous fournit du linge et des vêtemens de sa garde-robe. Au milieu de mes infortunes, mon âme avait conservé toute sa force. Ce changement subit de situation m'affecta au point que mes facultés intellectuelles furent dérangées pendant quelque temps. Grâces aux soins assidus de notre bienfaiteur, je recouvrai bientôt leur usage. Mes forces et celles de mes camarades, soutenues par une bonne nourriture, ne tardèrent pas à renaître. On se ferait difficilement une idée de la maigreur extrême à laquelle nous avions été réduits; les habitans de Souarah ne nous désignaient que sous le nom d'esclaves desséchés ou de squelettes.

Je reçus, peu de jours après, une lettre de M. Sprague, négociant américain, à Gibraltar; il m'annonçait qu'il paierait exactement la lettre-de-change que M. Willshire avait tirée sur lui pour le prix de notre rançon, et qu'il lui envoyait deux fusils à deux coups pour remplir la promesse qu'il avait faite aux Maures. Je laisse au lecteur à imaginer quelles durent être mes sensations à la lecture de cette lettre et de celle que M. Sprague écrivait à

M. Willshire. Elle respirait l'amitié la plus tendre pour moi, et cependant je ne connaissais ce galant homme que de mon dernier séjour à Gibraltar.

Les bontés de la Providence envers nous avaient rempli mon âme d'une si vive reconnaissance, que je restai baigné de larmes pendant près d'un mois.

Le 4 janvier 1816, j'embarquai mes compagnons à bord d'une goelette destinée pour Gibraltar; ensuite je pris congé de mon digne bienfaiteur, et je partis avec deux Juifs, un domestique de la même nation, deux muletiers maures et un soldat de l'empereur complètement armé. Le 19, j'arrivai à Tanger. M. Simpson, consul-général d'Amérique, exerça envers moi l'hospitalité la plus touchante. Je m'embarquai le 29 pour Gibraltar, où j'entrai le lendemain. M. Sprague et le consul américain me comblèrent de soins et d'attentions. Le 2 février, je fis voile pour les Etats-Unis, sur le navire *le Rapide* de New-York, avec M. Savage et Horace. Burns et Clark avaient pris passage à bord d'un autre bâtiment. Le 20 mars j'arrivai à New-York; j'allai passer quelque temps dans ma famille, à Midsletown dans le Connecticut, et je me rendis ensuite à Washington. M. W. Dana, sénateur au Congrès, me présenta à M. J. Monroe, secrétaire d'état, qui me reçut avec beaucoup de bonté. Le gouvernement fit payer, des fonds du trésor public, dix-huit cent cinquante-deux piastres, montant de ma rançon et de celle de mon équipage, et l'on m'assura en outre qu'il serait donné des ordres les plus prompts pour payer les sommes qui pourraient être demandées pour le reste de l'équipage.

Dans le courant de l'année, je reçus plusieurs lettres de M. Willshire et de M. Simpson. Ils m'annonçaient que l'on avait reçu des nouvelles du reste de mon équipage. Porter, Robbins et deux autres étaient arrivés à Oued-Noun. M. Willshire avait résolu de les racheter. Deux de mes compagnons étaient morts dans le désert. Robbins est arrivé en Amérique au mois de mai 1817.

Le secrétaire d'état, ainsi que plusieurs membres des deux chambres du Congrès, m'engagèrent à publier la relation de mes malheurs. C'est ce que je viens de faire en me conformant à la plus stricte vérité.

J. RILEY.

NAUFRAGE

DE LA FRÉGATE FRANÇAISE LA *MÉDUSE*, SUR LE BANC D'ARGUIN, EN 1816 (1).

Le 17 juin, la frégate la *Méduse*, faisant partie de l'expédition destinée pour le Sénégal, et portant le gouverneur de cet établissement, partit de la rade de l'île d'Aix. Le 1er juillet, on reconnut le cap Bojador, et l'on vit les côtes du Sahara. Vers dix heures du matin on passa le tropique, et l'on fit la cérémonie du baptême. Pendant ce jeu, la frégate doubla le cap Barbas, en courant à sa perte. Le capitaine Le Roi de Chaumareys présidait à cette farce avec bonhomie, tandis qu'un officier

---

(1) Les Lecteurs qui seront curieux de bien connaître tous les détails du déplorable événement dont nous ne présentons qu'un récit très-abrégé, le trouveront dans l'ouvrage intitulé: *Naufrage de la frégate la* MÉDUSE, *etc.*; par *A.* Corréard et *J. B. H. Savigny*, tous deux naufragés du radeau: 2e édition. — Paris; Eymery; 1816.

ignorant, qui avait capté sa confiance, se promenait sur l'avant, et jetait un coup d'œil indifférent sur une côte hérissée de dangers. Tout le monde ne partageait pourtant pas cette confiance aveugle. Deux passagers, qui connaissaient bien cette côte, disaient hautement que l'on allait y être jeté, ou tout au moins toucher sur le banc d'Arguin : on se moqua de leurs prédictions.

Le 2 juillet, quelques personnes trompèrent le capitaine de la manière la plus singulière : on l'éveille à cinq heures du matin, on le fait monter sur le pont, et on lui persuade qu'un gros nuage qui se trouvait dans la direction, et non loin de la position du cap Blanc, était ce cap même. Après cette prétendue reconnaissance, dont pourtant la réalité fut contestée alors, on aurait dû gouverner plus à l'ouest pendant quarante lieues environ, pour gagner le large, et doubler avec certitude et sûreté le banc d'Arguin, dont la configuration est très-imparfaite sur les cartes : on se serait d'ailleurs, en suivant cette route, conformé aux instructions que le ministère de la marine donne à tous les bâtimens qui partent pour le Sénégal. Ceux qui faisaient partie de l'expédition, et qui ont gouverné suivant ces instructions, sont tous arrivés heureusement. Pendant la nuit, la corvette l'*Echo*, qui était tout près, et à tribord de la frégate, fit beaucoup de signaux : l'on n'y répondit pas; on la perdit de vue.

Le 2 à midi, l'on prit hauteur; M. Naudet, enseigne de quart, assura que l'on était sur le bord du banc d'Arguin : le conseiller du capitaine lui répondit qu'il n'y avait pas sujet de s'alarmer. Cependant M. Naudet, convaincu de la justesse de son opinion, prit sur lui de faire sonder. La couleur de l'eau était entièrement changée, ce qui fut remarqué même par les yeux les moins exercés à ces observations : on crut même voir rouler du sable au milieu de petites vagues qui s'élevaient. On apercevait des herbes nombreuses le long du bord, et l'on prenait beaucoup de poissons: tous ces faits annonçaient que l'on était sur un haut fond. Effectivement, la sonde donna dix-huit brasses. Le capitaine, averti par l'officier de quart, hésita d'abord, puis donna ordre de venir plus au vent, et d'amener une portion des voiles. La sonde, jetée de nouveau, ne donna que six brasses. Le capitaine ordonna de serrer le vent le plus près possible, mais malheureusement il était trop tard.

Une secousse avertit que la frégate a touché. Les officiers donnent leurs ordres d'une voix altérée; la consternation se peint sur tous les visages; on croit à tout moment que le bâtiment va s'entr'ouvrir; on travaille à le soulager. La mer était très-grosse, et le courant très-fort : on avait employé beaucoup de temps sans rien faire d'utile, parce que la confusion, qui est la suite ordinaire des accidens de ce genre, régnait à bord. Pour surcroît de maux, l'obéissance n'était plus la même par le défaut de confiance dans les chefs.

La perte de la frégate devenue certaine, il fallait assurer une retraite à l'équipage. Un conseil fut convoqué; le gouverneur du Sénégal dessina le plan d'un radeau susceptible, disait-on, de porter deux cents hommes avec des vivres. On fut obligé d'avoir recours à un moyen de cette nature, parce que les six embarcations ne pouvaient contenir quatre cents hommes qui étaient sur la frégate. Les vivres devaient être déposés sur le radeau, et, aux heures des repas, les équipages seraient venus y prendre leurs rations. On devait gagner les côtes du désert; et là, munis d'armes et de munitions de guerre, former une caravane, et gagner l'île Saint-Louis. Les événemens qui eurent lieu ensuite, prouvèrent que ce plan était parfaitement conçu, et qu'il eût été couronné du succès ; malheureusement il ne fut pas exécuté.

Le 3, on s'occupa des préparatifs pour quitter la frégate, et l'on renouvela les efforts pour la dégager; mais l'on n'employa que des demi-mesures, et l'on ne réussit pas. L'on voulait embarquer sur le radeau et dans les canots, des provisions, du vin et des pièces à eau ; mais tout se fit avec tant de confusion, que ces objets essentiels furent mal répartis, et qu'une grande quantité fut laissée sur le pont de la frégate, ou jetée à la mer pendant le tumulte de l'évacuation. L'on avait fait, le 4, une liste d'embarquement, et assigné à chacun le poste qu'il devait occuper : on n'eut néanmoins aucun égard à cette sage disposition ; chacun chercha les moyens qu'il crut les plus favorables pour gagner la terre.

Le grand canot reçut trente-cinq personnes;

le canot major, quarante-deux ; celui du commandant, vingt-huit ; un autre canot, vingt-cinq ; la chaloupe, quatre-vingt-huit ; enfin la yole, la plus petite des embarcations, quinze : dix-sept hommes restèrent à bord de la frégate ; plusieurs refusèrent de descendre dans la chaloupe, la dernière embarcation qui déborda : les autres étaient trop ivres pour penser à leur salut.

Il devait y avoir soixante matelots sur le radeau : à peine en mit-on dix. Cent quarante-huit personnes furent confiées à cette frêle machine. La précipitation avec laquelle on l'avait construite empêcha d'y adapter des garde-fous, parce que probablement ceux qui la firent construire ne devaient pas s'y exposer. Elle avait à peu près dix pieds de long : solidement établie, elle eût pu supporter deux cents hommes. Mais elle était sans voile et sans mâture : on y avait placé beaucoup de quarts de farine, cinq barriques de vin et deux pièces à eau : on avait omis d'y mettre un seul morceau de biscuit.

A peine cinquante hommes furent sur le radeau, qu'il s'enfonça au moins de deux pieds : pour faciliter l'embarquement des autres personnes, on fut obligé de jeter à la mer tous les quarts de farine; l'on continua à y embarquer du monde. Enfin, dit M. Corréard, un des témoins de cette triste catastrophe, nous nous trouvâmes cent quarante-huit; il était impossible, tant nous étions serrés, de faire un pas sur le radeau; il s'était enfoncé au moins de trois pieds sur l'avant, et sur l'arrière on avait de l'eau jusqu'à la ceinture. Au moment où nous débarquions de la frégate, on nous jeta du bord à peu près vingt-cinq livres de biscuit dans un sac qui tomba à la mer. On l'en retira avec peine ; il ne formait plus qu'une pâte : nous le conservâmes cependant dans cet état.

Les embarcations de la frégate devaient toutes nous remorquer, et les officiers qui les commandaient avaient juré de ne pas nous abandonner : un enchaînement de circonstances les força de renoncer au plan généreux qu'ils avaient formé de nous sauver, ou de mourir avec nous.

Le canot où était M. le gouverneur vint jeter la première remorque. Les cris de *vive le Roi* furent mille fois répétés par les hommes du radeau, et un petit pavillon blanc fut arboré à l'extrémité d'un canon de fusil.

Si tous les efforts réunis des embarcations eussent continuellement agi sur nous, favorisés comme nous l'étions par les vents du large, nous eussions pu gagner la terre en moins de trois jours; mais le lieutenant de la frégate, voyant que ses efforts devenaient inutiles, après nous avoir remorqué seul un instant, fit larguer l'amarrage qui le tenait au radeau. Plusieurs personnes ont dit qu'après cette opération, le cri barbare de *nous les abandonnons* fut entendu.

Nous ne demeurâmes convaincus que nous étions entièrement abandonnés, que lorsque les embarcations furent presque hors de notre vue. La consternation fut extrême : tout ce qu'ont de terrible la soif et la faim se retraça à nos imaginations, et nous avions de plus à combattre un élément perfide qui déjà recouvrait la moitié de nos corps. Tous les marins et les soldats se livraient au désespoir : ce fut avec beaucoup de peine que nous parvînmes à les calmer.

Nous nous étions embarqués sans avoir pris aucune nourriture; la faim commençait à se faire sentir impérieusement : un peu de biscuit mouillé avec un peu de vin forma notre premier repas, et le meilleur que nous fîmes pendant notre séjour sur ce radeau. Un ordre par numéros fut établi pour la distribution de nos misérables vivres : dès le premier jour le biscuit fut épuisé ; la journée se passa assez tranquillement.

Le soir, nos cœurs et nos vœux, par un sentiment naturel aux infortunés, se portèrent vers le Ciel ; nous l'invoquâmes avec ferveur, et nous recueillîmes de nos prières l'avantage d'espérer en notre salut.

Nous conservions toujours l'espoir que les chaloupes ne tarderaient pas à venir à notre secours : la nuit arriva sans que notre espérance fût remplie. Le vent fraîchit ; la mer grossit considérablement : quelle nuit affreuse !

Pendant cette nuit, un grand nombre de nos passagers, qui n'avaient pas le pied marin, tombaient les uns sur les autres : Enfin, après dix heures de souffrances les plus cruelles, le jour arriva. Quel spectacle s'offrit à nos regards ! Dix ou douze malheureux, ayant les extrémités inférieures engagées dans les séparations que laissaient entre elles les pièces du radeau, n'avaient pu se dégager, et y avaient perdu la vie ; plusieurs autres avaient été enlevés du radeau par la violence de la mer, ensorte qu'au matin nous étions déjà vingt de moins.

Nous déplorâmes la perte de nos malheureux compagnons. L'espoir de revoir, dans le courant de la journée, les embarcations, soutint notre courage; mais comme il fut trompé! Le découragement s'en suivit, et dès-lors l'esprit de sédition se manifesta par des cris de fureur.

La nuit survint; le ciel se couvrit de nuages épais; la mer fut encore plus terrible que la nuit précédente, et les hommes, dans l'impuissance de se tenir sur l'avant ou sur l'arrière, se réunissaient au centre, partie la plus solide du radeau : ceex qui ne purent gagner le milieu, périrent presque tous. Le rapprochement des hommes y était tel, que quelques-uns furent étouffés par le poids de leurs camarades qui tombaient sur eux à chaque instant.

Les soldats et les matelots, se regardant comme perdus, se mirent à boire jusqu'à perdre la raison. Dans cet état, ils portèrent le délire jusqu'à manifester l'intention coupable de se défaire de leurs chefs, et de détruire le radeau en coupant les amarrages qui en unissaient les différentes parties. Un d'eux s'avança, armé d'une hache, pour exécuter ce dessein ; il commençait déjà à frapper sur les liens : ce fut le signal de la révolte. Les officiers avancèrent pour retenir ces insensés ; celui qui était armé de la hache, dont il osa les menacer, fut tué d'un coup de sabre. Beaucoup de sous-officiers et quelques-passagers se réunirent à nous pour la conservation du radeau. Les révoltés tirèrent leurs sabres, et ceux qui n'en avaient point s'armèrent de couteaux. Nous nous mîmes en défense, et le combat allait commencer. Un des rebelles leva le fer sur un officier ; il tomba à l'instant percé de coups. Cette fermeté parut imposer un instant aux séditieux ; mais ils se serrèrent les uns contre les autres, et se retirèrent sur l'arrière pour exécuter leur plan. Un d'eux, feignant de se reposer, coupait déjà avec un couteau les amarrages. Avertis par un domestique, nous nous élançons sur lui : un soldat veut le défendre, menace un officier de son couteau, et, en voulant le frapper, n'atteint que son habit. L'officier se retourne, terrasse son adversaire, et le précipite à la mer, ainsi que son camarade.

Bientôt le combat devient général, le mât se brise, et peu s'en faut qu'il ne casse la cuisse au capitaine Dupont, notre commandant, qui reste sans connaissance. Il est saisi par les soldats qui le jettent à la mer : nous nous en apercevons et nous le sauvons. Nous le déposons sur une barrique d'où il est arraché par les séditieux qui veulent lui crever les yeux avec un canif. Excités par tant de cruauté, nous ne gardons plus de ménagemens, et nous les chargeons avec furie. Nous traversons, le sabre à la main, les lignes que forment les militaires, et plusieurs payent de leur vie un instant d'égarement. Les passagers nous secondent. Après un second choc, la furie des rebelles s'apaisa tout à coup, et fit place à la plus insigne lâcheté : plusieurs se jetèrent à genoux, et nous demandèrent pardon, qui leur fut à l'instant accordé.

Nous crûmes l'ordre rétabli, et nous revînmes à notre poste au centre du radeau. Il était à peu près minuit : nous conservâmes nos armes. Après une heure d'une apparente tranquillité, les soldats se soulevèrent de nouveau : leur esprit était entièrement aliéné ; mais comme ils jouissaient encore de leurs forces physiques, et que d'ailleurs ils étaient armés, il fallut de nouveau se mettre en défense. Ils nous attaquèrent ; nous les chargeâmes à notre tour, et bientôt le radeau fut jonché de leurs cadavres. Ceux de nos adversaires qui n'avaient point d'armes, cherchaient à nous déchirer avec leurs dents : plusieurs de nous furent cruellement mordus ; je le fus moi-même aux jambes et à l'épaule. Nous n'étions pas plus de douze ou quinze pour résister à tous ces furieux ; mais notre union fit notre force.

Le jour vint enfin éclairer cette scène d'horreur ; un grand nombre de ces insensés s'était précipité à la mer. Au matin, nous trouvâmes que soixante ou soixante-cinq hommes avaient péri pendant la nuit ; un quart s'était noyé de désespoir : nous n'avions perdu que deux des nôtres, et pas un seul officier.

Un nouveau malheur nous fut révélé à la naissance du jour. Les rebelles, pendant le tumulte, avaient jeté à la mer deux barriques de vin, et les deux seules pièces à eau qu'il y eût sur le radeau. Il ne restait en tout qu'une seule pièce de vin. Nous étions encore soixante-sept hommes à bord; il fallut se mettre à demi-ration. Ce fut un nouveau sujet de murmures au moment de la distribution. Les choses en vinrent au point que nous fûmes contraints de recourir à un moyen extrême pour soutenir notre malheureuse existence. Je frémis d'horreur en me voyant obligé de retracer celui que nous mîmes en usage; je sens ma plume s'échapper de ma main; un froid mortel glace tous mes membres. Grand Dieu! oserons-nous encore élever vers vous nos mains teintes du sang de nos semblables? Votre clémence est infinie, et votre cœur paternel a déjà accordé à notre repentir le pardon d'un crime qui ne fut pas celui de notre volonté : la nécessité la plus impérieuse nous y poussa.

Ceux que la mort avait épargnés dans la nuit désastreuse que je viens de décrire, se précipitèrent avidement sur les cadavres dont le radeau était couvert, les coupèrent par tranches, et quelques-uns les dévorèrent à l'instant. Cependant un grand nombre de nous refusèrent d'y toucher; mais à la fin, cédant à un besoin plus pressant que la voix de l'humanité, nous ne vîmes dans cet affreux repas qu'un moyen déplorable de conservation, et je proposai, je l'avoue, de faire sécher ces membres sanglans pour les rendre un peu plus supportables au goût : quelques-uns eurent assez de courage pour s'en abstenir, et il leur fut accordé une plus grande quantité de vin. Le jour suivant se passa encore sans qu'on vînt à notre secours ; la nuit arriva, et nous prîmes quelques instans d'un repos interrompu par les rêves les plus cruels. Enfin le quatrième soleil, depuis notre départ, revint éclairer notre désastre, et nous montrer dix ou douze de nos compagnons étendus sans vie sur le radeau. Nous donnâmes à leurs corps la mer pour sépulture, n'en réservant qu'un seul destiné à nous nourrir.

Le soir, vers les quatre heures, un événement heureux nous avait apporté quelque consolation. Un banc de poissons volans se jeta sur le radeau ; et, comme ses deux extrémités laissaient entre les pièces une infinité de vides, ces poissons s'y engagèrent en très-grande quantité. Nous nous précipitâmes sur cette proie, et nous prîmes plus de trois cents poissons. Notre premier mouvement fut d'adresser à Dieu de nouvelles actions de grâces pour ce bienfait inespéré. Une once de poudre à canon que nous avions fait sécher, quelques morceaux d'amadou, un briquet et des pierres à fusil, des morceaux de linge sec et les débris d'un tonneau nous procurèrent du feu. Nous établîmes notre foyer sur les planches du radeau, recouvertes d'effets mouillés. On fit cuire les poissons; on en mangea avec avidité; mais nous y joignîmes de ces viandes sacriléges que la cuisson avait rendues supportables, et auxquelles, les officiers et moi, nous touchâmes pour la première fois. La nuit fut belle, et nous aurait paru heureuse, si elle n'eût pas été signalée par un nouveau massacre. Des Espagnols, des Italiens et des nègres, restés neutres dans la première révolte, et qui même s'étaient rangés de notre côté, formèrent le complot de nous jeter à la mer. Il fallut prendre les armes : l'embarras était de connaître les coupables; ils nous furent désignés par les matelots fidèles. Le premier signal du combat fut donné par un Espagnol qui, placé derrière le mât, l'embrassait étroitement, faisait une croix dessus, et invoquait le nom de Dieu, en brandissant un long coutelas. Les matelots le saisirent, et le jetèrent à la mer. Les séditieux accourent pour venger leur camarade; ils sont repoussés, et tout rentre dans l'ordre.

Le jour nous éclaira pour la sixième fois. A l'heure du repas, je comptai notre monde : nous n'étions plus que trente. Nous avions perdu cinq de nos fidèles marins : ceux qui survivaient étaient dans l'état le plus déplorable. L'eau de la mer avait enlevé l'épiderme de nos extrémités inférieures; nous étions couverts de contusions ou de blessures qui, irritées par l'eau de la mer, nous arrachaient à chaque instant des cris effroyables, de sorte que vingt tout au plus d'entre nous étaient capables de se tenir debout et de marcher.

Nous n'avions plus de vin que pour quatre jours, et il nous restait à peine une douzaine de poissons. « Dans quatre jours, disions-« nous, nous manquerons de tout, et la mort « sera inévitable. » Il y avait sept jours que nous étions abandonnés : nous calculions que, dans le cas où les chaloupes n'auraient pas échoué à la côte, il leur fallait au moins trois ou quatre jours pour se rendre à Saint-Louis ; il fallait ensuite le temps d'expédier les navires, et il fallait à ces navires celui de nous trouver. Il fut résolu que l'on tiendrait le plus long-temps possible. Dans le courant de la journée, des militaires s'étaient glissés derrière la seule barrique de vin qui nous restât ; ils l'avaient percée, et buvaient avec un chalumeau. Nous avions tous juré que celui qui emploierait de semblables moyens serait puni de mort : cette loi fut mise à l'instant à exécution, et les deux infracteurs furent jetés à la mer.

Ainsi nous n'étions plus que vingt-huit ; sur ce nombre, quinze seulement paraissaient pouvoir exister encore quelques jours ; tous les autres, couverts de larges blessures, avaient entièrement perdu la raison ; cependant ils avaient part aux distributions, et pouvaient, avant leur mort, consommer quarante bouteilles de vin : ces quarante bouteilles de vin étaient pour nous d'un prix inestimable. On tint conseil : mettre les malades à la demi-ration, c'était avancer leur mort de quelques instans ; les laisser sans vivres, c'était la leur donner de suite. Après une longue délibération, on décida qu'on les jetterait à la mer. Ce moyen, quelque répugnant qu'il nous parût à nous-mêmes, procurait aux vivans six jours de vivres. La délibération prise, qui osera l'exécuter ? L'habitude de voir la mort prête à fondre sur nous, le désespoir, la certitude de notre perte infaillible sans ce fatal expédient, tout en un mot avait endurci nos cœurs devenus insensibles à tout autre sentiment qu'à celui de notre conservation.

Trois matelots et un soldat se chargèrant de cette cruelle exécution. Nous détournâmes les yeux, et nous versâmes des larmes de sang sur le sort de ces infortunés. Ce sacrifice sauva les quinze qui restaient.

Après cette catastrophe, nous jetâmes toutes les armes à la mer ; elles nous inspiraient une horreur dont nous n'étions pas maîtres. Nous avions à peine de quoi passer cinq journées sur le radeau ; elles furent les plus cruelles. Les caractères étaient aigris ; jusque dans les bras du sommeil, nous nous représentions les membres déchirés de nos malheureux compagnons, et nous invoquions la mort à grands cris. Une soif ardente, redoublée par les rayons d'un soleil brûlant, nous dévorait; elle fut telle que nos lèvres desséchées s'abreuvaient avec avidité de l'urine qu'on faisait refroidir dans de petits vases de fer blanc. Nous cherchâmes aussi à nous désaltérer, en buvant de l'eau de la mer : ce moyen ne diminuait la soif que pour la rendre plus vive le moment d'après.

Trois jours se passèrent ainsi dans des angoisses inexprimables; nous méprisions tellement la vie, que plusieurs d'entre nous ne craignirent pas de se baigner à la vue des requins qui entouraient notre radeau. Nous étions convaincus qu'il ne restait dans notre barrique que douze ou quinze bouteilles de vin; nous commencions à éprouver un dégoût invincible pour les chairs qui nous avaient nourris jusque-là.

Le 17 juillet au matin, le capitaine Dupont, jetant les regards sur l'horizon, aperçut un navire et nous l'annonça par un cri de joie : nous reconnûmes que c'était un brig, mais il était à une très-grande distance : nous ne pouvions distinguer que les extrémités de ses mâts. La vue de ce bâtiment répandit parmi nous une joie difficile a dépeindre.

Cependant des craintes vinrent se mêler à nos espérances; nous commencions à nous apercevoir que notre radeau, ayant fort peu d'élevation au-dessus de l'eau, il était impossible de le distinguer d'aussi loin. Nous fîmes alors notre possible pour être remarqués. Nous redressâmes des cercles de barriques aux extrémités desquels nous fixâmes des mouchoirs de différentes couleurs. Malheureusement, malgré tous ces signaux, le brig disparut. Du délire de la joie, nous passâmes à celui de l'abattement et de la douleur. En mon particulier, j'enviais le sort de ceux que j'avais vu périr à mes côtés. Je proposai alors de tracer un abrégé de nos aventures, d'écrire tous nos noms au bas de notre récit, et de le lier à la partie supérieure du mât, dans l'espérance qu'il parviendrait au gouvernement et à nos familles. Deux heures après, le maître canonnier de la frégate poussa un grand cri: la joie était peinte sur son visage; ses bras étaient étendus vers la mer; il respirait à peine, et tout ce qu'il put dire; ce fut « *Nous sommes « sauvés ; voici le brig qui est sur nous!* » Et il était en effet tout au plus à un tiers de lieue, ayant toutes voiles dehors, et gouvernant à venir nous passer extrêmement près. Des larmes d'attendrissement coulaient de tous les yeux ; chacun se saisit de mouchoirs ou de différentes pièces de linge pour faire des signaux au brig qui s'approchait rapidement. Notre joie fut au comble, lorsque nous aperçûmes au haut de son mât de misaine un grand pavillon blanc; nous nous écriâmes: « C'est « donc à des Français que nous allons devoir « notre salut? »

Le bâtiment n'était déjà plus qu'à deux portées de fusil ; l'équipage, rangé sur le bastingage, nous annonçait, en agitant les mains et les chapeaux, le plaisir qu'il ressentait de venir au secours de ses malheureux compatriotes. En peu de temps nous fûmes tous à bord de l'*Argus*. Qu'on se figure quinze infortunés presque nus, le corps et le visage flétris de coups de soleil. Dix de ces quinze pouvaient à peine se mouvoir : l'épiderme de tous leurs membres était enlevée ; nos yeux caves et presque farouches, nos longues barbes, nous donnaient un air encore plus hideux.

Nous trouvâmes à bord de l'*Argus* de fort bon bouillon qu'on avait préparé dès qu'on nous avait aperçus; on y mêla d'excellent vin;

on releva ainsi nos forces prêtes à s'éteindre. On nous prodigua les soins les plus attentifs et les plus généreux ; nos blessures furent pansées, et le lendemain plusieurs des plus malades commencèrent à se soulever et à faire quelques pas.

L'*Argus* nous cherchait depuis plusieurs jours, et avait en quelque sorte renoncé à l'espoir de nous rencontrer. Des quinze personnes sauvées par ce navire, six moururent peu de jours après leur arrivée à Saint-Louis, où notre réception fut des plus touchantes. Il n'y eut pas un seul Français ni un Anglais, car les troupes de cette nation occupaient encore le Sénégal, qui ne versât des larmes d'attendrissement en nous voyant.

Examinons maintenant quelles furent les manœuvres des embarcations lorsque les remorques eurent été larguées, et que le canot fut abandonné à lui-même.

Le canot major et celui du commandant arrivèrent au Sénégal sans accident, le 9 au soir, après avoir eu beaucoup à souffrir pour résister à une grosse mer et à un vent impétueux. On se rendit à bord de *l'Echo*, qui depuis plusieurs jours était mouillé sur la rade du Sénégal. Un conseil fut tenu: on y fit choix des moyens les plus prompts et les plus sûrs pour donner des secours aux naufragés abandonnés dans les embarcations et sur le radeau. *L'Argus* fut désigné pour cette mission; son capitaine exécuta avec une rare activité les ordres qu'il avait reçus.

La chaloupe, qui avait la dernière quitté *la Méduse*, eut connaissance de la terre et des îles d'Arguin, le soir avant le coucher du soleil; elle vira aussitôt de bord, parce qu'elle était sur des hauts-fonds, et qu'elle avait déjà touché. La mer fut très-houleuse pendant la nuit; le 6 vers quatre heures, la mer se calma un peu: presque tout le monde demanda à aller à terre; on s'en approcha, soixante hommes se jetèrent à l'eau et gagnèrent le rivage qui n'était qu'un sable aride et brûlant.

Une heure après le débarquement, on aperçut à l'arrière quatre embarcations; l'officier, malgré les cris de son équipage, baissa les voiles et mit en travers pour les attendre. Quand elles furent à portée de la voix, il leur offrit de prendre du monde; elles se tinrent à distance: elles se défiaient de l'équipage de la chaloupe, et pensaient que l'on s'était caché sous les bancs pour s'élancer ensuite sur eux; ils s'éloignèrent. Une heure après, la mer devint très-grosse ; la yole ne put tenir, elle arriva vers la chaloupe : elle coulait bas. On sauva tout le monde; on fit route au sud. Le 8, un des canots la rejoignit; les matelots exigèrent qu'on les débarquât : bientôt ceux de la chaloupe en firent autant. Les deux embarcations furent portées à la côte par le courant; tous les passagers se sauvèrent à la nage; ils étaient horriblement tourmentés par la soif: bientôt une troisième embarcation vint aussi échouer.

On se met en route le long du rivage : on creuse des trous dans le sable; ils s'emplissent d'une eau bourbeuse, mais douce. Le 8, en entrant dans les terres, on rencontre des tentes ; des Mauresses vendent du lait et deux chèvres; le soir, des Maures et des nègres offrent aux naufragés de les conduire au Sénégal. Le 10, on aperçoit une voile qui s'avance vers le rivage; c'était *l'Argus* : il envoie de l'eau et des vivres. Le 11, les naufragés voient venir à eux un capitaine marchand, irlandais, et trois marabouts ou prêtres du pays ; des chameaux chargés de vivres les accompagnaient. Le 12, ils arrivent sur les bords du Sénégal : par bonheur on était dans la saison où l'eau de ce fleuve est douce dans cet endroit ; on put se désaltérer à souhait. Bientôt des embarcations paraissent, et après une courte navigation, tous ces infortunés abordent à Saint-Louis. Dans cette troupe étaient un père de famille avec sa femme, trois grandes demoiselles et quatre petits enfans, dont un à la mamelle : on avait loué à un prix exorbitant des ânes pour les faire voyager.

Les soixante-trois hommes débarqués près d'Arguin eurent plus de fatigues à supporter : ils avaient près de quatre-vingt-dix lieues à faire dans l'immense désert du Sahara. Il leur fallut d'abord franchir des dunes très-hautes pour gagner la plaine ; ils eurent le bonheur d'y découvrir un vaste étang d'eau douce, où ils se désaltérèrent, et près duquel ils se reposèrent. Ayant rencontré des Maures, ils les prirent pour guides, et après de longues marches et les privations les plus cruelles, ils arrivèrent au Sénégal le 23 juillet. Quelques-uns périrent de misère ; de ce nombre fut un malheureux jardinier et une femme épouse d'un militaire. Quelques personnes s'étant écartées de la troupe, furent attrapées par les naturels du pays et emmenées dans les camps des Maures ; il y en eut qui errèrent de peuplade en peuplade : ils furent ensuite amenés au Sénégal.

Le 26 juillet, une goelette fut expédiée pour aller chercher les hommes restés sur *la Méduse*, et tâcher de retrouver des vivres, divers effets et l'argent qui y avait été chargé. Des vents contraires et divers accidens firent relâcher deux fois la goelette au Sénégal ; enfin elle put rejoindre *la Méduse* cinquante-deux jours après l'abandon. Quel fut l'étonnement de l'équipage de retrouver encore à bord de la frégate trois infortunés à la veille d'expirer ! Ils racontèrent que lorsque les embarcations se furent éloignées, ils cherchèrent à se procurer des moyens de subsistance jusqu'à ce qu'on vînt à leur secours, et parvinrent à se procurer assez de biscuit, de vin, d'eau-de-vie et de lard pour exister un certain temps. Tant que les vivres durèrent, le calme régna parmi eux ; mais quarante-deux jours s'écoulèrent sans qu'ils vissent paraître les secours qu'on leur avait promis. Alors douze des plus décidés, se voyant à la veille de manquer de tout, construisirent un radeau, s'y embarquèrent et dirigèrent leur route sur terre. Il est très probable qu'ils ont été victimes de leur témérité et sont devenus la proie des monstres marins; car des Maures trouvèrent sur la côte du Sahara les restes du radeau. Un matelot, qui avait refusé de s'embarquer sur cette frêle machine, voulut quelques jours après gagner aussi la terre, il se mit sur une cage à poule; mais à une demi-encâblure de la frégate, il fut submergé.

Les quatre hommes restés à bord de *la Méduse*, virent mourir un d'eux et jetèrent son corps à la mer. Quand la goelette arriva, ils étaient extrêmement affaiblis; deux jours plus tard, il n'eût plus été temps de les sauver. Ces malheureux occupaient chacun un endroit séparé, et n'en sortaient que pour aller chercher des vivres qui, dans les derniers jours, ne consistaient qu'en un peu d'eau-de-vie, du suif et du lard salé; quand ils se rencontraient, ils couraient les uns sur les autres, et se menaçaient de coups de couteau. Tant que le vin avait duré avec les autres provisions, ils s'étaient parfaitement soutenus; mais dès qu'ils furent réduits à l'eau-de-vie pour boisson, ils s'affaiblirent de jour en jour. On prodigua à ces hommes les soins qu'exigeait leur état, et tous les trois sont maintenant en pleine santé.

Le capitaine dont l'impéritie avait causé la perte de *la Méduse*, et qui avait été un des premiers à abandonner un bâtiment et un équipage dont le Roi lui avait confié la conservation, fut, à son retour en France, traduit devant un conseil de guerre, qui le déclara déchu de son grade et incapable de servir l'État.

NAUFRAGE

DU VAISSEAU DE LIGNE ANGLAIS L'*ALCESTE*,
DANS LE DÉTROIT DE GASPAR, EN 1817 (1).

Le vaisseau l'*Alceste*, commandé par le capitaine Maxwel, avait transporté à l'embouchure du Pei-Ho en Chine, lord Amherst, ambassadeur du roi de la Grande-Bretagne; il fit ensuite une campagne dans la mer, à l'orient de la Chine, et vint à Canton, reprendre l'ambassadeur. Il partit de cette ville le 20 janvier 1817; attérit à Manille le 3 février, et, le 9, fit voile pour l'Angleterre. Nous allons laisser parler l'auteur de la relation, dont a été extrait le récit de ce naufrage.

(1) Extrait du *Voyage du capitaine Maxwell, sur la mer Jaune, le long des côtes de la Corée, et dans les îles Liou-Tchiou*; par J. Macleod, traduit de l'anglais; un vol. in-8°, fig. — Paris; Gide; 1818.

En partant de Manille, dit M. Macléod, nous dirigeâmes notre route de manière à éviter les écueils nombreux et encore peu connus qui se trouvent dans cette partie de la mer de la Chine, notamment à l'ouest des Philippines, et au nord-ouest de Borneo. Nous trouvant, le 14, hors de ces parages, nous prîmes la route ordinaire pour passer par le détroit de Banca ou par celui de Gaspar. Il fut décidé que l'on choisirait le dernier, comme plus direct et moins sujet aux calmes que le premier. Nous les regardions comme aussi sûrs l'un que l'autre. Dans la matinée du 18, nous eûmes connaissance de l'île Gaspar, au moment où nous nous y attendions : l'ayant doublée, nous fîmes route pour le détroit, en prenant toutes les mesures de précaution en usage quand on approche d'une côte ou d'un détroit, surtout si l'on ne les connaît pas parfaitement. Le capitaine, ainsi que des officiers et des maîtres d'équipage, avaient passé la nuit sur le pont, et s'y trouvaient encore dans la matinée. Les sondes donnaient des résultats conformes aux indications des cartes : nous suivions exactement la ligne que celles-ci prescrivaient pour éviter les dangers. Tout à coup, à sept heures du matin, le vaisseau touche avec un fracas épouvantable sur un récif de roches caché sous les eaux, et y demeure retenu.

Nous ne reconnûmes que trop tôt que toute tentative pour dégager l'*Alceste* aurait les suites les plus funestes; car des deux côtés de l'écueil, sur lequel nous avions touché, la mer avait de dix à dix-sept brasses de profondeur, et les dommages que le vaisseau avait déjà éprouvés devaient le faire couler à fond en quelques minutes, s'il avançait. On mouilla donc la meilleure ancre de toue pour assurer le bâtiment, et l'on cessa le travail des pompes, dont on vit que le secours ne pouvait être utile.

On mit alors les embarcations à la mer. M. Hopner, lieutenant, reçut ordre de prendre dans le cutter et la chaloupe l'ambassadeur avec sa suite, ainsi que tous ceux dont la présence n'était pas indispensable, et de les débarquer sur une île qui se trouvait à environ trois milles et demi de nous. Cependant le capitaine et les officiers restés à bord du vaisseau travaillèrent à sauver toutes les provisions auxquelles on put atteindre, ce qui d'abord ne fut pas facile, l'eau ayant monté jusqu'au second pont ; elle baissa dans l'après-midi, et nous fûmes à même de tirer beaucoup de choses du vaisseau. On construisit aussi un radeau, sur lequel on plaça les objets les plus pesans et quelques bagages, que l'on conduisit à terre.

Au retour des embarcations qui avaient conduit l'ambassadeur, nous apprîmes que le débarquement avait été très-difficile. Des mangliers couvraient les bords de l'île jusqu'à une distance assez considérable en mer, et il avait fallu côtoyer le rivage pendant près de trois milles, pour trouver une petite ouverture ; puis gagner le rivage, en grimpant d'un rocher sur un autre. L'île était couverte de bois : on éclaircit un espace assez grand au pied d'une hauteur, et on y bivouaqua sous des arbres touffus.

A bord de l'*Alceste*, on s'occupait de sauver tout ce qui pouvait nous être le plus utile ; mais, au retour de la marée montante, les flots soulevèrent le vaisseau, et le firent retomber sur les rochers avec tant de violence, qu'à minuit, il devint indispensable de couper les mâts. Le 19, j'allai à terre avec deux hommes dangereusement blessés par la chute des mâts. La plupart des personnes que je trouvai sur l'île, et l'ambassadeur lui-même, n'avaient pour vêtement que leur chemise et leur pantalon.

Lord Amherst, apprenant que l'on n'avait pas encore pu transporter d'eau douce du vaisseau à terre, et qu'il n'était guère probable que l'on vînt à bout d'en retirer de la cale, fit rassembler tous ceux qui se trouvaient avec lui, et ordonna de distribuer à chacun, sans distinction, un verre de celle que l'on avait apportée la veille : il y fit ajouter un verre de rhum, et, prenant sa portion avec gaîté, il donna l'exemple du courage; ce qui produisit un bien bon effet, quand on vit un homme de ce rang disposé à supporter toutes les privations.

Plusieurs détachemens, envoyés dans l'île, creusèrent dans divers endroits, et n'y trouvèrent que de l'eau salée, peut-être parce qu'ils étaient trop près de la mer. Un squelette humain que l'on rencontra fit naître dans tous les esprits l'idée affreuse que peut-être c'était celui d'un homme mort de soif. Ceux qui pénétrèrent dans les bois furent obligés, en avançant, de tailler des marques sur les arbres, afin de retrouver leur chemin.

Dans l'après-midi, le capitaine vint se concerter avec lord Amherst sur le meilleur parti à prendre dans des conjonctures aussi critiques. Les embarcations ne pouvaient transporter en quelque lieu que ce fût que la moitié de l'équipage, et, comme il fallait absolument que quelqu'un gagnât aussi le port le plus voisin pour y demander du secours, le capitaine pensa que l'ambassadeur devait d'abord se rendre avec sa suite à Batavia, ou tout autre port de Java, d'où il pourrait envoyer des bâtimens chercher le reste de l'équipage.

On était alors dans la mousson du nord-ouest, et tout faisait présumer que les embarcations, favorisées par le vent et le courant, arriveraient en trois jours à Java. L'ambassadeur partit vers cinq heures du soir, accompagné de sa suite, de M. Hopner, de quelques autres officiers et d'un détachement de gardes pour pouvoir se défendre, dans le cas où l'on rencontrerait des pirates malais très-nombreux dans ces parages. Les passagers étaient au nombre de quarante-sept sur le cutter et la chaloupe; ils avaient des provisions pour quatre ou cinq jours, terme que l'on jugeait suffisant pour leur traversée. Après leur départ, il resta dans l'île deux cents personnes, en y comprenant les mousses et une femme.

La première mesure que prit le capitaine fut de désigner des travailleurs pour creuser un puits dans un endroit que divers indices faisaient regarder comme celui où l'on pouvait le plus espérer de trouver de l'eau. Il transporta ensuite la position de notre bivouac du bas au sommet de la colline; on y respirait un air plus pur et plus frais, et cet endroit offrait aussi plus de facilité pour nous défendre, en cas d'attaque. Il fallut employer le feu pour éclaircir le sommet de la colline; cette opération nous débarrassa des insectes nombreux dont tous ces pays sont infestés. Notre petite provision de vivres fut déposée, sous bonne garde, dans une sorte de magasin formé par la nature, sous des quartiers de rochers, tout au haut de l'éminence. On allait deux fois par jour au vaisseau, pour tâcher de sauver encore quelque chose.

Depuis deux jours, tout le monde était horriblement tourmenté par la soif; car chacun n'avait eu guère qu'une pinte d'eau pendant ce temps. L'on s'informait fréquemment et avec anxiété de l'espérance que l'on devait fonder sur le travail des hommes qui creusaient le puits. Enfin, un peu après minuit, l'on apporta au capitaine une bouteille d'eau bourbeuse pour essai. Dès que l'on sut qu'elle était douce, chacun s'empressa tellement près du puits, que les ouvriers ne purent plus travailler. On fut donc obligé d'y placer des sentinelles. Heureusement une forte pluie donna la facilité d'étendre des draps, des nappes et d'autres linges, que l'on tordait ensuite avec le plus grand soin. Plusieurs personnes, qui s'étaient baignées dans la mer, prétendaient en avoir éprouvé du soulagement.

Dans la matinée du 20, le capitaine fit assembler tout l'équipage, et déclara, qu'aux termes des réglemens de la marine, chacun était tenu à la même obéissance qu'à bord du vaisseau, qu'il ferait observer la discipline avec plus de rigueur même, s'il était nécessaire, parce que le salut général en dépendait; il assura qu'il aurait grand plaisir à recommander ceux qui se distingueraient par leur bonne conduite, et annonça que les provisions seraient distribuées avec économie, mais avec la plus stricte égalité, jusqu'à l'arrivée des secours que lord Amherst ne tarderait pas à envoyer.

Le puits fournit une pinte d'eau à chacun; son goût se rapprochait de celui du lait de coco. Les voyages des canots au vaisseau nous procurèrent peu de choses utiles, toutes celles qui étaient les plus précieuses pour nous se trouvant sous l'eau.

Le 21, un détachement, qui avait passé la nuit sur le vaisseau, se trouva, au lever du soleil, entouré par un assez grand nombre de pirates malais, qui paraissaient bien armés et bien équipés. Nos gens, qui n'avaient pas une arme pour se défendre, furent obligés de se jeter dans leurs canots, et de venir nous rejoindre. Plusieurs pirates leur donnèrent chasse; mais, voyant deux autres canots partir de l'île pour porter du secours à ceux qu'ils poursuivaient, ils retournèrent au vaisseau, et s'en mirent en possession. Peu de temps après, l'on nous avertit que, du haut du rocher où l'on faisait la garde, on avait vu ces forbans débarquer sur l'île, à environ deux milles de nous. Aussitôt l'ordre fut donné de s'armer le mieux que chacun le pourrait ; il fut exécuté avec un empressement remarquable. On fit des piques, en coupant de jeunes arbres, dont on arma un bout de petites lames d'épées et de couteaux, de toutes sortes d'instrumens pointus et jusqu'à de gros clous aiguisés : ceux qui ne pouvaient s'en procurer durcissaient au feu un bout de bâton taillé en pointe ; ce qui faisait une arme passable. Nous avions une douzaine de sabres ; les soldats de marine avaient trente fusils et autant de baïonnettes, mais seulement soixante-quinze cartouches en tout. Nous avions heureusement retiré la poudre des canons chargés qui se trouvaient sur le pont au moment du naufrage. Les charpentiers abattirent de gros arbres, et en formèrent une espèce de retranchement qui nous mettait un peu à couvert, et pouvait arrêter la marche d'un ennemi dépourvu d'artillerie. Le capitaine ordonna de ne pas tirer un seul coup de fusil sans être bien sûr qu'il portât.

Un détachement, que nous avions envoyé à la découverte, vint nous apprendre que les Malais n'avaient pas effectué de débarquement sur l'île; mais s'étaient établis sur des rochers voisins, où ils déposaient tout ce qu'ils pouvaient piller sur l'*Alceste*.

Dans la soirée, le capitaine passa une revue générale, forma des compagnies, assigna des postes, fit enfin toutes les dispositions convenables. Les canots furent remorqués près du rivage, et un officier, à la tête d'un peloton, fut chargé de veiller à leur conservation. Une alarme, donnée pendant la nuit, montra la sagesse des dispositions du capitaine : une sentinelle avait entendu quelque bruit dans des buissons. Au premier signal, chacun fut à son poste sans la moindre confusion.

Le 22, quelques canots malais approchèrent du lieu où les nôtres étaient amarrés. Un officier et quatre hommes partirent aussitôt dans un canot, et s'avancèrent vers les Malais, portant à la main une branche d'arbre chargée de feuilles, symbole de paix universellement reconnu; ils leur firent des signes d'amitié, en témoignant le désir de leur parler. Tout fut inutile : les Malais, qui ne voulaient que reconnaître notre position, retournèrent bientôt à leurs rochers. Alors le capitaine donna ordre à M. Hay, lieutenant en second, de partir avec nos trois canots, qui furent armés le mieux que l'on put, et d'aller reprendre possession du vaisseau de gré ou de force, les pirates ne paraissant pas avoir plus de quatre-vingts hommes. Dès que les Malais qui se trouvaient sur les rochers virent nos canots en mer, ils chargèrent leur pillage sur leurs barques, et prirent le large : il y en avait alors deux à l'ouvrage sur l'*Alceste;* mais, à la vue de nos canots qui s'avançaient et de leurs compagnons qui abandonnaient les rochers, elles poussèrent également au large, après avoir mis le feu au vaisseau. Dans un instant, il fut en flammes : nos canots, ne pouvant y aborder, revinrent dans l'île.

Là s'éteignit tout espoir de pouvoir s'entendre avec ces Malais. Ceux surtout qui infestent les parages voisins de Borneo, de Billiton et des côtes les moins habitées de Sumatra, sont peut-être les hommes les plus farouches et les plus féroces de l'univers. L'incendie de notre vaisseau nous donna une preuve non équivoque de leurs dispositions à notre égard : mais, en dépit de leurs mauvaises intentions, ils nous rendirent service; car nous voulions nous-mêmes brûler toute la partie supérieure de l'*Alceste*, pour que les objets qui se trouvaient au fond pussent surnager, et venir ainsi à notre portée.

Une alarme soudaine fit encore courir aux armes cette nuit. Un matelot aperçut dans les bois quelqu'un qui s'avançait vers son poste ; il cria qui vive, ne reçut pas de réponse, et tira. On reconnut à des indices certains que le coureur de nuit appartenait à une race de grands babouins que nous avions trouvés établis dans l'île, et qui nous en disputaient la possession. Les sentinelles, placées auprès d'un feu que l'on allumait toutes les nuits autour du puits pour en écarter les maringouins, avaient eu plus d'une alarme causée par ces singes.

Le dimanche 23, on envoya les canots au vaisseau qui fumait encore. Ils en rapportèrent des caisses de vin, des barils de farine, et une tonne de bière qui flottaient. Ce dernier présent du Ciel fut annoncé comme le service divin finissait. On fit distribuer à l'instant une pinte de bière à chacun, ce qui fut suivi de trois acclamations d'allégresse. On continua pendant la journée à mettre les retranchemens en bon état de défense. Nos ennemis s'étaient retirés derrière une petite île nommée Poulo-Tchalacca (Ile du malheur), située à environ deux milles de nous. Ils semblaient y attendre des renforts, car plusieurs de leurs chaloupes avaient fait route pour Billiton:

Le 24, nos canots rapportèrent du vaisseau des barils de farine qui n'étaient gâtés qu'en partie, des caisses de vin, une quarantaine de piques, et dix-huit fusils. Le canonnier fit des cartouches avec le peu de poudre que nous avions sauvée; on avait aussi du plomb, et divers ustensiles d'étaim : on en fondit des balles dans des moules de terre. Ces préparatifs ne laissaient pas que d'ajouter à notre confiance. On finit ce jour-là de creuser un autre puits au pied de la colline; il fournit de l'eau plus claire et plus abondante, ce qui fut pour nous un grand soulagement.

Le 25, on trouva encore à bord du vaisseau quelques caisses de vin, et des piques. On travailla à terminer les sentiers qui conduisaient aux puits, et à abattre les arbres qui cachaient la vue de la mer. Le lendemain à la pointe du jour, on découvrit deux bâtimens de pirates qui traînaient chacun une pirogue à la remorque, et s'avançaient vers l'anse où nos canots étaient amarrés. M. Hay, lieutenant, avait été de garde cette nuit à bord de nos canots; il donna aussitôt la chasse aux pirates: ils s'éloignèrent à toutes voiles, abandonnant leurs pirogues. Le canot, monté par M. Hay, atteignit les Malais: ils prirent alors une attitude menaçante, et tirèrent sur nos gens. M. Hay répondit en faisant feu du seul fusil qu'il eût. Dès que les deux partis furent plus près, les Malais lancèrent aux nôtres des dards et des sagaies: il en tomba plusieurs dans le canot; mais heureusement ces traits ne blessèrent personne. M. Hay fit jeter le grapin, monta à l'abordage, tua quatre hommes aux Malais, cinq se jetèrent à la mer, et l'on fit trois prisonniers, dont un était dangereusement blessé.

Ils avaient pris leurs mesures pour que leur bâtiment ne nous restât pas; car à l'instant même où l'on s'en rendait maître, il coula à fond. Rien n'égale la férocité farouche de ces pirates. Celui qui était blessé avait eu le corps traversé d'une balle; porté dans notre canot au moment où son bâtiment s'enfonçait dans la mer, il saisit avec fureur un sabre, et ce ne fut pas sans peine qu'on parvint à le lui arracher des mains ; il expira quelques minutes après. Le second bâtiment nous envoya une décharge de mousqueterie, prit le large et s'échappa en doublant l'extrémité septentrionale de l'île. Nous trouvâmes dans les deux pirogues divers objets provenant du pillage de notre vaisseau. L'air morne et sombre de nos deux prisonniers quand on les eut amenés sur le rivage, annonçait qu'ils se regardaient comme dévoués à la mort ; l'un était d'un certain âge, l'autre encore jeune : mais quand ils virent qu'on les déliait, qu'on pansait les blessures de ce dernier, qu'on leur offrait de la nourriture, et qu'on les traitait avec bonté, ils prirent un air plus serein ; ils parurent surtout très-satisfaits de ce qu'on enterrait convenablement le corps de leur compatriote mort dans la traversée.

Le jeune Malais avait eu le genou percé d'une balle qui avait fracassé les os ; l'amputation était nécessaire. Cependant on pensa qu'il serait impossible de faire concevoir au patient que cette opération ne se faisait que pour son bien ; qu'il pourrait la prendre pour un supplice, et que si quelqu'un des nôtres tombait entre les mains de ce peuple, on lui ferait peut-être subir aussi une amputation : on se décida donc à donner des soins au blessé, et à laisser agir la nature seule pour sa guérison. On éleva une petite cabane pour lui, on lui donna une couverture, et tout ce dont il avait besoin : son compagnon fut chargé de le garder. Ils refusèrent d'abord les alimens qu'on leur présenta; mais quand on leur apporta du riz pour le préparer à leur manière, ils parurent satisfaits. Leurs compatriotes s'étaient sans doute noyés, parce qu'ils s'attendaient à perdre la vie dans des souffrances cruelles.

Dans l'après-midi, nous vîmes quatorze grands bâtimens, et plusieurs plus petits venant du côté de Banca; ils allèrent mouiller derrière Poulo Tchalacca. Plusieurs individus débarquèrent portant sur leurs épaules de gros paquets dans les bois, et retournèrent en chercher d'autres. Le point d'où venaient ces bâtimens, et le mouillage qu'ils avaient choisi, et qui était précisément celui que l'on avait fixé pour rendez-vous lors du départ de lord Amherst, nous firent espérer que c'était un secours qui nous arrivait de Batavia.

Le petit drapeau de l'ambassade fut aussitôt arboré sur le haut de la colline où nous étions campés; les étrangers en firent au même instant flotter un au haut de leurs mâts. Alors, le capitaine envoya vers eux un détachement le long du rivage; les étrangers en expédièrent pareillement un avec un drapeau. Lorsqu'ils furent près de se joindre, les Malais, car nous les reconnûmes pour tels, s'arrêtèrent; le porte-drapeau continua seul à s'avancer : on en fit autant de nôtre côté, les deux députés s'approchèrent avec précaution, après beaucoup de saluts et de cérémonies, ils se prirent la main; enfin les deux partis se joignirent, et vinrent amicalement ensemble dans un lieu où le capitaine Maxwell se trouvait avec plusieurs officiers. Nos matelots, convaincus que ces Malais étaient des amis envoyés à notre secours, poussèrent des cris de joie; ce sentiment brillait sur tous les visages; elle ne fut pas de longue durée : nous reconnûmes bientôt que ces Malais appartenaient à une tribu errante, qui cherchait une herbe marine très-abondante sur les côtes de ces îles. Elle est un objet de commerce avec la Chine; les gourmands de ce pays en sont très-friands, de même que des

nids d'oiseaux. Nous apprîmes ces particularités par signes, et à l'aide de mots malais que
quelques-uns des nôtres comprenaient.

M. Hay, d'autres officiers, et un détachement armé se rendirent à bord du bâtiment
du rajah, ou chef de ces Malais, qui avait té-
moigné le plus grand désir de voir notre capitaine; il lui avait envoyé en présent du poisson
et du lait de coco. Nous nous entretînmes,
pendant la nuit, des moyens d'entrer en négo-
ciation avec ces étrangers. Quelques personnes
pensaient que l'espoir d'une récompense pourrait les déterminer à nous conduire à Java, et
que leurs embarcations, jointes aux nôtres,
suffiraient pour nous y transporter tous; d'autres, se défiant du caractère perfide des Malais,
craignaient qu'ils ne fussent tentés de nous
assassiner quand nous serions en leur pouvoir
afin de s'emparer du peu d'objets qui nous restaient, et qui, pour eux, étaient d'une grande
valeur; celles-ci soutinrent donc que le meilleur parti à prendre était de désarmer les Malais, de les forcer de nous conduire à Batavia,
et de les récompenser alors du tems que nous
leur aurions fait perdre, et des peines que nous
leur aurions causées.

La matinée du 27 nous dispensa de discuter davantage ce sujet; ayant découvert la carcasse de notre vaisseau, tous les bâtimens malais y allèrent pour le piller. Il est probable que la veille ils ignoraient notre véritable situation, et s'étaient imaginés que nous appartenions à un établissement nouvellement fondé dans cet endroit. Tel était peut-être le motif de leurs civilités, car du moment où la vue de la carcasse de notre vaisseau leur eut fait connoître notre position, nous n'entendîmes plus parler de présens.

On jugea qu'il serait impolitique d'envoyer nos canots les attaquer; cette mesure les écarterait momentanément de la carcasse du vaisseau, et les mettrait en garde contre une surprise nocturne, si on la regardait comme nécessaire un peu plus tard ; d'ailleurs le fer et le cuivre qu'ils enlevaient du vaisseau ne pouvaient nous être d'une grande utilité.

La veille, nous avions conduit nos canots dans une anse plus retirée et presque cachée sous des branches de grands arbres ; ils y étaint plus en sûreté dans un cas d'attaque, parce qu'elle se trouvait protégée par des rochers où l'on pouvait placer pendant la nuit un piquet commandé par un officier. On traça un sentier tortueux qui communiquait de cet endroit avec le camp.

Le 28, les Malais étaient encore occupés autour du vaisseau; un de leurs bâtimens s'avança vers l'île dans l'après-midi. Un de nos canots étant allé à sa rencontre, le Malais, au lieu d'avancer, retourna vers sa flotte. Aucun secours n'arrivant de Batavia, et l'époque à laquelle nous supposions qu'il en viendrait étant passée, nous réparâmes nos canots, et nous nous mîmes à construire un radeau, afin de ne négliger aucun moyen de pouvoir quitter notre séjour avant que nos provisions fussent totalement épuisées.

Le 1er mars, quatorze nouveaux bâtimens malais, venant du nord, se joignirent aux autres; c'étaient vraisemblablement ceux que nous avions déjà vus. Tous travaillèrent avec ardeur au dépècement du vaisseau. Pendant la nuit, des renforts plus nombreux arrivèrent aux Malais. Le dimanche 2, à la pointe du jour, ils laissèrent les pirogues continuer le pillage, et firent avancer vingt de leurs plus gros bâtimens vers le lieu de notre débarquement; ils tirèrent une de leurs pièces d'artillerie, bat-

tirent leurs tambours, et poussant des hurlemens affreux, mouillèrent en ligne à une encâblure de notre baie. Nous fûmes tous à l'instant sous les armes : on renforça les détachemens qui étaient sur les canots, et, comme
quelques bâtimens pirates avaient tourné la
baie derrière notre position, on plaça des sentinelles pour surveiller leurs mouvemens, et
on envoya des patrouilles battre le pays, de
crainte de quelque embuscade par terre.

En ce moment, le vieux prisonnier malais,
placé sous la garde des sentinelles postées près
du puits, qui l'avaient imprudemment chargé
de couper du bois pour le feu, entendant les
cris de ses compatriotes, laissa son jeune camarade blessé se tirer d'affaire comme il pourrait, s'enfuit dans les bois en emportant la
hache, et parvint à s'échapper.

Tous nos préparatifs terminés, on vit que
nos ennemis ne faisaient aucune tentative de
débarquement. Un officier sortit de la baie en
canot, et leur adressa des signes d'amitié. Après
quelques momens de délibération, un de leurs
bâtimens, portant une troupe armée de crics
ou poignards à lame ondulée, s'approcha du
canot; mais cette entrevue n'aboutit qu'à four-

nir un nouveau trait de l'esprit pillard de ces Malais. Quelques-uns s'éprirent d'une telle passion pour la chemise et le pantalon d'un mousse, qu'il n'y eut que son refus absolu qui les empêcha de le dépouiller ; car ils n'employèrent pas la violence pour réussir.

Nous écrivîmes alors une lettre au chef de l'établissement anglais de Minto, situé à l'extrémité nord-ouest de Banca : nous lui exposions notre situation, et le conjurions de nous envoyer, s'il le pouvait, un ou deux petits bâtimens, avec du pain, des salaisons et des munitions. L'officier, qui était déjà sorti en canot, s'avança de nouveau vers les Malais ; le même bâtiment vint à sa rencontre. Il remit la lettre à ceux qui le montaient, et répéta plusieurs fois le mot Minto, qu'ils semblèrent bien comprendre : il leur indiquait en même temps le côté où se trouvait cet établissement ; il leur fit entendre que, s'ils nous apportaient une réponse, on les récompenserait en leur donnant beaucoup de piastres ; il leur en montra une pour échantillon. C'était plutôt pour mettre ces gens à l'épreuve, que dans l'espoir qu'ils nous rendraient service, que l'on avait recours à cette tentative. Un de leurs bâtimens prit presque au même moment la route de Poulo-Tchalacca, où il paraît que résidait leur chef principal, et aucun ne suivit celle de Banca.

Cependant leurs forces augmentaient rapidement, et ils avaient alors au moins cinquante bâtimens de différentes dimensions; les plus grands portaient seize à vingt hommes; les plus petits, sept à huit : de sorte qu'ils se trouvaient à peu près au nombre de cinq cents. Le pillage du vaisseau paraissait terminé, et n'être plus pour eux qu'un objet d'un intérêt secondaire; ils supposaient que le butin le plus précieux se trouvait en notre possesion. Ils établirent donc un blocus rigoureux autour de nous, et serrèrent étroitement notre baie, surtout à marée haute, de crainte que nos canots n'en profitassent pour s'échapper.

Dans l'après-midi, des hommes de la troupe du rajah, que nous avions d'abord considérés comme nos amis, s'avancèrent ayant l'air de vouloir parlementer. On s'approcha d'eux. Ils nous firent entendre, tant par signes que par quelques mots que nous pûmes saisir, qu'eux seuls exceptés, tous les Malais avaient de mauvaises intentions contre nous, et formaient le projet de nous attaquer la nuit suivante ; ils nous proposèrent en conséquence de nous envoyer une partie de leur troupe sur notre colline pour nous défendre. Leur conduite antérieure, et leur liaison avec les autres Malais, démontraient si évidemment la perfidie de cette offre, que nous la refusâmes, en leur faisant entendre que nous saurions nous défendre nous-mêmes. Ils retournèrent vers leur flotte, qui prit à l'instant une attitude menaçante.

Le soir à huit heures, quand tout le monde fut sous les armes comme à l'ordinaire, pour passer la revue, et pour placer les différens postes, le capitaine Maxwell nous adressa un discours énergique pour nous engager à être sur nos gardes, dans le cas où nous ennemis viendraient nous attaquer pendant la nuit. Il fit un appel à notre bravoure, et nous flatta de l'espoir de les vaincre malgré la supériorité de leur nombre. Nous répondîmes à cette exhortation par trois acclamations bruyantes, qui, en parvenant aux oreilles des Malais, produisirent vraisemblablement une certaine impression sur leur esprit : car on remarqua en ce moment, qu'ils faisaient, avec des feux, des signaux à quelques-uns de leurs bâtimens restés derrière l'île. Après un repas frugal, chacun de nous se coucha, suivant l'usage, à côté de ses armes, et le capitaine resta auprès de ceux qui étaient de garde, pour veiller à l'exécution des dispositions qu'il avait commandées. Une alarme fut donnée pendant la nuit. Chacun fut à son poste avec la rapidité de l'éclair, et si l'on eut de l'humeur, ce fut de voir que l'alarme était fausse.

Le 3 au lever du soleil, nous vîmes les Malais précisément dans la même position que la veille, mais renforcés de dix bâtimens. Leur complot mûrissait, notre situation devenait plus critique à chaque instant ; car les forces des ennemis s'accroissaient rapidement, et la diminution journalière de nos faibles provisions nous obligeait d'adopter sans délai une mesure désespérée. Tous les esprits étaient exaltés ; on paraissait déterminé à attaquer ces pirates, et à les vaincre ou à périr, en tâchant de s'en défaire pour assurer notre liberté.

Vers midi, tandis que l'on formait toutes sortes de projets pour exécuter une mesure décisive, un officier étant monté sur un arbre très-élevé qui nous servait d'observatoire, aperçut à une distance considérable dans le sud, un bâtiment qu'il jugea trop gros pour être malais. Aussitôt tous les yeux se fixèrent sur l'arbre d'où nous attendions la confirmation de nos espérances; quelqu'un y grimpa avec un télescope; mais un nuage épais cacha le navire pendant vingt minutes. Quand il reparut, l'observateur nous annonça qu'il était bien décidément européen, et s'avançait vers l'île à toutes voiles. Il est plus aisé de concevoir que de décrire la joie qui éclata à cette annonce : on arbora un pavillon au haut de l'arbre, afin d'attirer l'attention du navire dans le cas où ce serait un bâtiment étranger qui naviguerait dans ces parages.

Les pirates ne tardèrent pas à faire la même découverte par les signaux de leurs bâtimens placés derrière Poulo-Tchalacca. La marée nous favorisait; nous pensâmes qu'en doublant tout à coup le récif, nous pourrions mettre quelques-uns de leurs bâtimens sous notre feu et nous en emparer; mais ils eurent l'air de soupçonner notre projet : car, du moment que nos gens parurent sous les mangliers qui bordaient le rivage, le bâtiment malais le plus voisin tira un coup de canon, et tous partirent au même instant. On fit feu sur eux sans les atteindre : cette circonstance fut cependant heureuse pour nous ; car s'ils eussent conservé leur position, nous étions à leur merci, tout comme auparavant, le vent et les courans ayant obligé le navire de mouiller à huit milles de l'île et à douze à peu près du lieu où nous étions; et comme le vent et les courans ne changèrent pas de quelque temps, les Malais pouvaient aisément avec leurs forces couper toute communication entre nous. Il est même extraordinaire, et ce fut une faveur de la Providence, que pendant cette mousson le navire pût autant s'approcher de nous. Le blocus levé, un de nos canots fut expédié pour reconnaître ce navire; c'était *le Ternate*, bâtiment de la Compagnie des Indes, envoyé à notre secours avec deux de nos compagnons par lord Amherst.

Notre canot put venir nous rejoindre ; mais le cutter du *Ternate* fut obligé d'y renoncer, après avoir lutté neuf heures contre le courant pendant la nuit du 3 au 4. Nous employâmes cette journée à disposer tout ce que nous avions sauvé de *l'Alceste*. Le 5, le cutter du *Ternate* arriva, et fut suivi de deux canots qui apportaient une caronnade de 12, des boulets, de la mitraille, de la poudre et des balles, pour le cas où les pirates reparaîtraient avant notre départ, dont les préparatifs exigeaient toute la journée, à cause de la difficulté des communications.

Le 6., la plus grande partie de notre monde s'embarqua dans des canots, et gagna *le Ternate*; le radeau partit aussi avec quatre officiers, quarante-six matelots et une vache. Après une heureuse traversée, durant laquelle ils furent mouillés plus d'une fois, ils arrivèrent au bâtiment. On ramassa en tas, au haut de la montagne, tout ce que l'on ne put emporter, et qui parut pouvoir être de quelque utilité aux Malais, et l'on en fit un feu de joie. A minuit, les canots retournèrent à l'île pour en ramener le capitaine Maxwell et ceux qui y étaient restés avec lui. C'est à la conduite ferme et humaine de ce brave marin que nous devons d'avoir été préservés des horreurs qui auraient été la suite du désordre et de la confusion : sa conduite inspira la confiance, soutint l'espoir; son exemple au moment du danger animait et encourageait tout ce qui l'entourait.

Il est assez remarquable que pendant dix-neuf jours que nous restâmes dans l'île, exposés tantôt à des pluies violentes, tantôt à un soleil brûlant qui dardait perpendiculairement ses rayons sur nos têtes, aucun de nous ne tomba malade; ceux même dont la santé était mauvaise en arrivant, guérirent tous, à l'exception d'un soldat de marine qui était au dernier période d'une maladie de foie. Un autre homme, d'un très-mauvais caractère, nous quitta le troisième jour de notre débarquement; nous n'entendîmes plus parler de lui.

Nous traçâmes sur les rochers, en gros caractères, en noir et à l'huile, la date de notre départ, pour servir de renseignemens aux navires qui pourraient venir nous chercher, et le 7, dans l'après-midi, nous dîmes adieu à l'île. On la nomme Poulot-Lit : elle a environ six milles de long, sur cinq de large, se trouve à peu près à 2° 30′ au sud de l'équateur, et fait partie de la chaîne d'îles qui se trouvent entre Borneo et Banca, dont elle est voisine. Elle est inhabitée, et autant que nous pûmes nous en assurer, ne produit rien qui puisse être à l'usage de l'homme.

Son sol paraît susceptible de culture. On y trouve l'arbre à cachou et le mangoustan; mais les babouins avaient mangé tous les fruits de ce dernier.

Le 9 mars, nous arrivâmes à Batavia. Le *Ternate* étant un petit navire, une partie de l'équipage fit la traversée sur des canots. Le Malais blessé fut aussi emmené. L'articulation de son genou n'était pas rétablie à notre départ de Java, et je crois cependant qu'il est employé à bord du *Ternate*.

NOTICE

SUR FALCONER, MATELOT ANGLAIS, AUTEUR D'UN POEME INTITULÉ : *LE NAUFRAGE*.

Guillaume falconer naquit vers 1730 à Edimbourg. Son père était un barbier pauvre, mais honnête et laborieux. Il avait en effet besoin de beaucoup d'activité pour nourrir sa nombreuse famille, car tous ses enfans, à l'exception de Guillaume, étaient sourds ou muets. Il envoya ce dernier à une petite école où il apprit à lire, à écrire et un peu d'arithmétique.

Resté de bonne heure orphelin, et dénué de tout secours, le jeune Falconer fut obligé de servir comme novice sur un navire marchand de Leith. On ignore comment il put, en menant une vie aussi agitée que celle d'un matelot, cultiver son talent naturel pour la poésie. Un de ses biographes anglais a rapporté que, se trouvant sur le même vaisseau avec un de ses compatriotes nommé Campbell, auteur du *Lexiphanes*, dialogue satirique sur le style du célèbre docteur Johnson, Campbell, qui remplissait les fonctions d'écrivain, avait pris Falconer à son service, et s'était plu à l'instruire. Au moins se vanta-t-il d'avoir eu Falconer pour disciple, quand ce dernier commença à se faire un nom, et il dut se féliciter de ses soins, car son élève savait le français, l'espagnol, l'italien et l'allemand, et prouvait, en toute occasion, qu'il avait l'esprit cultivé. On a ajouté que ce fut probablement à la recommandation de Campbell que Falconer fut nommé contre-maître du *Britannia*. Peut-être avait-il obtenu ce grade comme récompense de ses services, car déjà il avait, comme il le dit dans son poëme, passé des ardeurs de la zône torride aux climats glacés du pôle, parcouru les côtes du Pérou, du Labrador, de la Syrie et de Panama; mais dans ces courses lointaines il avait eu l'adversité pour constante compagne : le changement de lieux n'avait produit pour lui qu'un changement de malheur.

Son étoile n'avait pas perdu sa funeste influence. Le *Britannia* avait, après avoir quitté la Tamise, abordé en Afrique, en Italie, en Sicile, enfin à Alexandrie. L'équipage, en partant de cette ville pour Venise, comptait terminer ses courses dans cette capitale de l'Adriatique, et retourner directement en Angleterre. Animé par l'espérance, chacun rêvait au plaisir qu'il goûterait dans sa patrie.

On toucha à Candie. Le bâtiment y fut retenu quelques jours par les calmes. Enfin il put mettre à la voile; à peine eut-il appareillé, c'était le soir, que les vents cessèrent de souffler; il fallut, pour éviter les écueils dont était bordé le rivage, prendre le vaisseau à la remorque. Le lendemain, au lever du soleil, l'apparence de l'atmosphère était triste, de sombres nuages s'amoncelaient de tous côtés, le vent était faible et variable; enfin il devint favorable. Le mont Ida disparaissait, lorsque l'on aperçut une trombe qui s'approchait du bâtiment; on prépara les canons, et l'on tira à boulet sur ce dangereux météore qui se brisa à l'instant, et par sa chute souleva les flots.

La saison avancée, et tous ces indices de gros temps, engagent à amener les bonnettes; le vent fraîchit, le vaisseau passe avec rapidité le long de la côte de Candie. On prend un ris dans les huniers. Le vent augmente ; on laisse au sud le cap Spado, situé à l'extrémité nord-ouest de Candie. A quatre heures après midi, il s'élève une bourrasque; on prend un second ris : la grande voile est déchirée. Le vaisseau fatigue beaucoup, et donne tellement à la bande, que l'on craint qu'il ne soit submergé. Alors on met la barre au vent; le vaisseau vire de bord vent-devant, et fend les vagues avec la rapidité de la flèche ; le vent saute à un coin opposé ; on change toute la disposition des manœuvres, et on remplace la grande voile déchirée en lambeaux.

Dans ce moment on voit une troupe de marsouins; ils venaient du sud, et se dirigeaient vers le nord : l'apparition de ces animaux est regardée comme un indice certain de gros temps.

Le vaisseau est emporté hors de sa route; le vent souffle du sud-ouest avec une impétuosité redoublée. On serre les huniers ; on amène les vergues de perroquet : la mer brise avec furie sur le bâtiment. Il n'y a plus d'espoir de voir le temps se radoucir ; au coucher du soleil, tout fait pressentir que la nuit sera terrible. Il s'élève une discussion sur la manière de serrer la grande voile. On prend des ris dans les basses voiles; une mer énorme s'élève, elle menace de tout engloutir. « Te-« nez-vous ferme, s'écrie-t-on. La masse d'eau se brise, un côté du vaisseau est à moitié enfoncé sous les vagues. Quatre des matelots placés sur la grande vergue sont emportés à la mer : on essaye inutilement de les sauver.

On sonde les pompes; on trouve cinq pieds d'eau dans la cale. On met les pompes en mouvement; on ne peut franchir la voie d'eau. Les côtés du vaisseau, surchargés du poids des canons, semblent prêts de s'entr'ouvrir; on jette l'artillerie à la mer. Le bâtiment est un peu allégé; mais la fureur des vagues le couvre sans cesse d'un déluge d'eau. Les éclairs sillonnent les nues; le désespoir commence à s'emparer de l'équipage. On découvre sous le vent les rochers de Falconera à neuf milles de distance; on craint d'être brisé sur ces écueils, et d'y périr sans ressource. On se décide à fuir vent arrière. La voile d'étai de misaine est déchirée en pièces aussitôt que hissée; toutes les voiles de l'avant sont serrées, le mât d'artimon coupé.

On fait fuir le vaisseau vent arrière; il fatigue beaucoup; il passe le long des rochers de Falconera dont on aperçoit le phare : les éclairs, le tonnerre, la grêle, la pluie ajoutent à l'horreur de la nuit. Au point du jour, on a en vue les rochers de Saint-George; on découvre la côte de l'Attique. Un éclair aveugle le timonnier; le vaisseau, que l'on ne peut plus gouverner, est jeté en travers à la côte. Le beaupré, le mât de misaine, le grand mât de hune sont emportés, le bâtiment, poussé contre un rocher, est entr'ouvert à une première secousse; une seconde l'engloutit. Cinq personnes essaient de se sauver sur les débris du mât de misaine, quatre sont noyées; la cinquième arrive à terre, et trouve un ami expirant. Tout l'équipage a péri, à l'excepteon de trois personnes : Falconer est de ce nombre.

Cet événement, bien propre à produire une impression ineffaçable sur l'esprit de ceux qui avaient échappé au triste sort de leurs compagnons, inspira à Falconer l'idée d'un poëme intitulé *Le Naufrage*. On reconnaît, en le lisant, qu'il décrit un événement dont il avait été le témoin, et failli d'être la victime.

« Ce poëme, dit son biographe français,

écrit avec une chaleur digne du sujet ; fut fort goûté, surtout pour la partie descriptive, et il est encore estimé aujourd'hui, et pour l'intérêt et pour l'instruction qu'on y trouve, quoiqu'on y aperçoive un emploi trop fréquent des termes techniques, que les habitudes de l'auteur lui avaient rendus familiers. »

Les Anglais lui font un mérite de l'art avec lequel il a su faire entrer dans des vers les expressions usitées dans le langage nautique.

Le poëme commence au moment où le bâtiment part d'Alexandrie. La relation du naufrage y est entremêlée des descriptions des lieux que l'auteur aperçoit ; il oppose à l'état florissant de la Grèce, dans le temps où elle était libre, la situation déplorable où elle se trouve aujourd'hui qu'elle gémit sous l'esclavage des musulmans. On éprouve quelque surprise de ce qu'un matelot, qui a passé sa vie à parcourir les mers, connaisse si bien, et sache rappeler si à propos les faits fabuleux ou authentiques dont se compose l'histoire de l'ancienne Grèce. Le poète et son ouvrage n'en inspirent que plus d'intérêt.

Falconer nous fait connaître le capitaine et

plusieurs officiers de son vaisseau. Les épisodes, dont ils sont les principaux personnages, offrent d'heureux détails qu'il serait trop long de présenter.

Le tableau de la perte du vaisseau et de la triste fin du capitaine, est l'un poëte qui sait faire partager aux lecteurs son émotion profonde.

Le poëme finit par un passage d'une teinte vraiment mélancolique et d'une simplicité touchante.

Trois hommes de l'équipage se sont sauvés. L'un d'eux cherche son ami, l'aperçoit entre des rochers, vivant encore, mais dans l'état le plus affreux : sur sa poitrine est suspendu le portrait de sa maîtresse; le mourant charge son fidèle compagnon d'exécuter ses dernières volontés, et rend le dernier soupir entre ses bras.

Les Grecs arrivent alors pour secourir le petit nombre de ceux qui ont échappé à la tempête; ils voient les flots couverts de débris et de cadavres, et trouvent seulement trois Anglais encore vivans : ils étaient couchés contre un rocher, faibles, engourdis, et gardant un morne silence. Les généreux habitans, émus d'une tendre pitié, soutiennent dans leurs bras ces étrangers affaiblis; ils déplorent, par des soupirs de compassion, leur cruelle destinée, et les conduisent, encore tout tremblans, loin de ce fatal rivage.

Quoique Falconer fût un des trois marins échappés au naufrage, il n'a nullement songé à entretenir de lui ses lecteurs. Il y a dans cette manière de penser autant de jugement que de modestie, et ce trait doit ajouter à l'estime que mérite le chantre énergique et touchant du *Naufrage*.

Ce poëme parut pour la première fois en 1762. Les beautés réelles de l'ouvrage et l'heureuse idée qu'eut Falconer de le dédier au duc d'York, frère de George III, eurent une influence avantageuse sur sa fortune. Ce prince, qui commandait alors une division de la flotte aux ordres de l'amiral Hawke, conseilla à Falconer de quitter la marine marchande pour la marine royale. En conséquence, Falconer passa comme midshipman à bord du *Royal-George*, commandé par l'amiral Hawke.

A la paix de 1763, l'équipage de ce vaisseau fut congédié. Falconer n'avait pas servi assez long-temps pour avoir droit de se présenter à l'examen qu'il devait subir pour être reçu lieutenant. On l'engagea donc à changer le service militaire contre le service civil dans la marine royale; il fut nommé écrivain de la frégate *la Gloire*, qui fut appelée depuis *l'Apollon*.

Il épousa peu de temps après une femme qui partageait son goût pour la littérature. Cette union, si bien assortie, répandit de la douceur sur le reste de sa carrière, qui fut encore quelquefois remplie de traverses.

La mort du duc d'York, arrivée en 1764, rendit momentanément la situation de Falconer bien précaire. Ses talens littéraires et les services de ses amis l'aidèrent à surmonter tous les obstacles qui de temps en temps s'opposaient à ce qu'il coulât des jours heureux et tranquilles.

Outre le *Naufrage*, il composa d'autres poésies et un *Dictionnaire de Marine* assez estimé. Il donna en 1764 une seconde édition de son poëme, et en préparait une troisième en 1769, quand il fut nommé écrivain de la frégate *l'Aurore*, qui allait aux Indes Orientales.

La satisfaction que causait aux amis de Falconer la perspective flatteuse qui se présentait à lui, fut de bien courte durée. *L'Aurore* partit d'Angleterre le 30 septembre 1769, toucha au cap de Bonne-Espérance le 6 décembre, et quitta cette colonie le 21. Depuis ce moment, l'on ne reçut plus de nouvelle certaine ni de cette frégate, ni de personne de son équipage.

Différens bruits coururent sur la nature de l'accident qui avait fait périr *l'Aurore.* Le feu avait pris deux fois à son bord, avant qu'elle quittât la Tamise. On crut par conséquent qu'elle avait fini par devenir la proie des flammes en pleine mer; mais l'opinion la plus probable est qu'elle coula à fond au milieu d'une tempête dans le canal de Mosambique, où, comme on l'a vu par ce recueil, les vaisseaux sont constamment exposés à des périls sans nombre.

Au mois de novembre 1773, un matelot nègre se présenta devant les directeurs de la Compagnie des Indes, et déclara qu'il était une des cinq personnes échappées au naufrage de *l'Aurore.* Il ajouta que cette frégate avait été fracassée sur des rochers près de Mocoa; qu'il était, avec ses compagnons d'infortune, resté près de deux ans sur un îlot désert, et qu'il en avait été retiré par un bâtiment du pays, que le hasard y amena.

Ainsi, par une fatalité bien remarquable, Falconer, après avoir échappé à un premier naufrage qu'il avait chanté, moins heureux cette fois, fut enveloppé dans le désastre du vaisseau qui le portait.

FIN DU TROISIÈME VOLUME.

TABLE

DES RELATIONS CONTENUES DANS LE TROISIÈME VOLUME.

Naufrage du *Grosvenor*, vaisseau de la Compagnie des Indes, sur la côte de Cafrerie, en 1782.......... p. 5

Naufrage du navire la *Junon*, sur les côtes d'Aracan, au mois de juin 1795, par Jean Mackay.................... 61

Naufrage du navire américain l'*Hercule*, sur la côte de Cafrerie, le 16 juin 1796, par Benjamin Stout....... 118

Naufrage du Sydney, capitaine A. Forrest, sur un récif du grand Océan, le 20 mai 1806................... 169

Naufrage de la corvette le *Nautile*, sur un rocher de l'Archipel, le 5 janvier 1807....................... 181

Naufrage du brig américain le *Commerce* sur la côte du Sahara, en 1815............................. 204

Naufrage de la frégate française la *Méduse*, sur le banc d'Arguin, en 1816.................................. 320

Naufrage du vaisseau de ligne Anglais l'*Alceste*, dans le détroit de Gaspar, en 1817...................... 348

Notice sur Falconer, matelot anglais, auteur d'un poëme intitulé : *Le Naufrage*........................ 379

FIN DE LA TABLE.

DE L'IMPRIMERIE D'A. EGRON.

www.ingramcontent.com/pod-product-compliance
Lightning Source LLC
Chambersburg PA
CBHW050433170426
43201CB00008B/658